WAS GESICHTER VERRATEN

Das Gesicht – Spiegelbild des Charakters

WAS GESICHTER VERRATEN

Das Gesicht – Spiegelbild des Charakters

Derek und Julia Parker

Übersetzt von Eva Dempewolf

IN LIEBE FÜR LIZ UND SIMON THOMAS

Titel der englischen Ausgabe:
Face Facts

Die Idee zu diesem Buch und sein Design stammen von
Eddison Sadd Editions Limited, St. Chad's Court, 146B King's Cross Road,
London WC1X 9DH

Genehmigte Sonderausgabe 1998
Orbis Verlag für Publizistik GmbH, München

Übersetzung: Eva Dempewolf, Starnberg
Lektorat: VerlagsService Dr. Helmut Neuberger & Karl Schaumann GmbH, Heimstetten
Satz: Filmsatz Schröter GmbH, München
Druck und Bindearbeiten: Mohndruck Graphische Betriebe, Gütersloh
Printed in Germany
ISBN 3-572-00859-X

INHALT

Einleitung

Im Gegensatz zu Astrologie und Handlesekunst, die sich als Mittel zur Charakterdeutung allgemeiner Anerkennung erfreuen, war uns Metoposkopie – die Kunst, den Charakter einer Person aus den Gesichtszügen zu bestimmen, bzw. Metopomantie – Wahrsagen aus der Physignomie oder aus der Stirn, weniger vertraut. Wir wußten zwar, daß diese Kunst im westlichen Kulturkreis, wo sie zuerst von den alten Griechen entwickelt wurde, vor allem jedoch in China auf eine lange Geschichte zurückblickt. Aber wir konnten uns nicht vorstellen, daß sie ähnlich exakt und demonstrierbar sei wie Astrologie- und Handlesekunst.

Als wir eines Tages im Bezirk des Wong-Tai-Sin-Tempels in Hongkong zahlreiche alte Männer sahen, die den Besuchern aus dem Gesicht lasen, amüsierte uns dies zunächst. In dichte Rauchschwaden aus intensiv duftenden Räucherkerzen gehüllt, drängten sich vor dem Haupttempel junge und alte Menschen, um zu beten und verschiedene Orakel zu befragen. Auch wir ließen uns, eigentlich nur zum Spaß, aus den Gesichtszügen lesen, waren dann jedoch überrascht und fasziniert von der offenkundigen Richtigkeit der Deutung. Einige Wahrsager benutzten der Vollständigkeit halber zusätzlich noch Phrenologie (die Untersuchung der Kopfform) und Chiromatie (wie die Handlesekunst hier genannt wird). Die ergänzende Anwendung dieser drei Disziplinen heißt *Kan xiang* und ist als eigener Forschungszweig anerkannt. In Kwangchow (dem früheren Kanton) lernten wir später weitere praktizierende Gesichtsdeuter kennen, die uns auch Einblick in einige alte Lehrbücher gewährten, in denen die Techniken dieser Kunst seit Jahrhunderten überliefert werden. Die Ergebnisse unserer Beschäftigung mit dem Thema, das uns seit unserem Aufenthalt in Fernost fasziniert und beschäftigt, haben wir in diesem Buch zusammengefaßt.

Unsere Erkenntnisse basieren im wesentlichen auf östlicher Methodik; zum einen, weil deren Techniken das Ergebnis wesentlich weiter zurückreichender, ernsthafter und kontinuierlicher Forschung sind, und zum zweiten, weil der immer wieder verfälschte westliche Zugang bereits bekannt und in Form anderer Bücher leicht greifbar ist. Zudem haben wir die Zusammenhänge mit der Astrologie hervorgehoben, die nach unserer Auffassung die Studie bereichern und ihre Anschaulichkeit erhöhen. Beide Disziplinen sind durch starke traditionelle Bande miteinander verknüpft.

Im östlichen wie im westlichen Kulturkreis hat sich das Wissen, daß man durch genaue Beobachtung des Gesichtes (und bis zu einem gewissen Grade des ganzen Körpers) Einblick in die Persönlichkeit und das individuelle Schicksal eines Menschen gewinnen kann, aus dem Gedanken heraus entwickelt, daß der Mensch an sich ein Mikrokosmos des Universums ist. In der Antike wurde diese These vor allem in Griechenland vertreten und förderte ihrerseits die Entstehung und Ausbreitung einer Reihe weiterer okkulter Künste. Während die ursprünglichen Regeln in China über Jahrhunderte hinweg fast unverändert beibehalten wurden, hat man im Westen besonders seit dem 16. Jahrhundert vielerlei Versuche unternommen, die Metoposkopie weiterzuentwickeln und ihr durch wissenschaftliche Erkenntnisse mehr Gewicht zu verleihen. Nun hat sich diese Entwicklung der Gesichtslesekunst zwar nicht als völlig fruchtlos erwiesen, ein Großteil der traditionellen Überlieferung aber ist dabei auf der Strecke geblieben und wird inzwischen sogar abgelehnt.

Im Bereich der westlichen Hemisphäre waren es die Griechen, die den Grundstein für diese Disziplin legten. Hier sind zunächst der Philosoph Empedokles (490–430 v. Chr.) und der Naturwissenschaftler Hippokrates (460 – um 375 v. Chr.) zu nennen, die frühe Forschungen im Umfeld der Metoposkopie unternahmen. Die erste systematische Arbeit zu diesem Thema lieferte der Philosoph Aristoteles (384–322 v. Chr.). Er untersuchte die Beziehungen zwischen der Erscheinungsform des menschlichen Körpers und den Charakteristika der darin enthaltenen Seele. Aristoteles nahm auch eine genaue Untersuchung des Gesichts vor und folgerte unter anderem, daß Menschen mit Knollennasen unsensibel seien und zu Gemeinheiten neigten; Menschen mit spitzen Nasen seien hingegen leicht erregbar (wie Hunde), Menschen mit langer, abgerundeter Nase Löwen-Typen und großherzig, Menschen mit schmaler Hakennase heldenhaft, jedoch habgierig wie Adler, etc. etc.

In Arabien stellten Ali bin Ragel, der persische Arzt Rhazes (865–925) sowie der bekannte Philosoph und Mediziner Averroes (1126–1198) konkretere Untersuchungen dazu an. Im dreizehnten Jahrhundert brachten Gelehrte wie Albertus Magnus und Michael Scot die Disziplin nach Westeuropa, und im sechzehnten Jahrhundert erschienen immer mehr Bücher zum Thema. Eines der wichtigsten war eine Studie des Astrologen Girolamo Cardan (1501–1576), der 1551 seine bekannte Abhandlung *De Subtilitate Rerum* veröffentlichte. Giambattista Della Porta (gest. 1615), der neapolitanische Physiker, der in seiner Heimatstadt die Accademia Secretorum Naturae gründete, arbeitete ebenfalls auf dem Gebiet der Physiognomie und legte seine Theorie zur Metoposkopie in *De Humana Physiognomia* (1586) vor, während der italienische Philosoph und Dominikanermönch Tommaso Campanella (1568–1639) die These vertrat, daß die Philosophie auf

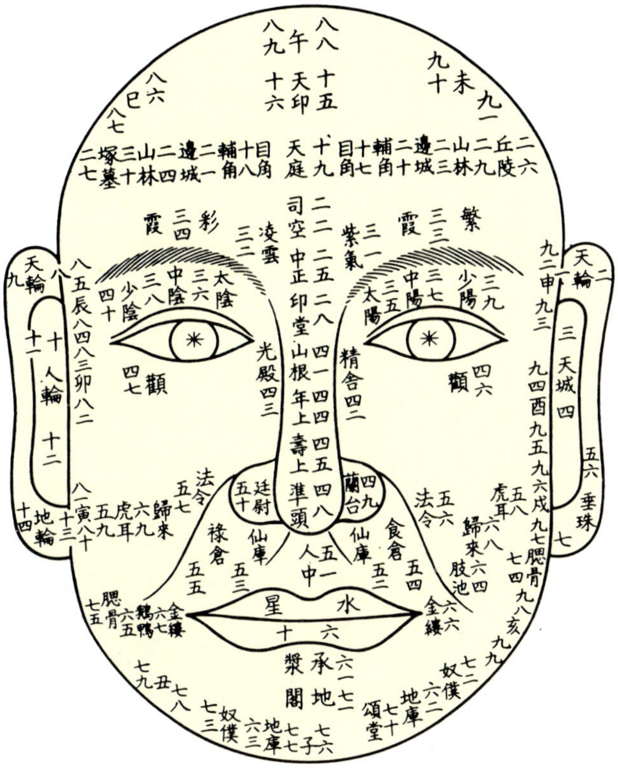

In der traditionellen fernöstlichen Metoposkopie ist jedes Lebensjahr mit einem bestimmten Punkt des Gesichts verbunden. Die für die westliche Kultur gültige Version dieser Zeichnung finden Sie auf Seite 116.

der Beobachtung der natürlichen Welt basieren müsse, was auch ihn zu der Beschäftigung mit dem Thema führte.

In der Zwischenzeit hatte sich in China ein anderes System der Gesichtslesekunst entwickelt, dessen Ursprünge mehr als 2000 Jahre zurückreichen. Dabei sind gewisse Parallelen zur westlichen Methodik festzustellen: So spielen etwa die ersten drei der fünf Elemente des chinesischen Systems (Feuer, Erde, Wasser, Metall und Holz) auch in den Theorien der westlichen Welt eine bedeutende Rolle, obwohl die beiden unseres Wissens in der Antike nie miteinander in Berührung kamen.

Im sechzehnten Jahrhundert sind auch im englischen Sprachraum diverse Bücher erschienen, darunter *A Pleasant Introduction to the Art of Chiromancie and Physiognomie, Contayning a Singular Discourse After the Art of Physiognomie* (1588), dessen Verfasser nicht bekannt ist. Die vielleicht bedeutendste abendländische Untersuchung dieser Zeit führte der schweizerische evangelische Theologe Johann Kaspar Lavater (1741–1801) durch, der seine Erkenntnisse zur Physiognomik zwischen 1772 und 1778 in mehreren Bänden veröffentlichte. Lavater vertrat die Ansicht, daß man aus den Körperformen eines Mannes oder einer Frau klar auf dessen oder deren Charakter schließen könne. Während Lavaters Studie in gewisser Weise noch amateurhaft war, ging der große Naturforscher Charles Darwin (1809–1882) die Thematik aus wissenschaftlicher Sicht an.

Im neunzehnten Jahrhundert haben Wissenschaftler und bis zu einem gewissen Grade auch Psychiater die Metoposkopie – ebenso wie Astrologie und Handliniendeutung – bestenfalls mit großer Skepsis betrachtet. Meist wiesen sie deren Erkenntnisse mit Verachtung als unwissenschaftlich von sich.

Aber können wir an dieser Stelle wirklich ernsthaft die These vertreten, daß die Gesichtszüge eines Menschen alles über seinen Charakter aussagen? Eine derartige These verdient zunächst einmal eine eingehende Prüfung. Wie oft empfindet man nur aufgrund seiner Gesichtszüge und seines -ausdruckes einem fremden Menschen gegenüber spontane Zu- oder Abneigung? Und wie oft erweist sich dieser erste Eindruck als richtig!

Natürlich besteht ein beträchtlicher Unterschied zwischen dieser Art instinktiver Reaktion und der Behauptung, daß die Nasenform oder der Schwung der Augenbrauen etwas über den Charakter des Menschen verraten. Deshalb wollen wir hier auch lediglich unsere Theorie aufzeigen und es dem Leser überlassen, damit übereinzustimmen oder sie zu verwerfen.

A
B
C

ERSTER TEIL

DIE ERSTEN SCHRITTE

Die Chinesen beachten verschiedene überkommene Regeln, wenn sie in einem Gesicht lesen. So ist es nach ihrer Auffassung sinnlos, diese Kunst an einem Menschen zu versuchen, der zuviel Alkohol getrunken, sich kurz zuvor sehr geärgert oder *zu leidenschaftlichen Sex gehabt* hat: Alkohol löst die Gesichtsmuskeln – Mund und Augenpartie sehen tatsächlich verändert aus, wenn jemand betrunken ist; Ärger verzerrt die Gesichtszüge, und sexuelle Ausschweifungen bewirken – zumindest nach chinesischer Auffassung – dasselbe.

Chinesische Gesichtsdeuter raten auch dazu, die ersten Versuche in möglichst privater Atmosphäre und ruhiger Umgebung durchzuführen, da Ruhestörungen und Verspannungen jeder Art das Ergebnis beeinträchtigen.

Zwar kennen auch die Chinesinnen seit Jahrtausenden die Kunst des Make-up, doch benutzten sie es nie dazu, ihre Gesichtszüge zu verändern oder zu verbergen. Heute aber werden die Augenbrauen in Form gezupft, die Form der Augen wird mit Hilfe von Wimperntusche und Lidschatten modifiziert; durch Rouge läßt man die Wangenknochen höher erscheinen etc. Es war sogar einmal Mode, die Lippen durch Einspritzung von Flüssigkeit voller erscheinen zu lassen. *Gott hat dir ein Gesicht gegeben, und du machst dir selbst ein anderes,* so Hamlet zu der unglücklichen Ophelia in Shakespeares Drama aus dem sechzehnten Jahrhundert.

Darüber hinaus gibt es noch die plastische Chirurgie, die sich nicht auf Straffung und die Beseitigung altersbedingter Falten beschränkt, sondern massiv in die Physiognomie eingreift. Wie soll ein angehender Gesichtsdeuter all das handhaben? Was das Make-up angeht, sollten Sie Ihr Gegenüber bitten, sich das Gesicht zu waschen. Wenn diese Bitte auf Widerstand stößt, müssen Sie das Gesicht besonders genau inspizieren, um sicherzugehen, daß Sie die hinter Schminke und Puder versteckten wirklichen Züge erkennen.

Bei Schönheitsoperationen liegen die Dinge anders. Der chinesischen Überlieferung zufolge kann man durch Veränderung der Gesichtszüge tatsächlich sein Schicksal beeinflussen. Schließlich unterzieht man sich Schönheitsoperationen und benutzt Make-up aus ein und demselben psychologischen Grund: weil wir glauben, daß wir mit einer geraderen Nase, weniger abstehenden Ohren oder volleren Lippen mehr bewundert und vielleicht auch mehr geliebt werden. Wenn wir aus dem Gesicht eines anderen zu lesen versuchen, kann es also leicht geschehen, daß wir für natürliche Züge halten, was in Wahrheit ein sorgfältig künstlich geschaffenes Image ist. Wir werden auf diese Weise zwar nicht unbedingt den ursprünglichen Charakter unseres Gegenübers erkennen, aber wir werden mit Sicherheit genau die Wesenszüge beschreiben, die wir vor uns sehen. Die Entfernung oder Veränderung eines bestimmten Merkmals kann der betreffenden Person durchaus mehr Selbstvertrauen geben, unnötige Komplexe abbauen und den Menschen unter Umständen sogar stärker und profilierter machen.

Wenn Sie damit beginnen, Gesichtszüge zu deuten, sollten Sie darauf achten, sich nicht auf einzelne bestimmte Merkmale zu versteifen. Denken Sie stets daran, daß ein Gesicht *als Ganzes* gelesen werden muß, daß die Charakteristika der einzelnen Züge so lange mit- und gegeneinander abzuwägen sind, bis sich eine harmonische und ausgewogene Schlußfolgerung anbietet.

Im ersten Teil stellen wir Ihnen zunächst die wichtigsten Gesichtsformen vor.

Die wichtigsten Gesichtsformen

Wie bereits erwähnt, kennt die Metoposkopie keine einzelnen besonders wichtigen Gesichtszüge. Die wahre Kunst besteht darin, sämtliche wahrgenommenen Merkmale – beispielsweise einen besonders geformten Mund oder einen besonderen Schwung der Brauen – miteinander und dem Rest des Gesichtes in Verbindung zu bringen und die Bedeutung der einzelnen Züge gegeneinander abzuwägen. In der Regel wird man jedoch mit der Einstufung der Gesichtsform beginnen. Zunächst aber verdient die Form des Schädels (den die Chinesen *Gehirn-Tasche* nennen) einige Aufmerksamkeit.

Der Kopf beherrscht ihrem Glauben nach den Körper genauso, wie der Himmel den Menschen beherrscht. Und da in der uralten Vorstellung der Himmel rund und die Erde flach war, ist rund die günstigste Schädelform. (*Ein Mann mit einem runden Gesicht wird Reichtum erwerben und ein hohes Alter erreichen, und eine Frau mit einem runden Gesicht wird gute Kinder gebären*, wie es ein weiser Gesichtsdeuter aus der Provinz Kweitschou formulierte.) Auch ein rechteckiges Gesicht soll günstig sein, während Lee Siow Mong zufolge ein Mensch mit einem langen schmalen Schädel nicht viel Gehirnmasse besitze und zur Führung von Regierungsgeschäften gänzlich ungeeignet sei.

Einige Autoren vertreten die Ansicht, daß auch die Schädelgröße zu berücksichtigen sei. Die östliche Methodik zollt diesem Aspekt wenig Aufmerksamkeit, westliche Forscher jedoch meinen herausgefunden zu haben, daß zwischen der Größe des Kopfes und dem Charakter bestimmte Zusammenhänge bestehen. Allgemein gilt ein kleinköpfiger Mensch als intelligenter oder zumindest nachdenklicher als jemand mit einem großen Kopf.

Das Gesicht selbst (wenngleich vielleicht nicht das ideale Gesicht) ist selbstverständlich oval: doch gibt es dabei mehr oder minder subtile Unterschiede. Manche Gesichter wirken fast quadratisch, andere eher länglich. Wenn wir uns das perfekte Gesicht vorstellen, so denken wir zwar an leichte Bögen und Rundungen, ironischerweise gleichzeitig aber auch an gerade Linien und Winkel. Die Bögen lassen sich kaum genau spezifizieren: Jedes Gesicht hat über dreißig verschiedene Rundungen, wobei jede für sich und in Verbindung mit den übrigen betrachtet werden kann. Der Schwung der Augenbrauen hat einen eigenen Charakter, muß aber zugleich in engem Zusammenhang mit den Bögen des Augenlids, der Stirn, des Haaransatzes, der Rundung des oberen Wangenknochens usw. beurteilt werden.

Obwohl auch die Lippen geschwungen sind, denken wir dabei stets an die gerade Linie, die sie im Idealfall bei geschlossenem Mund umrahmen.

Der Augapfel ist der einzige wirkliche Kreis im menschlichen Körper, doch wir sehen ihn immer in Relation zu den Bögen des oberen und des unteren Lids.

Winkel findet man natürlich im Bereich der Nase, aber auch an den Augenwinkeln und am Kieferknochen und Kinn.

Die grundlegenden Gesichtsformen, die hier betrachtet werden, sind die am häufigsten auftretenden. Instinktiv (und im allgemeinen unbewußt) neigen wir dazu, sie mit bestimmten Persönlichkeitstypen in Verbindung zu bringen: Ein rundes Gesicht wirkt auf natürliche Weise *unschuldig* und kindlich; ein rechteckiges Gesicht weckt Vertrauen, wirkt zuverlässig und ernsthaft; ein birnenförmiges Gesicht scheint nachdenklich, und ein dreieckiges Gesicht wirkt raffiniert und schlau bis hinterhältig. Dies ist jedoch viel zu allgemein gesprochen. Immer müssen sämtliche Gesichtszüge berücksichtigt werden, gleichgültig ob sie miteinander harmonisieren oder nicht.

Die Färbung und Beschaffenheit des Teints ist gleichfalls von Bedeutung. Eine mehr oder minder glatte Haut mit gesunder Farbe ist ein offensichtlicher Beweis guter Gesundheit, gilt für Gesichtsdeuter darüber hinaus aber auch als Zeichen für ein reines Gewissens und Aufgeschlossenheit. Hautunreinheiten und -verfärbungen haben bestimmte Bedeutungen, die in den Kapiteln *Das Wandernde Jahr*, wo sie in Bezug zu einem bestimmten Lebensjahr gesetzt werden (*siehe Seite* 117), und *Paläste und Sternpunkte* (*siehe Seite* 119) näher erläutert sind.

Zwischen der östlichen und der westlichen Metoposkopie bestehen diverse Unterschiede. So arbeiten die Chinesen mit fünf Elementen – Metall (Gold), Holz, Wasser, Feuer und Erde –, während im westlichen System nur drei verwendet werden. Darüber hinaus werden diese Elemente mit Planeten assoziiert: Gold

Kurzcharakteristik

Mars-Gesicht (birnenförmig): energisch, dynamisch, kokett, abenteuerlustig, extravertiert

Jupiter-Gesicht (dreieckig): optimistisch, leidenschaftlich, intellektuell, sportlich, gelassen

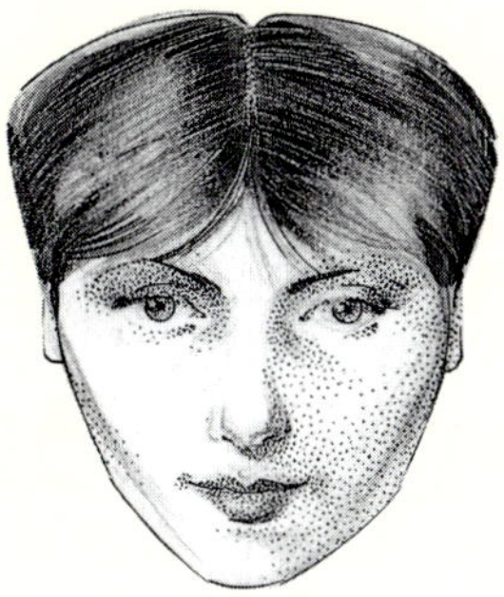

Merkur-Gesicht (rund): flexibel, scharfsinnig, gesellig, streitbar, inkonsequent

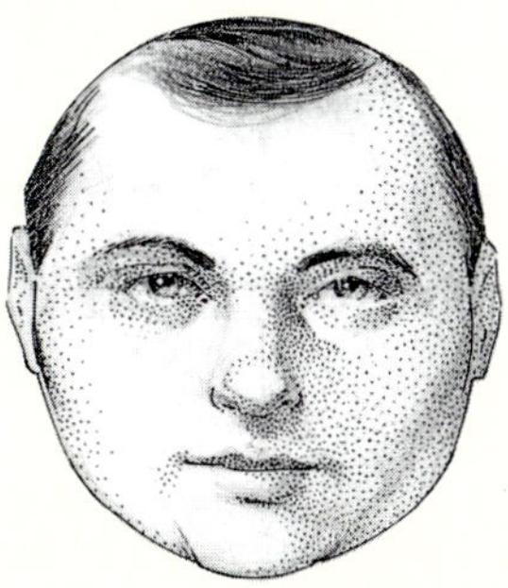

Saturn-Gesicht (rechteckig): beharrlich, ehrgeizig, praktisch, diszipliniert, berechnend

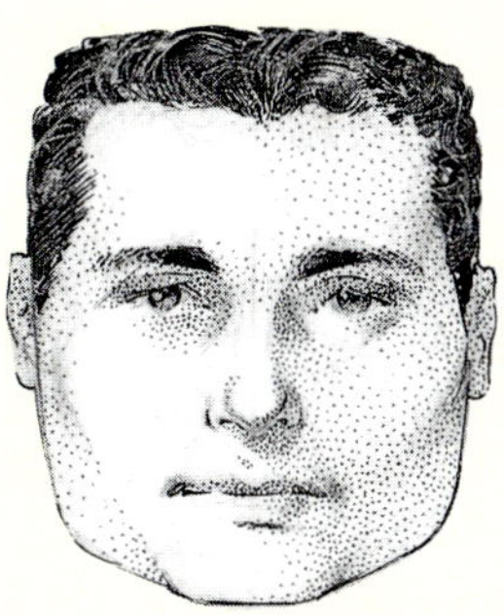

Venus-Gesicht (länglich): harmonisch, ruhig, gelassen, unentschlossen, unpraktisch

Jupiter/Venus-Gesicht (oval): gutaussehend, charmant, romantisch, künstlerisch, empfindsam

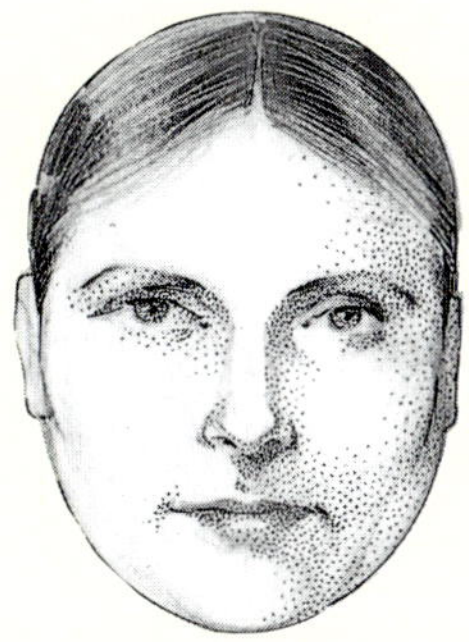

Jupiter/Mars-Gesicht (rautenförmig): temperamentvoll, kontaktfreudig, unwiderstehlich, unbesonnen, rücksichtsvoll

Jupiter/Merkur-Gesicht (herzförmig): nervös, enthusiastisch, extravagant, analytisch, intuitiv

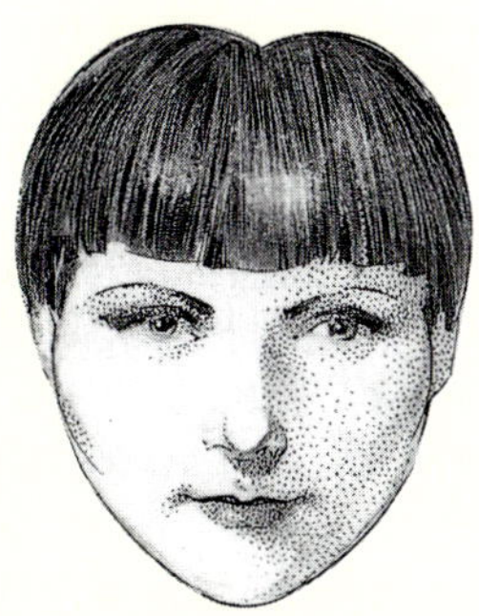

ELEMENT	GESICHTSFORM	PLANET	TEINT	TYPUS	CHARAKTER
Feuer	birnenförmig	Mars	rosig	aktiv	theatralisch
Erde	rechteckig	Saturn	getönt	passiv	fleißig
Wasser	rund	Merkur	dunkel	anpassungsfähig	geschäftstüchtig
Gold	länglich	Venus	hell	gewandt	bestimmt
Holz	dreieckig	Jupiter	dunkel	ehrgeizig	künstlerisch

Oben: *Diese Übersicht hilft Ihnen bei der Einschätzung von Gesichtsformen. Bedenken Sie aber stets, daß alle Elemente der Gesichtsdeutung ausgewogen sein müssen und deshalb ein Mensch mit einer runden Gesichtsform nicht zwangsläufig einen dunklen Teint und einen anpassungsfähigen Charakter haben muß.*

mit Venus, Holz mit Jupiter, Wasser mit Merkur, Feuer mit Mars und Erde mit Saturn. Die östliche Metoposkopie war ebenso wie die Handlesekunst stets stark von der Astrologie beeinflußt, und dies zeigt sich auch an den Bezeichnungen für die fünf grundlegenden Gesichtsformen. Schon im Altertum haben Gelehrte die verschiedenen Arten der Gesichtshaut mit den Planeten assoziiert und die Meinung vertreten, daß dies bestimmte Temperamente und Charaktermerkmale anzeige.

Im allgemeinen halten die Chinesen rund für die günstigste Gesichtsform, u. a. bedeute sie ein langes Leben. Ein viereckiges Gesicht dagegen lasse auf Fleiß und Machtstreben schließen. Menschen mit einem dreieckigen Gesicht, das sich zum Kinn hin verjüngt (ein zur Stirn hin schmäler werdendes heißt birnenförmig), sollen Charisma haben, aber wenig zuverlässig sein.

Die traditionellen östlichen Typformen lassen sich gemäß der obenstehenden Tabelle darstellen:

BEURTEILUNG DER GESICHTSFORMEN

Zuweilen ist es schwierig, die Grundform eines Gesichtes einzuschätzen. Auf den ersten Blick scheint eine genaue Beurteilung oft geradezu unmöglich. In diesem Fall hilft eine Gedankenstütze, die die Kategorisierung vereinfacht: Im Falle des birnenförmigen Gesichtes spricht der Name für sich; ein rundes Gesicht können Sie sich vielleicht besser als apfelförmig vorstellen. Am einfachsten ist es vermutlich, wenn Sie das, was Sie sehen, ins Extrem verzerren: Wie würde ein Karikaturist die betreffende Person zeichnen? Welche Gesichtsform würde er ihr geben?

Bedenken Sie dabei immer, daß die Grundform eines Gesichts lediglich eine sehr allgemeine Einstufung ermöglicht. Wie bei jeder anderen Form der Charakterdarstellung geht es auch hier darum, das Gesamtbild aus einer Vielzahl zum Teil höchst subtiler Einzelmerkmale zusammenzufügen. Schenken Sie der Gesichts- und Schädelform also einige Aufmerksamkeit und analysieren Sie diese mit Hilfe der folgenden Seiten. Aber bleiben Sie nicht dabei stehen. Denn um zu einem fundierten Urteil zu gelangen, müssen Sie weiterlesen und alle anderen Faktoren mit einbeziehen.

Zu berücksichtigen ist auch, daß zwischen der orientalischen und der abendländischen Metoposkopie kulturelle Differenzen bestehen, die auf den über Jahrtausende hinweg unterschiedlichen Lebensstil in Ost und West zurückgehen. So legt man beispielsweise im Osten bei der Interpretation eines typischen runden oder Merkur-Gesichts besonderes Gewicht auf Geschäfte und Handel. Dies ist eine durchaus legitime Auslegung, doch werden wir im westlichen Kulturkreis den gleichfalls dieser Gesichtsform zugeschriebenen intellektuellen Fähigkeiten besonders auf dem Kommunikationssektor wesentlich größeres Gewicht beimessen und der betreffenden Person einen Beruf im Medienbereich (etwa den des Journalisten) empfehlen.

Wir haben uns bemüht, ein ungefähres Gleichgewicht zwischen den beiden Interpretationsmöglichkeiten zu erreichen, und legen in diesem Buch eine Art Kompromiß vor.

Die Stichwörter, die auf Seite 11 aufgeführt sind, helfen Ihnen dabei, die wichtigsten Charaktermerkmale der jeweiligen Gesichtsform im Gedächtnis zu behalten. Die traditionellen chinesischen Begriffe – Energie, Schicksal, Wohlstand – bezeichnen denn angeblich auch die Vitalität, die Art, wie man sein Schicksal handhaben sollte, und beschreiben, wie man in finanziellen Angelegenheiten am besten vorgeht.

Behalten Sie dabei stets im Gedächtnis, daß die genannten Wesensmerkmale keineswegs verbindlich sein müssen: Wenn ein Charakterzug ganz und gar nicht zu einer Gesichtsform zu passen scheint, kann das an anderen Gesichtszügen liegen, die die hier beschriebenen Eigenschaften sowohl verstärken als auch beträchtlich abschwächen können. Hüten Sie sich vor einer übereilten Beurteilung, die allein auf der Deutung der Gesichtsform basiert. Betrachten Sie das *ganze* Gesicht, nicht nur die auf den ersten Blick vorherrschenden Züge; wägen Sie alle Merkmale gegeneinander ab, und betrachten Sie sie dann im Kontext der Gesichtsform.

Das Mars-Gesicht

Energie: aktiv **Lebensführung:** abenteuerlustig **Glück:** schillernd

Das Mars-Gesicht ist im Kieferbereich breit und hat eine etwas niedere Stirn. Die Chinesen verbinden es mit dem Element Feuer und glauben, daß dieser Typus besonders kontaktfreudig und extravertiert ist. Es sind ausgesprochen aktive Menschen mit viel Energie, die zuweilen ins Nervöse oder Aggressive umschlagen kann. Auch ihre sexuelle Energie ist beträchtlich. Allgemein sind die maskulinen Aspekte der Persönlichkeit stärker ausgeprägt (bei beiden Geschlechtern).

Menschen mit Marsgesicht lieben die Unabhängigkeit und sind im großen und ganzen entschlußfreudig, gerade und positiv. Eben diese Eigenschaften können jedoch dazu führen, daß sie im Umgang mit anderen ungeduldig und manchmal geradezu unfreundlich werden. Ein großer Vorteil ist ihre rasche Auffassungsgabe.

Die Neigung, immer neue Aufregungen zu suchen, kann sich auch auf das Liebesleben erstrecken. Zwar werden sie nur in Ausnahmefällen mehrere Partner gleichzeitig umwerben, aber ihre Beziehungen sind auffällig kurz und unterliegen häufigem Wechsel. Menschen mit einem Mars-Gesicht lieben den Flirt und verfügen über einen manchmal geradezu theatralischen Charme, der auf das andere Geschlecht große Anziehungskraft ausüben kann. Sobald die Eroberung jedoch abgeschlossen und das gesetzte Ziel erreicht ist, werden sie dazu neigen, nach neuen Ufern zu streben. Dies kann naturgemäß zu Problemen mit einer Dauerbeziehung führen, die sich dann als weniger dauerhaft erweist als erwartet. Ein kluger Partner wird diese Möglichkeit in Betracht ziehen und sich darauf einrichten.

Erfahrungsgemäß sind Menschen mit Mars-Gesicht besonders gut auf Gebieten, wo sie regelmäßig mit anderen Menschen zu tun haben (das Alleinsein liegt ihnen nicht). Und besonders erfolgreich sind sie als Publizisten, Schauspieler oder Politiker. Wie ihre für gewöhnlich kräftige Gesichtsfarbe vermuten läßt, halten sie sich gerne im Freien auf, wo sie ihrem Tatendrang freien Lauf lassen können. Körperliche Bewegung brauchen und mögen sie. Jede physische Stagnation wirkt sich auf diesen Menschentyp nachteilig aus. Ausgewogenheit ist dabei sehr wichtig für den Mars-Gesicht-Typus, obwohl sie gerade ihm nicht leicht zufällt, weil er sich häufig von seinem Enthusiasmus mitreißen läßt und zur Übertreibung neigt (oder aber, wenn sein Interesse anders gelagert ist, körperliche Aktivität ganz und gar meidet).

Bei sportlichen Wettkämpfen ist er in seinem Element, aber auch Aerobic und Body-Building erfreuen sich bei ihm großer Beliebtheit.

Der charakteristische Typus eines Menschen mit Mars-Gesicht könnte ein Forschungsreisender sein, der ständig auf der Suche nach neuen Abenteuern ist und alle Welt durch seine Fähigkeit beeindruckt, jedes akute Problem zu meistern und später alles lebendig und fesselnd zu schildern.

Unten: *Ein Gesicht, das zum Kiefer hin breiter wird, heißt birnenförmig oder Mars-Gesicht. Menschen mit dieser Gesichtsform sind häufig direkt und unkompliziert, extravertiert und ehrgeizig.*

Das Jupiter-Gesicht

Energie: weitläufig **Lebensführung:** weise **Glück:** auf künstlerischem Gebiet

Das Jupiter-Gesicht – eine breite Stirn und ein schmales Kinn – weist auf einen aufgeweckten, aktiven Menschenschlag hin, der gerne lernt und sich vielleicht auch mit Philosophie beschäftigt. Die chinesische Metoposkopie bringt ihn in Zusammenhang mit dem Element Feuer, was Optimismus, Großzügigkeit und Loyalität bedeutet. Es besteht eine Neigung zum Einzelgängertum, zumindest so lange, bis sich ein echter Seelenfreund findet, der die generell hohen Zielsetzungen teilt. Ein Mensch mit Jupiter-Gesicht verfügt in der Regel über einen ausgeprägten Gerechtigkeitssinn; da er seine Ansichten auch leidenschaftlich verficht, dürfte er einen guten Rechtsanwalt, Richter oder Staatsmann abgeben (zum Diplomaten ist er allerdings weniger geeignet).

Wem diese Menschen fast zu gut, zu mustergültig erscheinen, der möge sich damit trösten, daß der ihnen angeborene Optimismus sie zuweilen geradezu blind machen kann. Dies äußert sich dann im Verlust jeglicher Selbstkritik und in der Neigung zu unerträglichem Eigenlob.

Jupiter-Typen sind von Natur aus leidenschaftlich und haben selten Schwierigkeiten, ihre Gefühle zum Ausdruck zu bringen, bevorzugen jedoch oftmals oberflächliche Beziehungen und werden sich mit Sicherheit nur mit einem Partner verbinden, dessen Horizont genauso weit ist wie der ihre. Der Lebensgefährte muß geistig rege sein, da für Jupiter-Menschen gemeinsame Interessen mindestens genauso wichtig sind wie sexuelle Harmonie. In Liebesangelegenheiten legen sie oft eine Lässigkeit an den Tag, die an Nachlässigkeit grenzt. Sie lieben es, andere zu überraschen, aber auch selbst überrascht zu werden.

Ihre geistigen Kräfte sind ausgeprägt und zielgerichtet, besonders Sprachen werden gerne und leicht erlernt – was einen doppelten Vorteil birgt, denn diese Menschen reisen oft leidenschaftlich gern und viel. Zuweilen findet man auch eine ausgeprägte Liebe zum Sport, der einen ausgezeichneten Ausgleich zu den sonst eher kopflastigen Interessen dieses Typs bietet.

Menschen mit Jupiter-Gesicht brauchen regelmäßige Bewegung, um nicht in Rastlosigkeit zu verfallen. Sie hassen die Routine, sollten aber eine Art von körperlicher Aktivität finden, die ihnen Freude bereitet und die sie jeden Tag ausüben können, ohne sich dabei zu langweilen. Da sie das Risiko lieben, sollten sie eine ungefährliche Sportart wählen, um Unfälle zu vermeiden.

Oft findet man bei ihnen ein angeborenes Interesse am Okkulten, was in eine intensive Beschäftigung mit einer Religion münden kann, wobei das Interesse in der Regel jedoch eher wissenschaftlicher als wahrhaft theologischer Natur sein wird. Überhaupt lockt sie die Wissenschaft, besonders die Forschung, für die diese Menschen auch ein angeborenes Talent zu haben scheinen.

Unten: *Das ›dreieckige‹ Jupiter-Gesicht wird zum Kiefer hin schmäler und läßt auf einen gelassenen und optimistischen, doch nicht allzu toleranten Charakter schließen.*

Das Merkur-Gesicht

Energie: unverwüstlich **Lebensführung:** gesichert **Glück:** finanziell

Das Merkur-Gesicht ist rund und wird mit dem Element Wasser in Verbindung gebracht. Beide, Planet und Element, stehen für Vielseitigkeit, Flexibilität und Anpassungsfähigkeit.

Menschen mit einem runden Gesicht verbringen ihr ganzes Leben damit, ihr Wissen zu mehren, wobei es sich um Wissen der unterschiedlichsten Art handelt: sei es im Bereich Molekularbiologie oder Literatur, sei es im Showgeschäft oder an der Nähmaschine! Dabei wird ihr Wissen stets breit gefächert, aber nicht unbedingt profund sein; denn obwohl sie durchaus in der Lage wären, den Dingen auf den Grund zu gehen, ziehen sie es im allgemeinen vor, an der Oberfläche zu bleiben und sich mit einem groben Gesamtüberblick zu begnügen – was bekanntlich auf Kosten der Gründlichkeit und Exaktheit geht. Von Natur aus sind sie ausgesprochen skeptisch, und dementsprechend stellen sie fast alles in Frage, womit man sie konfrontiert. Dabei sind sie aber durchaus positiv eingestellt und nur in seltenen Ausnahmen ernsthafte Skeptiker.

Menschen mit einem Merkur-Gesicht wirken auf ihre Mitmenschen mitunter eine Spur *zu clever*, und sie sind erwiesenermaßen scharfsinnig und intelligent. Darüber hinaus sind sie ausgesprochen gesellig und verstehen es, mit den unterschiedlichsten Charakteren auszukommen. Ihr Geschick im Umgang mit Menschen macht sie zu geborenen Diplomaten, prädestiniert sie aber auch für fast jede Tätigkeit im Medienbereich.

Die Liebe nehmen diese Menschen leicht. Daß der Partner geistig ebenso rege und flexibel sein muß wie sie selbst, ist Voraussetzung, bedeutet jedoch nicht, daß sie nicht an Sex interessiert wären. Ganz im Gegenteil: Oft sind sie auf diesem Gebiet besonders einfallsreich und experimentierfreudig. Um dauern zu können, muß eine Beziehung für sie lebendig sein: Abwechslung ist für diesen Menschentyp lebensnotwendig, und das heißt, daß er einer neuen Liebschaft oder Affäre nie ganz abgeneigt sein wird. Schon im Altertum wurde diese Gesichtsform übrigens mit Bisexualität in Verbindung gebracht.

Typisch für Menschen mit rundem Gesicht ist die Neigung, von einem Thema oder Arbeitsgebiet zum nächsten zu springen. Nichts hassen sie mehr als Langeweile. Obwohl sie gute Redner sind und geschickt argumentieren können, haben sie in einer Debatte zuweilen das Nachsehen – weil ihr Wissen nicht fundiert genug ist.

Sollte ihre ebenfalls reichlich vorhandene körperliche Energie nicht in die richtigen Bahnen gelenkt werden, besteht die Gefahr unkontrollierter Gewichtszunahme, und der übermäßige Genuß von Wein und gutem Essen könnte dieses Risiko noch verstärken – zumal dieser Menschenschlag trotz seines raschen Verstandes körperlicher Betätigung oft eher ablehnend gegenübersteht, weil er sie auf Dauer in der Regel einfach zu langweilig findet.

Unten: *Ein rundes Gesicht wird mit dem Planeten Merkur in Verbindung gebracht. Menschen mit dieser Gesichtsform sind meist außerordentlich wissensdurstig.*

Das Saturn-Gesicht

Energie: ruhig **Lebensführung:** fatalistisch **Glück:** erarbeitet

Das rechteckige Saturn-Gesicht steht für Ausdauer und Beharrlichkeit, für einen Menschentypus, der vorsichtig, verantwortungsbewußt und konstruktiv, aber auch überaus ehrgeizig ist.

Dieser mit Vorsicht gepaarte Ehrgeiz kann in die durch und durch egoistische Verfolgung eines persönlichen Zieles ausarten; zudem besteht die Gefahr, daß Übervorsichtigkeit im finanziellen Bereich in Habgier und Geiz endet. Im Privatleben könnte dieser Charakterzug dazu führen, daß Partner und Kinder bewußt oder unbewußt als Besitz betrachtet und dementsprechend behandelt werden: Schließlich glaubt ein Mensch mit Saturn-Gesicht genau zu wissen, wie er seinen *Besitz* zu verwalten hat, sprich, was für seine Lieben das beste ist.

Menschen dieses Typs heiraten oder binden sich oft erst spät, meist hat zunächst die Karriere Vorrang. Dieser Pragmatismus kann sich auch in der Persönlichkeit spiegeln, und so erscheinen Saturn-Typen mitunter über ihre Jahre gealtert. Vielfach sind sie so mit ihrem beruflichen Fortkommen beschäftigt, daß sie darüber vergessen, das Leben zu genießen.

Die Chinesen ordnen Menschen mit rechteckigem Gesicht das Element Erde zu. Von den vier Elementen, die die Griechen im Altertum definierten, steht *Erde* vor allem für Pragmatismus und Verläßlichkeit, die ihrerseits oft einem starken Sicherheitsbedürfnis entspringen. Menschen mit rechteckigem Gesicht werden kaum unüberlegt handeln und sorgen meist schon in jungen Jahren für ihren Lebensabend vor, den sie dann in der Regel auch in Ruhe und materieller Sicherheit genießen.

Bei diesem Gesichtstyp tritt im Alter häufig eine Versteifung der Gliedmaßen auf, er sollte sich deshalb durch regelmäßige Bewegungsübungen dagegen wappnen. Da er von Natur aus zum Einzelgängertum neigt, wird er Sportarten wie Jogging oder Wandern vorziehen, die er allein ausüben kann. Seine außerordentliche Selbstdisziplin ermöglicht es ihm, auch zu Hause regelmäßig Gymnastik zu treiben. Unter den Mannschaftssportarten ist Golf am beliebtesten (wobei er auch hier den anderen gerne um eine Nasenlänge voraus ist).

Wie die genannten Charakteristika vermuten lassen, ist der Saturn-Typ der erfolgreiche Geschäftsmann par excellence, wird aber auch in jedem anderen Umfeld durch sein Organisationstalent brillieren: gleichgültig ob im Haushalt, im Büro oder in der Schule – alle Arbeiten werden stets mit großer Sorgfalt und Genauigkeit ausgeführt. Hemmungen, Selbstzweifel und mangelndes Selbstwertgefühl (oft versteckt hinter scheinbarer Faulheit) können diesem Menschenschlag allerdings schwer zu schaffen machen und seinen Aufstieg erschweren.

Unten: *Ein rechteckiges Saturn-Gesicht ist unverkennbar: Diese Menschen sind in der Regel zuverlässig, aber egoistisch. Vielleicht sollte man sie zuweilen daran erinnern, daß sie nicht allein auf der Welt sind.*

Das Venus-Gesicht

Energie: fließend **Lebensführung:** seriös **Glück:** beeinflußbar

Das Venus-Gesicht ist länglich. In Zusammenhang mit dem Planeten der Liebe stehend, ist hier bei beiden Geschlechtern die feminine Seite der Persönlichkeit betont. Die meisten Menschen dieses Typs besitzen angeborene Grazie, sind gutaussehend, sanftmütig und freundlich. Sie lieben die Harmonie und legen besonders im Privatleben großen Wert auf körperliche wie seelische Aufmerksamkeiten. In einer wirklich guten, harmonischen Beziehung (und ohne eine solche ist ihr Leben nicht ausgefüllt) erweisen sie sich als ausgezeichnete Liebhaber. Dabei entsprechen sie in nichts dem Idealbild des Helden oder der Heldin, wie man es aus Liebesromanen kennt, doch schließt das nicht aus, daß individuelle Wesenszüge, aber auch vereinzelte Temperamentsausbrüche Farbe in die ansonsten eher blasse Persönlichkeit bringen können. Im Umgang mit anderen Menschen sind sie einfühlsam und rücksichtsvoll, was sie zu stets willkommenen Gästen macht. Sollte es irgendwo Unstimmigkeiten oder gar Streitereien geben, so wird ihre ruhige Art dazu beitragen, die Wogen zu glätten.

Dieselbe Ruhe und Ausgewogenheit ihres Wesens kann aber auch in Form von Faulheit oder Unentschlossenheit auftreten. Menschen mit Venus-Gesicht haben oftmals einfach nicht genug Willenskraft, um sich für oder gegen etwas zu entscheiden. Zudem besteht eine Neigung zur Unselbständigkeit, die sie (zusammen mit ihrem Hang zur Unentschlossenheit) gerne als Ausrede benutzen, um sich an andere Leute zu klammern und Verantwortung einfach weiterzureichen.

Bei den Chinesen wird dieser Typ mit dem Element Gold in Zusammenhang gebracht und gilt als vom Schicksal bevorzugt. Menschen mit Venus-Gesicht fallen mit einer solchen Sicherheit und Regelmäßigkeit immer wieder auf die Füße, daß man an einen geheimen Trick glauben möchte. Dieser Trick könnte durchaus in einer geschickten Handhabung ihrer Finanzen bestehen, denn Venus-Menschen haben in dieser Hinsicht eine außerordentlich glückliche Hand. Dabei investieren sie mit möglichst geringem Risiko, folgen manchmal aber auch einfach ihrem Instinkt. Nichts bereitet ihnen mehr Vergnügen, als ihre Ersparnisse und damit ihre Sicherheit wachsen zu sehen und regelmäßig ihre Dividenden einzustreichen.

Häufig stehen Menschen mit Venus-Gesicht an der Spitze großer Unternehmen. Besonders erfolgreich sind sie im Bereich der Kunst und in angrenzenden Gebieten wie Mode (als Designer oder Mannequins).

Oft hat dieser Gesichtstyp mit Stoffwechselproblemen zu kämpfen und neigt deshalb zur schnellen Gewichtszunahme. Eine ausgewogene Ernährung und regelmäßige körperliche Bewegung sind hier besonders zu empfehlen, um Übergewicht, Verdauungsproblemen und Herzerkrankungen vorzubeugen.

Unten: *Das Venus-Gesicht ist länglich und manchmal dem rechteckigen sehr ähnlich. Typisch sind eine längliche, schmale Kieferpartie, eine hohe Stirn und ein femininer, zuweilen temperamentvoller Charakter.*

Zusammengesetzte Gesichtsformen

Zusätzlich gibt es noch drei weitere Gesichtstypen, die jeweils die Merkmale von zwei Grundformen in sich vereinigen.

Das Jupiter/Venus-Gesicht

Energie: emotional **Lebensführung:** verlockend **Glück:** glanzvoll

Das ovale Jupiter/Venus-Gesicht birgt zahlreiche Eigenschaften des Jupiter in sich, deren Wirkung jedoch durch den Einfluß der Venus gemildert wird. Bei Frauen ist diese Gesichtsform typisch für klassische Schönheiten und in jüngerer Zeit für Filmstars. Die für den Venus-Typus charakteristische plump-vertrauliche Leutseligkeit wird hier allenfalls in gemilderter Form auftreten, so daß anstelle oberflächlichen Geplänkels aufrichtige Freundschaften und sogar eine tiefe emotionale Bindung an einen Partner möglich sind. Der Optimismus dieses Gesichtstyps ist realistisch und unterstützt konkrete Pläne, statt sich in idealistischen Schwärmereien zu verlieren. Etwas Sorglosigkeit ist unweigerlich vorhanden, doch werden andere Menschen nie absichtlich verletzt werden. Ein wesentlich größeres Problem dürfte die Unentschlossenheit darstellen.

Was die Persönlichkeit angeht, sind Männer und Frauen dieses Typus gleichermaßen zärtlich und oft überaus romantisch. Die Kühle, die man oft mit phantastischem Aussehen verbindet, ist hier jupiterbedingt durch eine aufregende Sinnlichkeit, in manchen Fällen sogar eine unwiderstehliche erotische Ausstrahlung ersetzt. (Die Frauen haben oft volle, üppige Lippen und/oder dunkel glänzende Augen.) Allerdings kann es in der Partnerschaft zu Problemen kommen, denn (wiederum bedingt durch den Einfluß des Jupiter) Menschen mit Jupiter/Venus-Gesicht lassen sich nur äußerst ungern auf etwas festlegen. Sie brauchen in jeder Hinsicht und Beziehung ein großes Maß an Freiheit, und wenn ein Partner das nicht akzeptiert, ist Ärger programmiert. Die erotische Ausstrahlung anderer zieht sie instinktiv an. Sobald sie diese jedoch erkundet haben, beginnt die Suche nach anderen Qualitäten.

Oben: *Wenn ein Gesicht Merkmale von zwei Grundformen aufweist, ist es vielleicht eine Mischform. Hier sind längliches und dreieckiges zu einem ovalen Gesicht verschmolzen.*

Üblicherweise sind Menschen dieses Gesichtstyps sehr kunstinteressiert, vor allem an Musik und Theater. Zuweilen üben Kriminalität, Gewalt und Prostitution (wiederum auf beide Geschlechter) große Faszination aus, doch kommt es auch vor, daß sich das Interesse auf unterdrückte Minderheiten verlagert, deren Rechte dann vehement vertreten werden.

Es heißt, daß Menschen mit Jupiter/Venus-Gesicht eine glanzvolle Jugend haben, während sich die mittleren Lebensjahre problematisch gestalten können – vor allem bei denen, die sich zu lange auf ihr Aussehen und ihren Charme verlassen, ohne andere Talente zu fördern. Im Alter treten sie dann jedoch meist wieder hervor.

Das Jupiter/Mars-Gesicht

Energie: emotional **Lebensführung:** kalkuliert **Glück:** herausgefordert

Das rautenförmige Gesicht ist im wesentlichen eine Kombination aus Mars-Gesicht und Jupiter-Gesicht, wobei die Charakteristika des einen Typus die des anderen beeinflussen, so daß man hier von einem impulsiven und extravertierten Menschenschlag sprechen kann, der das Unkonventionelle, das Abenteuerliche und das Gefährliche liebt. Dabei sind Menschen dieses Gesichtstyps keineswegs besonders körperbe-

Oben: *Die Kombination aus dreieckigem und birnenförmigem Gesicht gehört zu den häufigsten Mischformen. Dieses Gesicht ist rautenförmig und zeigt eine schwächer ausgeprägte Kinnpartie als das dreieckige Jupiter-Gesicht. Das Naturell dürfte lebhaft und extravertiert sein.*

tont. Bis zu einem gewissen Grade können sie sogar als philosophisch und intellektuell gelten, wobei sich lediglich ein Mangel an Verantwortungsbewußtsein und der Hang zur Oberflächlichkeit störend auswirken. Zwar neigen sie generell zu vorschnellem, gelegentlich übereilten und unüberlegten Handeln, manchmal aber auch dazu, vor lauter Hin- und Herüberlegen überhaupt nicht in Aktion zu treten.

Was die Liebe angeht, so besitzen sie in der Regel eine geradezu magnetische Anziehungskraft, die ihnen die Herzen zufliegen läßt, und sie haben normalerweise auch keine Schwierigkeiten, ihre Zuneigung voller Wärme und Enthusiasmus zum Ausdruck zu bringen. Jedoch läuft dieser Gesichtstyp Gefahr, eine mögliche Partnerschaft vorschnell aufzugeben. Und in einer Dauerbeziehung sollte er aufpassen, daß sein angeborener Egoismus nicht zu auffällig zutage tritt.

Das Jupiter/Merkur-Gesicht

Energie: zielgerichtet **Lebensführung:** erfolgreich **Glück:** einfallsreich

Das herzförmige Gesicht ist eine Mischung aus Merkur- und Jupiter-Gesicht und vereinigt Charaktereigenschaften dieser Typen in sich. Der Unterschied zwischen beiden kann jedoch zu Konflikten führen: Nervosität, Flexibilität und Skeptizismus stehen im Widerspruch zu Optimismus und Enthusiasmus; Vernunft und intellektuelle Neugier kontrastieren mit Übertreibung und Verantwortungslosigkeit. Dieser Gesichtstyp wird dazu neigen, sich auf seinen Instinkt zu verlassen und gewöhnlich sein Bestes geben, ohne dabei mit den Interessen anderer zu kollidieren. Andererseits können gelegentliche Taktlosigkeiten oder schlichtweg unüberlegte Handlungen Freundschaften gefährden.

Menschen mit herzförmigem Gesicht beginnen jede Beziehung mit der festen Überzeugung, daß sie ein Leben lang halten wird. Erfahren sie darin aber eine Enttäuschung, so haben sie die Fähigkeit, es achselzuckend hinzunehmen und sich – selbst wenn sie zutiefst verletzt sind – objektiv mit den Ursachen zu befassen. Leider werden diese analytischen Fähigkeiten nur selten zur Konfliktbewältigung genutzt. Menschen mit herzförmigem Gesicht neigen zu extremen Ansichten, und daß ein Kompromiß oft nicht nur machbar, sondern meist sogar die beste Lösung ist, wird ihnen leider nur selten bewußt. Bei diesem Typus kollidiert ein großes Energiepotential mit einer angeborenen Abneigung gegen sportliche Aktivitäten. Die Lösung liegt vielleicht darin, die Energie in Arbeit und konstruktive Pläne umzusetzen und körperliche Betätigung beiläufig in das tägliche Leben einzubringen (beispielsweise Treppen zu steigen statt den Aufzug zu benutzen).

Oben: *Das Jupiter/Merkur-Gesicht wird bisweilen gleichfalls als rautenförmig beschrieben: Es ähnelt dem Jupiter/Mars-Gesicht, ist dabei aber weicher und runder – herzförmiger.*

Die drei Ebenen

Die »drei Ebenen« des Gesichts, manchmal auch die »drei Integralschichten« genannt, stehen für drei Lebensphasen.

Die obere Ebene
Sie umfaßt die Fläche vom Haaransatz bis zum oberen Rand der Augenbrauen und repräsentiert die Jugend: vom fünfzehnten bis zum dreißigsten Lebensjahr.

Die mittlere Ebene
Sie umfaßt das Gebiet vom oberen Rand der Augenbrauen bis zur Nasenspitze und repräsentiert die mittlere Lebensphase: vom einunddreißigsten bis zum fünfzigsten Jahr.

Die untere Ebene
Sie reicht von der Nasenspitze bis zum Kinn und repräsentiert die reiferen Lebensjahre: die Jahrzehnte der Ernte zwischen dem einundfünfzigsten Lebensjahr und dem Tod.

Über die Kindheit sagen diese drei Ebenen nichts aus. Die ersten vierzehn Lebensjahre werden von den Ohren repräsentiert. Aus deren Erscheinungsform und

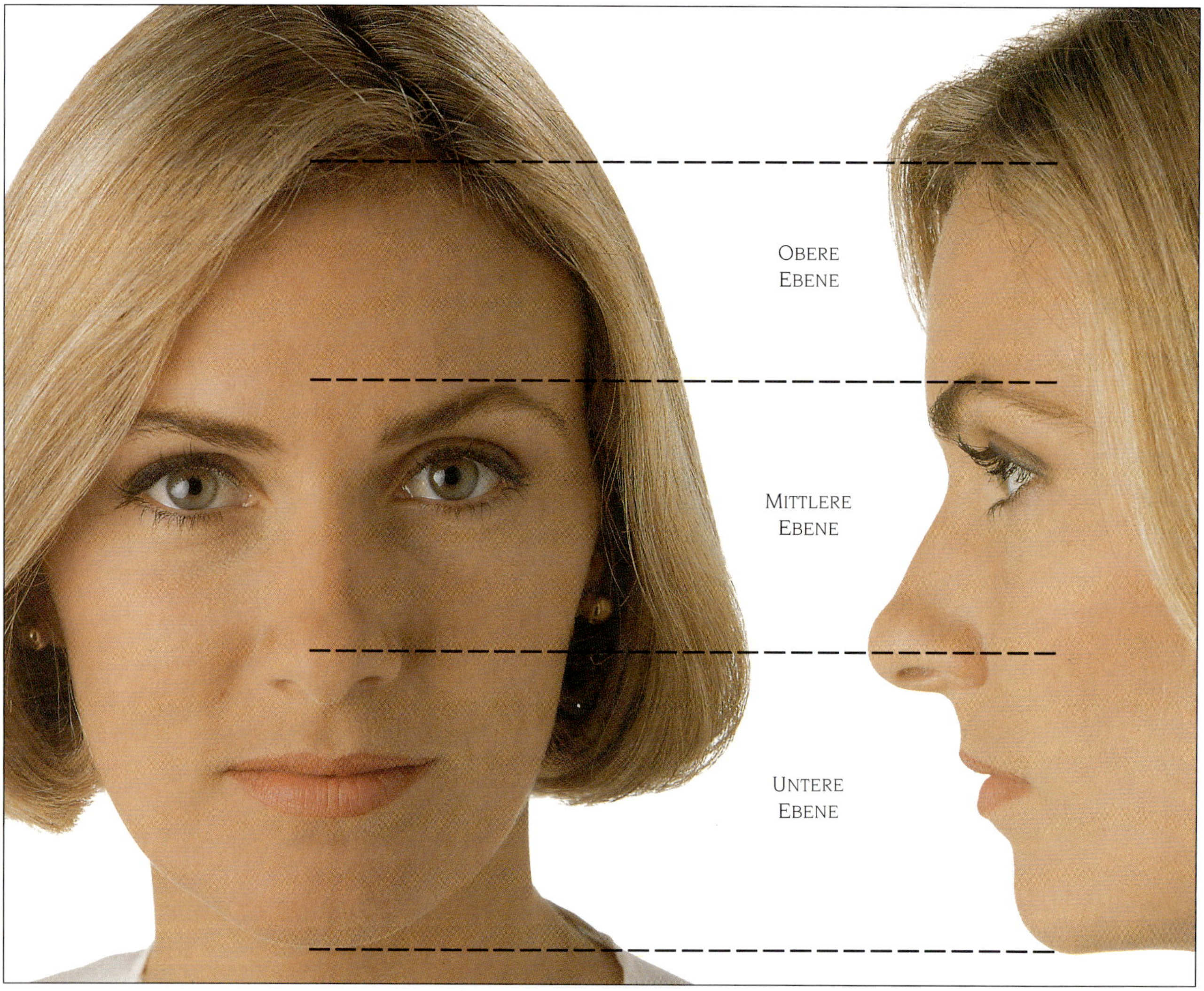

Gestalt lassen sich Schlüsse auf Leistungsfähigkeit und Persönlichkeit des Menschen ziehen (*siehe Seiten 60ff.*).

Die Teile des Gesichts, die die drei Ebenen bilden, sollten ungefähr gleich lang sein, um Proportionalität und Ausgewogenheit sicherzustellen. Wenn eine Ebene deutlich hervorsticht, dann wird die entsprechende Lebensphase die lohnendste und erfolgreichste sein.

Manche Menschen sind in ihrer Jugend sehr erfolgreich und verlieren mit zunehmendem Alter an Bedeutung – man denke etwa an Popstars und Sportler. Andere arbeiten sich langsam durch die mittlere Lebensphase hindurch nach oben und erreichen ihren Zenit, wenn sie zwar noch aktiv im Berufsleben stehen, aber bereits reiche Erfahrungen gesammelt haben; dies ist oft bei Politikern, aber auch bei einigen Geschäftsleuten der Fall. Wieder andere konzentrieren sich darauf, Vorsorge für das Alter zu treffen, auf das sie hinarbeiten und auf das sie sich mit Recht freuen; diese Einstellung findet man häufig bei Menschen, die in ihrem Beruf nie eine ausreichende Erfüllung gefunden haben. In diesem Fall ist die untere Ebene besonders hervorgehoben.

Wenn eine Ebene weniger betont ist als die beiden anderen – etwas verkrampft und schwächer ausgeprägt –, wird die entsprechende Lebensperiode vermutlich die schwierigste oder anstrengendste sein. Eine schwache Stirn könnte beispielsweise bedeuten, daß jemand bei der Berufswahl und beim Aufbau einer positiven Einstellung zum Leben wenig oder keine Unterstützung vom Elternhaus erhielt. Eine schwache mittlere Ebene signalisiert die Möglichkeit eines problematischen Berufslebens, kann aber genauso darauf hinweisen, daß der Betreffende Schwierigkeiten hat, seinen Platz im Leben zu behaupten. Wenn dieses Merkmal bei einem Menschen unter dreißig festgestellt wird, kann entsprechender Zuspruch helfen, daß er oder sie dennoch Erfolg haben wird, es wird nur eine Weile dauern. Es ist in solchen Fällen sehr wichtig, das Selbstvertrauen zu stärken und auf eine positive Einstellung hinzuwirken. (Dies gilt natürlich in verstärktem Maße auch für Menschen, die sich gerade in der entsprechenden Lebensphase befinden.)

Wenn die untere Ebene schwach ausgeprägt ist, könnten im letzten Lebensabschnitt Probleme auftreten, und es empfiehlt sich, für die späteren Dekaden rechtzeitig (zum Beispiel finanziell) vorzusorgen. Diese Menschen sollten auch verstärkt darauf achten, daß sie nach dem Eintritt in den Ruhestand aktiv und geistig rege bleiben, neue Interessengebiete erschließen oder Tätigkeiten wiederaufnehmen, die sie früher aus Zeitmangel aufgeben mußten. In besonderem Maße gilt dies für Hausfrauen, die ihr Leben ganz dem Heim und der Erziehung der Kinder gewidmet haben, denn für viele verliert das Leben seinen Sinn, sobald die Kinder »flügge« geworden sind.

Die drei Ebenen begleiten uns durch alle Lebensphasen. So kontinuierlich oder sogar unmerklich der Übergang von einer Phase zur nächsten auch verlaufen mag – die Zeiten, in denen wir von einer Ebene zur nächsten fortschreiten, sind Meilensteine, die um das dreißigste und fünfzigste Lebensjahr liegen (oder darüber, *siehe Zentralpunkte, Seite* 118). Vergessen wir nicht, daß die Lebenserwartung zu der Zeit, als die Metoposkopie entwickelt wurde, bedeutend niedriger lag als heute. Trotzdem sollten wir über die gegenwärtige Ebene nachdenken, aus den Erfahrungen der vorhergegangenen lernen und uns freudig auf die nächste vorbereiten. Wenn unser Alter bereits der unteren Ebene entspricht, können wir zurückblicken und unser Leben neu überdenken. Es ist nie zu spät, um aus den Fehlern der Vergangenheit zu lernen und sich auf die Jahre zu freuen, die man noch vor sich hat. Dazu gehört auch, daß man sorgsam mit seiner Gesundheit umgeht: Übergewicht abbaut, das Rauchen aufgibt, regelmäßig Sport treibt und sich für etwas Lohnendes und Interessantes engagiert. All dies zusammengenommen wird die verbleibenden Jahre nicht nur bereichern, sondern auch vermehren.

Die drei Ebenen werden ergänzt durch die »drei Mächte«. Es sind dies der Himmel, repräsentiert durch die Stirn, die Erde, repräsentiert durch das Kinn, und der Mensch, repräsentiert durch die Nase. Wenn diese drei gleichmäßig ausgeprägt sind, wird der betreffende Mensch mit Vornehmheit (Stirn), einem langen Leben (Kinn) und Reichtümern (Nase) gesegnet sein.

Berge und Flüsse

Für Neulinge auf dem Gebiet der Metoposkopie ist es hilfreich, sich das Gesicht als eine Landschaft vorzustellen: mit »Bergen und Flüssen«, die die verschiedenen Vorsprünge und Vertiefungen des Gesichts bilden. Berge sind die Stirn, die Nase, die Wangenknochen und das Kinn; Flüsse sind die Ohren, die Augen, die Nasenlöcher und der Mund.

Die Augen sind in der fernöstlichen Metoposkopie nach dem Jangtsekiang benannt und die Nase nach dem Strom Ji (obwohl die Nase ein Berg ist, sind die Nasenlöcher Flüsse), während die Stirn der Heng Shan, der Südliche Heilige Berg, und der rechte Wangenknochen der Hua Shan ist, der Westliche Heilige Berg.

Im Grunde symbolisieren die Berge das *Yang*, das Männliche, Aktive, Autoritative, die positive Energie, während die Flüsse das *Yin* symbolisieren, das Weibliche, Passive, Intuitive, Emotionale, die empfangende Energie. Bei einem psychologisch ausgeglichenen Menschen wird das Verhältnis zwischen Bergen und Flüssen gleichfalls ausgewogen sein, wenn aber in einem Gesicht die Berge stark dominieren, so liegt die Vermutung nahe, daß der betreffende Mensch sehr autoritär und gefühlsarm ist. Kurz: *Yin* und *Yang* stehen nicht mehr im Gleichgewicht. Man kann die Gesichtszüge zwar nicht verändern, aber der Betreffende hat durchaus die Möglichkeit, seine Gefühle bewußt zu schulen und durch gezielte Aufmerksamkeit beispielsweise mehr auf die Wünsche und Bedürfnisse seiner Mitmenschen einzugehen oder aber weniger empfindlich zu sein, was bei Menschen, in deren Gesichtern die Flüsse dominieren, der Fall ist.

Wie oben erwähnt, kann man die physische Struktur des Gesichts nicht gezielt ändern (obwohl sich Eingriffe der plastischen Chirurgie in die Gesichtslandschaft auch auf den Charakter auswirken sollen). Was sich ändert, ist der Ausdruck der Gesichtszüge, der sich nicht nur mit den Jahren wandelt, sondern auch mit zunehmender Reife und Selbsterkenntnis. Und wenn dies geschieht, so spiegelt der Vorgang auch eine Wandlung der Persönlichkeit: Häufig wird ein vorwiegend dem »Berge«-Typus zuzuordnendes Gesicht mit dem Alter einen gelasseneren und ruhigeren Ausdruck bekommen, und die Person wird das Leben leichter nehmen, während die, die eher zu den »Flüsse«-Typen gehören, an Lebendigkeit gewinnen und nicht mehr wie geistesabwesend alles mit sich geschehen lassen. Schüchternheit und Ängstlichkeit werden vielleicht wachsendem Selbstwertgefühl und der Fähigkeit weichen, sich dem Leben zu stellen.

Während wir uns bisher auf die wichtigsten Grundelemente der Interpretation beschränkt haben, werden nun einige Gesichtsregionen genannt, auf die man besonders achten sollte. Beziehen Sie die folgenden Aspekte auch dann in eine Gesichtsdeutung mit ein, wenn Sie weitere Fortschritte gemacht haben und anfangen, ein Gesicht detaillierter zu interpretieren.

Die Nase

Da die Nase der höchste Berg der Gesichtslandschaft ist, sind ihre Form und Größe wichtige Merkmale, die bei jeder Gesichtsdeutung eine große Rolle spielen. Menschen mit kleiner oder flacher Nase leiden häufig an Antriebsschwäche und mangelndem Durchsetzungsvermögen. Sie, wie auch ihre Partner, sollten sich dessen bewußt sein und nach Möglichkeit dagegen angehen. Überflüssig zu sagen, daß Menschen mit dominanter Nase die entgegengesetzten Charaktereigenschaften besitzen. Auch das kann sich jedoch nachteilig auswirken, denn sie bergen die Gefahr von übertriebener Dominanz und Dirigismus.

Die Stirn

Manche chinesische Gesichtsdeuter sagen, daß Menschen mit einer vorstehenden Stirn »hinter dem Gold her« sind – allerdings nicht im wörtlichen Sinne; es sind keine Goldgräber oder Goldwäscher, sondern sie suchen vielmehr nach Gold im alchimistischen Sinn, also nach dem »spirituellen« oder geistigen Gold. Menschen mit vorstehender Stirn werden geistige Entwicklung, Perfektion und Harmonie anstreben. Sie werden sich Gerechtigkeit für alle Welt wünschen und dieses Ziel mit beachtlicher Zuversicht verfolgen. Es besteht die Neigung, allen Schwächeren beizustehen, gleichgültig ob im praktischen, zum Beispiel materiellen Sinn (durch großzügige Spenden) oder durch gute Ratschläge und moralische Unterstützung.

Das Kinn

Das Kinn repräsentiert Robustheit, und wenn es schwach ausgeprägt ist, besteht die Neigung zu einer angegriffenen Gesundheit. Ein vorstehendes Kinn dagegen bedeutet einer alten Tradition entsprechend ein langes Leben und gute Gesundheit. Menschen mit merklich spitzem Kinn werden (wie solche mit großer Nase) dazu tendieren, andere Menschen zu dominieren und als Folge davon feststellen müssen, daß sie zunehmend vereinsamen – ganz einfach, weil andere Menschen sie nicht ertragen.

DIE AUGEN

Große, schöne und glänzende Augen wird man bei einem Menschen mit herausragender *Yin*-Energie antreffen: Sie bedeuten großen Gefühlsreichtum. Dies ist zwar etwas sehr Schönes, doch auch Gefühle wollen kontrolliert sein.

Ein Mensch mit großen Augen wird vielleicht einen kreativen Beruf ergreifen und darin seine Erfüllung finden. Kleine, stechende und eher »trocken« wirkende Augen weisen gleichfalls auf viel emotionale *Yin*-Energie hin, die hier jedoch mit der Durchsetzungskraft des *Yang* in einem ausgewogeneren Verhältnis steht. Diese Menschen sind meist sehr erfolgreich im Beruf, weil sie ihre Karriere sowohl intuitiv vorantreiben als auch über die nötige Entschlossenheit – und die nötigen Argumente – verfügen, ihre Ziele offensiv und mit Nachdruck zu verfolgen.

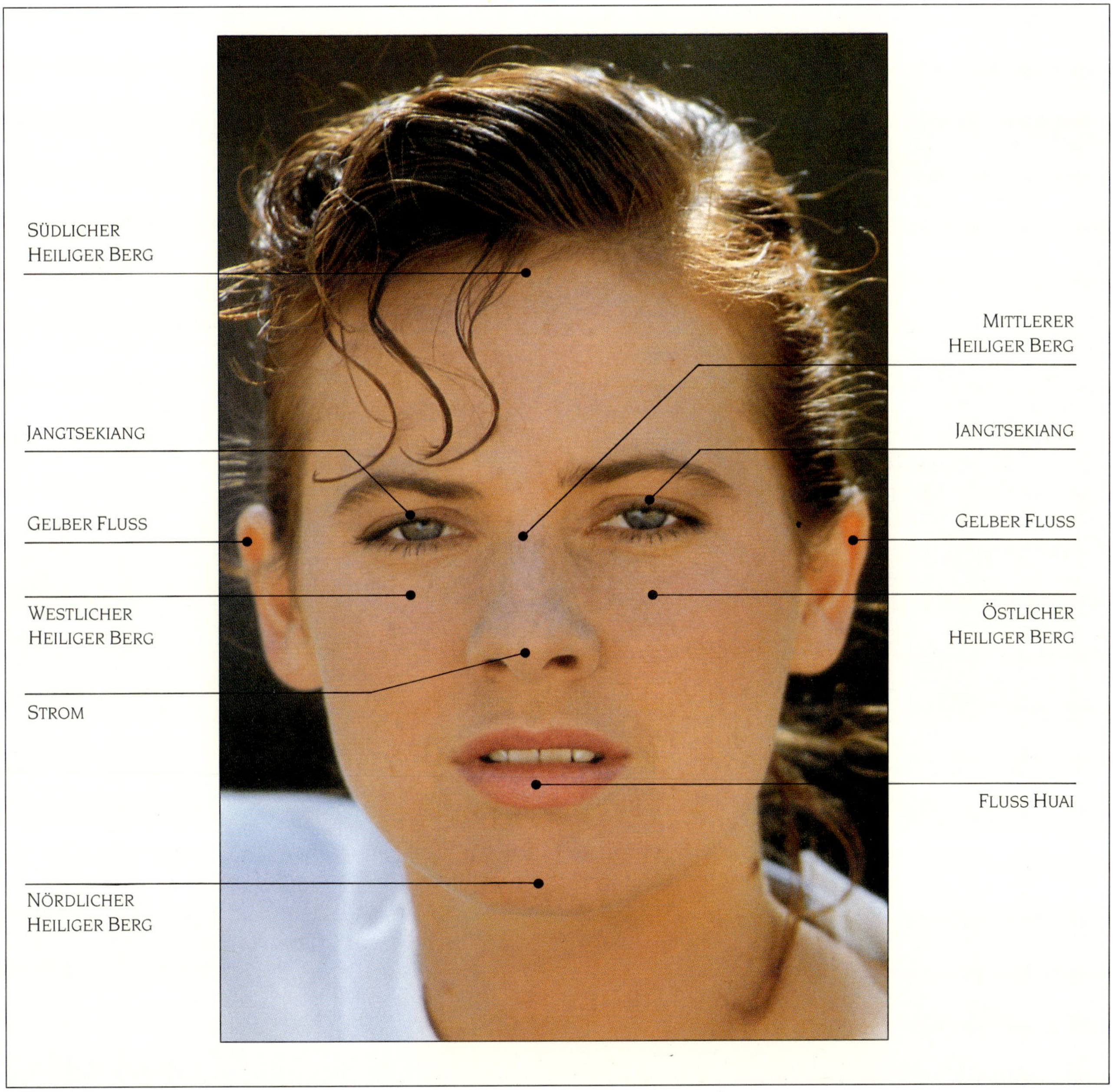

ZWEITER TEIL

DIE HAUPT-GESICHTSZÜGE

Nachdem wir uns mit den wesentlichen Gesichtsformen beschäftigt haben, wenden wir uns jetzt den sogenannten *Hauptgesichtszügen* zu: Augenbrauen, Augen, Nase, Mund und Ohren. Diese spiegeln die potentielle Leistungsfähigkeit des Menschen wider – seine Hoffnungen und Ambitionen, seine Intelligenz, seinen Einfallsreichtum usw. – jene geistigen und physischen Kapazitäten, die möglicherweise unsere berufliche Karriere vorantreiben oder auch nur unser Leben ganz allgemein bereichern. Wie alle anderen Gesichtsmerkmale stehen auch diese Züge in Verbindung mit bestimmten Lebensabschnitten (*siehe das Wandernde Jahr, Seiten* 116*ff.*). Während dieser Jahre üben die durch Form und Gestalt des einzelnen Merkmals vorbestimmten Eigenschaften besonders starken Einfluß aus. Dies bedeutet natürlich nicht, daß sie zu anderen Zeiten nicht auch einflußreich wären, nur wirken sie am nachhaltigsten in den Jahren, die mit der Gesichtsregion zusammenhängen, in der sie sich befinden.

Zwischen dem einunddreißigsten und fünfunddreißigsten Lebensjahr (Angehörige der westlichen Hemisphäre müssen ein Jahr abziehen, *siehe Seite* 117) erreicht das »Glück« oder »Schicksal« der chinesischen Lehre zufolge die Region der Augenbrauen. Diesen wurde schon immer eine besondere Bedeutung beigemessen; es heißt, daß sie, sofern gut geformt, aussagekräftiger sein können als andere, weniger attraktive Gesichtszüge. *Kein Mensch, der schöne Augenbrauen hat, ist jemals erfolglos geblieben* heißt es in der chinesischen Metoposkopie.

Die Augen betreffen besonders die Jahre zwischen fünfunddreißig und vierzig (im »westlichen« Leben: vierunddreißig und neununddreißig). Unabhängig von ihrer Form müssen sie leuchtend und lebendig sein (im Gegensatz zu glanz- und teilnahmslos), um uns im Leben, vor allem in diesem Lebensabschnitt zu helfen.

Zwischen vierzig und neunundvierzig (und von nun an beziehen wir uns der Einfachheit halber auf die westliche Jahreszählung) ist die Form der Nase von herausragender Bedeutung. Die Nase sollte besonders ausgeprägt und eindrucksvoll sein: Wenn Sie kurz und schmal ist, bedeutet dies in der Regel mangelnde Energie und Durchsetzungskraft. *Eine kleine Nase wird keinen Aufstieg bewirken* (Liu Tsze, um 130 v. Chr.). Die Nase steht in enger Verbindung mit den Finanzen und mit der *Größe*, das heißt in unserem Sprachgebrauch Status.

Der Mund beeinflußt das Leben mehr als zehn Jahre lang und betrifft die Lebensjahre zwischen fünfzig und zweiundsechzig. Er verrät viel über den Charakter und den voraussichtlichen Lebensablauf. Und wenn er von günstig geformten Flüssen (*siehe Seiten* 22, 52*ff.*) unterstützt wird, kann er gerade in dieser Dekade außerordentlich starken Einfluß ausüben.

Die Ohren spielen in der Metoposkopie eine besondere Rolle, da sich in ihnen die Zeitspanne zwischen dem Augenblick der Geburt und dem vierzehnten Lebensjahr ausdrückt. Bei Jungen bezieht sich das linke Ohr auf die Jahre zwischen der Geburt und dem siebten Lebensjahr, das rechte Ohr auf die Jahre sieben bis dreizehn. Bei Mädchen ist es genau umgekehrt.

Wie immer müssen Sie auch hier berücksichtigen, daß die Hauptgesichtszüge zwar wesentlich sind, daß aber stets der Gesamteindruck ausschlaggebend ist, den diese zusammen mit allen anderen Merkmalen bilden. Kein einzelner Gesichtszug sollte jemals separat und unabhängig von den anderen beurteilt werden.

Augenbrauen

Ein genauer Blick auf die Augenbrauen, die zu den Sternpunkten gerechnet werden (*siehe Seite* 122), wird Ihnen viel über die Ambitionen, die Hoffnungen und Zielsetzungen eines Menschen und auch über die Art und Weise verraten, wie er oder sie diese zu verwirklichen gedenkt. Ob sein Weg geradlinig und zielgerichtet ist oder um viele Ecken und »hintenherum« verläuft, ob die Strategie dem Zufall überlassen wird oder zwingend ist, ob der Erfolg Jahre harter Arbeit erfordert oder auf wenige brillante, geniale Augenblicke zurückzuführen ist – all das läßt sich von den Augenbrauen ablesen. Darüber hinaus können sie auch über die Verhaltensweise in Beziehungen gesellschaftlicher wie auch privater Natur Aufschluß geben.

Grundsätzlich gilt:

Lange Augenbrauen sind besser als kurze.

Dicke Augenbrauen sind besser als dünne.

Je schöner geformt, je eleganter und glatter die Augenbrauen, desto glücklicher und gefälliger der Charakter.

Zusammengewachsene Augenbrauen deuten auf mittelmäßige Gesundheit, oft auch auf Agressivität.

Ungleichmäßige Augenbrauen (mit eigenwilliger Form, und Haaren, die in verschiedene Richtungen wachsen) lassen auf ein entsprechend wechselhaftes Leben schließen.

Besonders breite Augenbrauen können Gefühlsarmut bedeuten, aber auch ein Zeichen für Leichtlebigkeit und Zügellosigkeit sein.

Schmale Augenbrauen weisen auf einen fügsamen Charakter hin.

Eine ungleichmäßig gewachsene Augenbraue soll ein schlechtes Verhältnis zu den Eltern bedeuten (rechts: mit der Mutter; links: mit dem Vater).

Augenbrauen mit einzelnen widerborstigen Haaren sind Hinweis auf einen starken, leidenschaftlichen Charakter.

Wie alle anderen Gesichtszüge dürfen auch die Augenbrauen keinesfalls isoliert betrachtet werden. Vor allem mit den Augen selbst stehen sie in engem Zusammenhang. Der östlichen Lehre zufolge beeinflussen die Charakteristika der Augenbrauen besonders die Lebensjahre zwischen einunddreißig und vierunddreißig. Sowohl die guten als auch die schlechten Eigenschaften, die ihre Form andeuten, wirken sich in dieser Zeit verstärkt auf alle Handlungen und Entscheidungen aus.

Perfekt geformte Gesichtszüge, die dem absoluten Ideal entsprechen, sind außerordentlich selten, und die Augenbrauen bilden hierbei keine Ausnahme. Wenn sie nicht sorgfältig in Form gezupft werden (und das sollte vor einer ernstzunehmenden Beurteilung unbedingt unterbleiben), sind die meisten Brauen nicht einmal gleichmäßig geformt. Wenn die linke (von den Chinesen »Oberherr« genannt) kräftiger erscheint als die rechte, haben Sie eine starkes Durchsetzungsvermögen, was unüberlegtes Handeln jedoch nicht ausschließt. Wenn die rechte (»der Berater«) stärker im Wuchs ist, besteht die Tendenz, Entscheidungen länger als nötig aufzuschieben. Sollten die Brauen durch einen Glücksfall völlig gleichmäßig im Wuchs und identisch geformt sein, so bedeutet dies, daß Weisheit und Vorsicht ausgewogen sind – wie bei einem wahren Richter. Wenn wir von Merkmalen sprechen, die die rechte oder die linke Gesichtshälfte betreffen, so ist damit jeweils die Seite aus der Sicht des betreffenden Menschen gemeint, nicht das, was der Gesichtsdeuter von sich aus als rechts oder links sieht.

Da der Zwischenraum zwischen den Brauen – der Lebenspalast – sehr wichtig ist (*siehe Seite* 121), versteht sich von selbst, daß man Augenbrauen, die diese Gesichtsregion bedecken, als ungünstiges Zeichen deutet. In jedem Fall dürften solche Menschen sehr temperamentvoll, manchmal unbeherrscht sein und ein beträchtliches Quantum Aggressivität besitzen (die sich gewinnbringend auf sportliche Aktivitäten umlenken läßt). Glücklicherweise ist die Gesichtslesekunst alles andere als negativ und unheilverkündend, doch kann es bestimmt nicht schaden, die Haare auszuzupfen, die zwischen den Augenbrauen wachsen: Das ist nicht nur ein ästhetischer Gewinn, sondern soll auch der Gesundheit des Betreffenden förderlich sein.

Kurzcharakteristik

Die Augenbrauen verraten Hoffnungen und Ambitionen, aber auch die Art und Weise unserer persönlichen wie beruflichen Beziehungen. Vor allem beeinflussen sie die Lebensjahre zwischen dreißig und dreiunddreißig. Bedenken Sie, daß ihre Charakteristika stets in Verbindung mit den anderen Gesichtszügen beurteilt werden müssen, die sie verstärken, aber auch abschwächen können.

Ideale Brauen für diese Form gibt es keine Schlagworte

Gewölbte Brauen intolerant, stur, ehrlich, eigensinnig, entschlossen

Hochstehende Brauen sinnlich, egoistisch, ehrgeizig, tüchtig, aggressiv

Herabhängende Brauen melancholisch, nachlässig, nörglerisch, negativ, gehemmt

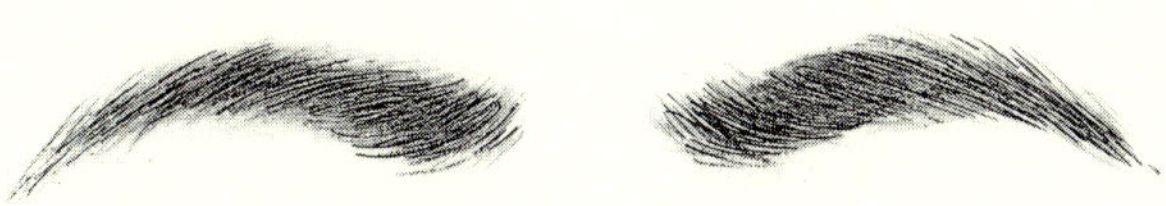

Kurze Brauen leidenschaftlich, kapriziös, herrisch, scharfsinnig, unterhaltsam

Gerade Brauen kühl, entschlossen, selbstherrlich, klarsichtig, praktisch

Eckige Brauen unmoralisch, abenteuerlustig, ausdrucksstark, risikobereit, attraktiv

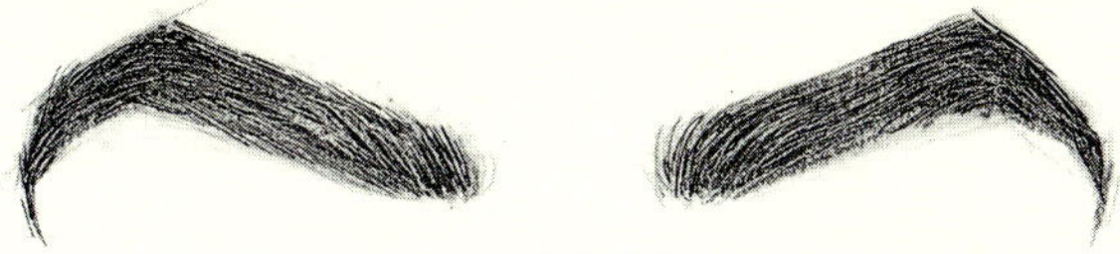

Runde Brauen dominant, bequem, habgierig, nachdenklich, besitzergreifend

Halbmondförmige Brauen gesellig, diszipliniert, gesprächig, charmant, kreativ

Abfallende Brauen romantisch, beredt, unzuverlässig, verständnisvoll, schlagfertig

Sichelförmige Brauen affektiert, genial, familienorientiert, weltmännisch, unentschlossen

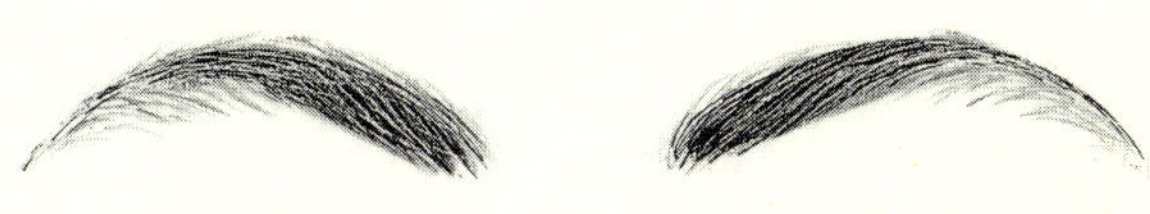

Löwen-Brauen bestimmt, großzügig, dogmatisch, enthusiastisch, treu

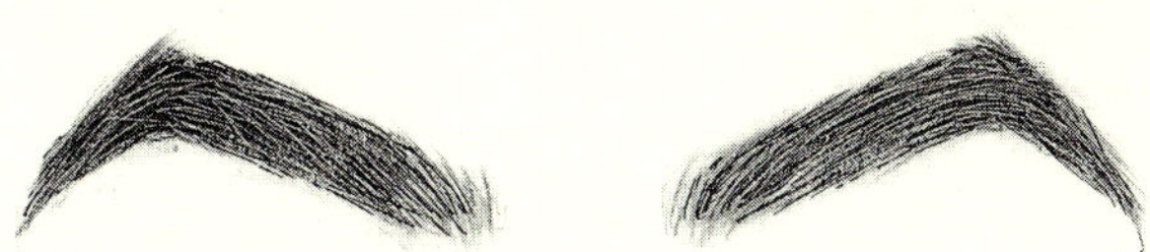

Zusammengewachsene Brauen kämpferisch, unbeherrscht, herrisch, ehrgeizig, ungeduldig

Ideale Augenbrauen

Wenn man sich mit einem bestimmten Gesichtsmerkmal beschäftigt, ist es immer nützlich, die Idealform desselben vor Augen zu haben. In manchen Fällen unterscheidet sich diese bei den verschiedenen Kulturen, doch bei den Augenbrauen gilt generell, daß sie im Idealfall aus Haaren bestehen, die zwar kräftiger als das Haupthaar, aber nicht so kräftig wie andere Körperhaare sind, daß sie alle in eine Richtung (nach außen) wachsen und daß sie nicht zu viele widerspenstige Einzelhaare enthalten.

Die ideale Augenbraue folgt der Form des darunterliegenden Knochens, wobei der Bogen weder zu hoch noch zu flach sein sollte, an keinem Ende zu steil abfallen darf und nach außen hin schmäler werden sollte.

Die Brauen sollten auf einer Höhe liegen und durch einen unbehaarten Zwischenraum – den Lebenspalast – voneinander getrennt sein. Die Breite dieses Zwischenraums wird in einem ausgewogenen Verhältnis zu den anderen Gesichtszügen stehen, sollte jedoch weder übertrieben groß noch zu gering und keinesfalls mehr als zwei Finger breit sein.

Fast jeder Mensch kann ideale Augenbrauen haben, sofern er sich nur die Mühe macht, diese sorgfältig zu zupfen und in Form zu bringen. Die ästhetische Wirkung ist eine Sache, der metoposkopische Effekt jedoch eine andere: Denn obwohl die Chinesen glauben, daß gewisse Veränderungen, die im Gesicht vorgenommen werden, auch den Charakter des einzelnen verändern können, trifft dies für die Augenbrauen nicht zu. In anderen Worten: Sie können Ihren Augenbrauen zwar eine andere Form geben, aber den Konsequenzen, die sich aus ihrer natürlichen Form ergeben, nicht entkommen.

Gewölbte Augenbrauen

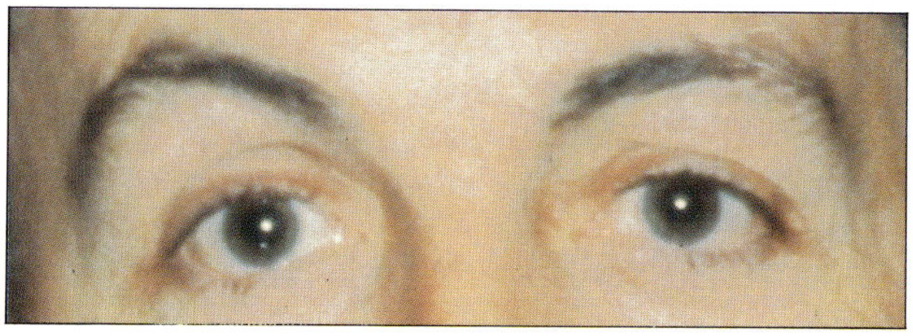

Oben: *Gewölbte Brauen sind elegant, nach außen spitz zulaufend und schön geschwungen. Sie gelten als Zeichen für innere Stärke und Lebensfreude, aber auch für Selbstdisziplin.*

Elegant gewölbt, gut geformt und ausgewogen, mit glatten, weichen Haaren, die sich willig in Form legen, kommen diese Brauen dem Ideal denkbar nahe. Widrige Lebensumstände scheinen für diese Menschen nicht zu existieren. Nun gibt es sie natürlich, aber sie werden schlichtweg ignoriert: Sie sind vorhanden, doch sie werden nicht als Hindernisse angesehen, sondern lediglich als unterhaltsame Abwechslung empfunden, bestenfalls als Herausforderung, die es zu überwinden gilt. Und obwohl es so aussehen mag, als ob diese Menschen immer vom Schicksal bevorzugt würden, arbeiten sie in Wahrheit sehr hart – jedoch derart zielgerichtet und konzentriert, daß es Außenstehenden mühelos erscheint.

Sie werden das gute Leben schätzen: gutes Essen, guten Wein, ein komfortables Heim und einen Partner, der auf ihre sinnliche Natur eingeht. Wenn dieses Ziel erreicht ist, werden sie zufrieden sein und auch ihre Lebensgefährten glücklich machen. Doch darf man nicht übersehen, daß unter den Samthandschuhen eine eiserne Faust steckt: Ein Partner, der ihren starken Willen unterschätzt, dürfte manch böse Überraschung erleben. Sollte der Besitzer klassisch gewölbter Brauen beispielsweise Künstler sein, so wird ihm oder ihr nichts Dilettantisches anhaften: Zukunftsvisionen sind hier stets mit praktischem Verstand, Einfälle mit Pragmatismus gepaart. Diesen Augenbrauentyp scheint es eher zu den Künsten als zur Wissenschaft hinzuziehen. Aber ganz gleichgültig, was er tut, es geschieht mit Elan und sicherem Instinkt.

Hochstehende Augenbrauen

Entschlußkraft, Eigenwilligkeit und Hartnäckigkeit sind Eigenschaften, die man mit Augenbrauen verbindet, die aussehen, als habe man sie nach oben gebürstet. Diese Brauen sind mitteldick und steigen direkt vom Zentrum aus nach oben, wobei sie sich lediglich zu den Ohren hin etwas verjüngen. Sobald ein Ziel feststeht, wird sich dieser Typus an dessen Realisierung machen und ist dann oft durch nichts mehr aufzuhalten. Hemmungen, andere Leute auszunutzen oder sie aus dem Weg zu drängen, findet man hier kaum. Und dies gilt nicht nur, wenn es um die Karriere geht, sondern erstreckt sich auch auf das Privatleben, wenn es den

Traumpartner betrifft (oder auch nur einen Menschen, den man begehrt). Es ist möglich, daß der Ehrgeiz krankhaft wird, und dann besteht die Gefahr des Fanatismus. In diesem Fall wird das Ziel zum wichtigsten Daseinszweck, und alle Einwände werden mit einem Eigensinn beiseite geschoben, der ans Irrationale grenzt.

Wenn das angestrebte Ziel erreicht ist, dürften bald neue Schwierigkeiten auftauchen, denn Menschen mit hochstehenden Brauen lieben Besitz und Macht zuweilen so sehr, daß sie sie zweckentfremden oder dazu verwenden, eine noch höhere Position zu erreichen. Bei diesem Menschentyp findet man fast immer einen Hang zum Egoismus. Er ist derart ehrgeizig, daß »Hoffnung« für ihn ein Fremdwort geworden ist: Schließlich wird ein so ichbezogener Mensch davon überzeugt sein, daß seine Wünsche automatisch in Erfüllung gehen. Und warum sollte man auf etwas *hoffen*, von dem man sicher *weiß*, daß man es bekommen *wird*?

Wenn Ihnen das zu negativ vorkommt, bedenken Sie, daß es auch eine gute Seite hat: die außergewöhnliche Energie und Entschlossenheit, die erfrischende Ehrlichkeit (die jedoch an Taktlosigkeit grenzen kann). Und bedenken Sie auch, daß sämtliche negativen Elemente durch andere Gesichtsmerkmale, die Gegenteiliges aussagen, völlig aufgehoben oder zumindest wesentlich abgeschwächt werden können.

Unten: *Bei »hochstehenden« Augenbrauen weisen alle Härchen deutlich nach oben. Die Struktur der Haare kann fest, aber auch fein sein. Generell gilt: Je feiner die Braue, desto origineller der Charakter.*

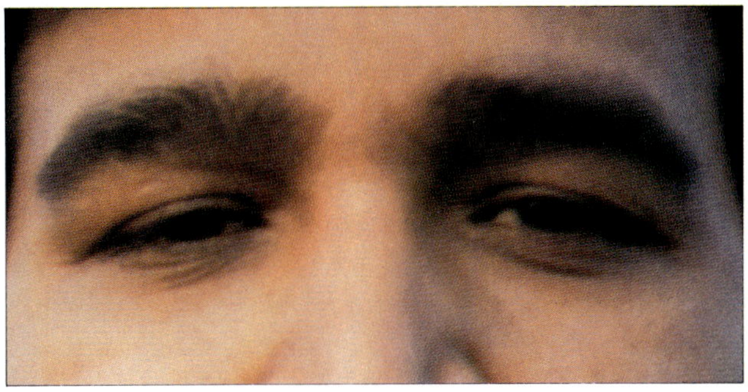

Hängende Augenbrauen

Die sogenannte hängende Braue neigt sich von der Mitte aus sichtbar abwärts und wird in den meisten Fällen zu den Ohren hin auch dünner werden. Menschen dieses Augenbrauentyps müssen sich ihren Erfolg (dessen sie sich nicht immer sicher sind) hart erarbeiten. Die Fähigkeit zur Selbstdisziplin ist in ihnen ebenso angelegt wie Zuverlässigkeit und Gründlichkeit, Eigenschaften, die man fast als ihr Markenzeichen ansehen könnte. Wer sich darauf konzentriert, für den wird auch der Erfolg nicht ausbleiben.

Menschen mit hängenden Augenbrauen sind in der Regel einer tiefen, aufrichtigen Liebe und Zuneigung fähig, neigen allerdings zu Schüchternheit und mangelndem Selbstwertgefühl. Überraschenderweise sind sie aber, wenn die Beziehung erst einmal gefestigt ist, dazu imstande, selbst größten Widrigkeiten zu trotzen. Durch den Mangel an Selbstbewußtsein kann es in der Liebe anfangs große Schwierigkeiten geben – besonders im sexuellen Bereich, wo sich ein Mangel an Erfahrung dann doppelt ungünstig auswirkt.

Unten: *Hängende Augenbrauen geben dem Gesicht häufig einen melancholischen Ausdruck. Die chinesischen Weisen nannten sie deshalb »Schwermütige-« oder »Niedergeschlagene Brauen«.*

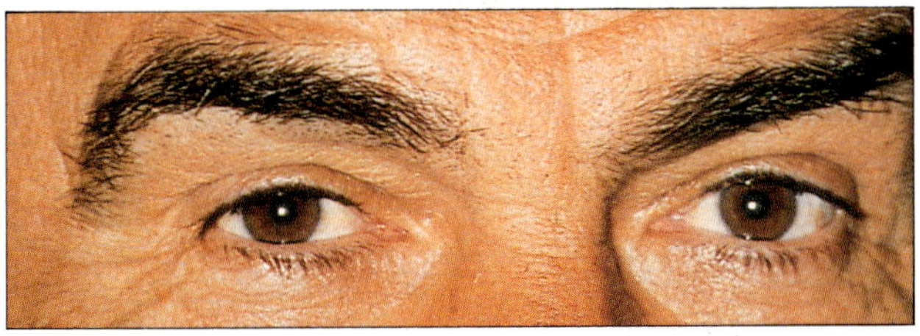

Zwischen Berufs- und Privatleben bestehen zahlreiche Parallelen: Unzureichendes Selbstvertrauen kann bedeuten, daß diese Menschen zwar auf einen beruflichen Aufstieg in hohe und sogar höchste Positionen hoffen, sich dessen jedoch keineswegs sicher sind. Bleibt zu hoffen, daß sich in ihren Augen genügend Stärke findet, um diese etwas ungünstigen Zeichen auszugleichen oder gar aufzuheben.

Allgemein können hängende Augenbrauen eine melancholische Disposition verraten, die auch die Möglichkeit ernstlicher Depressionen birgt. Wenn diese Veranlagung besteht, wird sie vermutlich in den Lebensjahren zwischen einunddreißig und vierunddreißig zum Ausbruch kommen.

Kurze Augenbrauen

Kurze Augenbrauen stehen häufig für einen hohen Grad an Sinnlichkeit und eine gesunde Einstellung zum Sex. Die Libido kann derart stark ausfallen, daß es dem betreffenden Menschen schwerfällt, sich zu entspannen und das Verliebtsein zu genießen. Jungverliebte können geradezu sexbesessen sein.

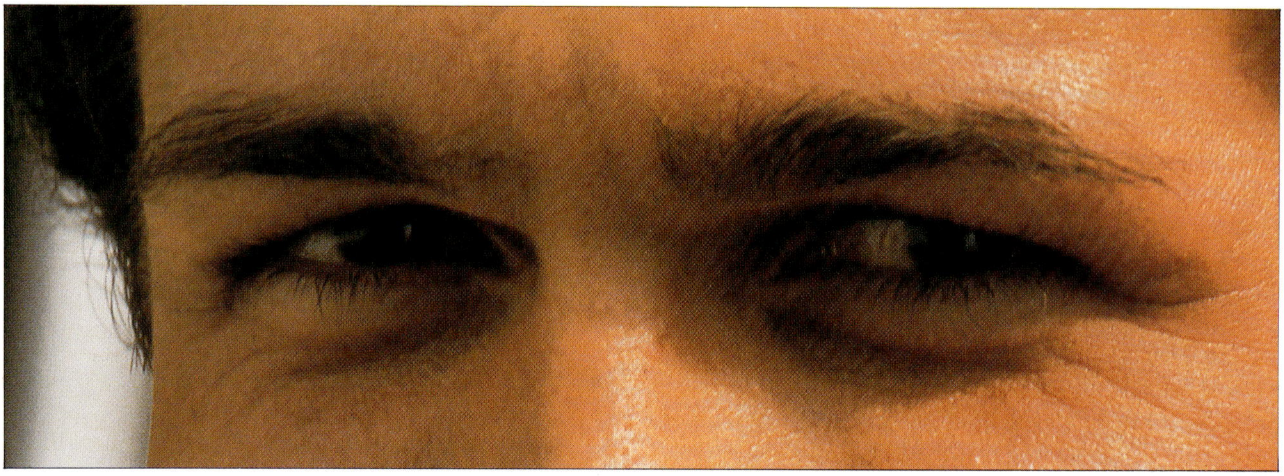

Meist haben Menschen mit kurzen Augenbrauen einen ausgeprägten Sinn für Späße, aber auch für Aufregung und Abenteuer, und kein Partner wird sich über Langeweile beklagen können.

Gegen eine frühe feste Bindung wird der Hang zur Unabhängigkeit rebellieren – je kürzer die Augenbrauen, desto kürzer die Affären! Tatsächlich wird kaum jemand diesen Menschentyp mit irgend etwas Dauerhaftem in Verbindung bringen: Karriere wird vielleicht schon in jungen Jahren gemacht, dann aber zugunsten einer anderen beruflichen Laufbahn abgebrochen (in der der Erfolg möglicherweise genauso rasch erzielt, aber gleichfalls durch neue Ambitionen oder Zielsetzungen unterbrochen werden wird).

Unbedingt positiv ist, daß diese Menschen eine natürliche Begabung für geistige Flexibilität haben: »Gute Ideen« kommen ihnen fast unentwegt, und oft besitzen sie auch den Willen, sie auszuführen, obwohl sie sich das Sprichwort »Eile mit Weile« zu Herzen nehmen sollten. Das gilt übrigens auch für andere Lebensbereiche, zum Beispiel beim Autofahren, wo sie zur Sorglosigkeit neigen und öfter als andere in Unfälle verwickelt sein dürften. Dabei haben sie einen ausgeprägten Lebenswillen, der alle Verletzungen rasch heilen und sie auch von ernsthafteren Krankheiten rasch genesen läßt.

Oben: *»Kurz« und »lang« sind relative Begriffe, doch fällt die Einstufung dieser Brauenformen meist leicht, wenn man das Gesicht im Ganzen betrachtet. Kurze Brauen sind häufig besonders ausdrucksstark und beweglich.*

Gerade Augenbrauen

Ein Mensch mit geraden Augenbrauen wird im Normalfall viel gesunden Menschenverstand und praktisches Geschick mitbringen. Er oder sie ist vielleicht sogar so »praktisch« veranlagt, daß hervorragende Ideen oder geistige Herausforderungen als unpraktisch verworfen werden – aus dem einfachen Grund, weil sie phantasievolle Elemente enthalten, die diesem Menschentyp

Unten: *Augenbrauen ohne jegliche Wölbung sind sehr selten, doch kommt auch diese Form vor. Generell läßt sich sagen: Je gerader die Brauen, desto phantasieloser und praktischer die betreffende Person.*

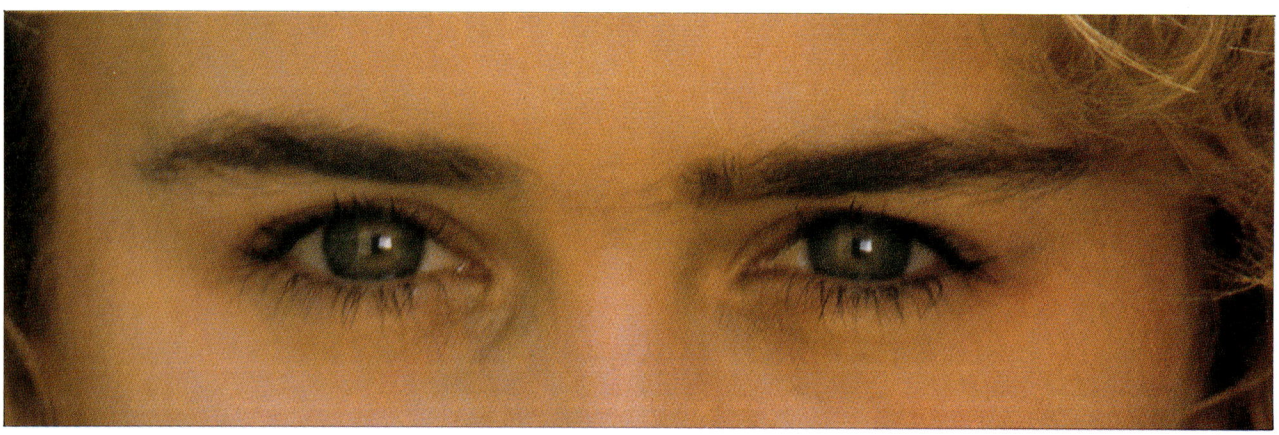

schlichtweg zu wenig bodenständig erscheinen. Wie man unschwer erkennen wird, gehören Phantasie und Einfallsreichtum also nicht zu den Stärken dieser Menschen. Das ist allerdings weniger tragisch, als man vielleicht annimmt, denn in den meisten Fällen werden Entschlußkraft und ein ausgeprägter Tatendrang den Durchbruch schaffen. Der Blick durch eine rosarote Brille reizt Menschen mit geraden Augenbrauen nicht im geringsten: Sie haben klare Zielsetzungen, verfolgen diese unablässig und erreichen sie meist auch.

Mancherorts gelten gerade Augenbrauen als »glückbringend«, was sich so auslegen läßt, daß die betreffende Person die Fähigkeit besitzt, aus allem das Beste zu machen. Optimismus und ein ausgeprägter Sinn für Humor erleichtern diesem Typ vieles, und mit Geld hat er eine glückliche Hand: Wird es dringend benötigt, tut sich meist irgendwo eine Quelle auf.

Wenn er eine Schwäche hat, so liegt sie im Bereich der zwischenmenschlichen Beziehungen, die vielleicht nicht so warm und herzlich ausfallen, wie mancher Partner es sich wünschen würde. Das Schlafzimmer ist in den Augen dieses Menschentyps eher ein Ort der Pflichterfüllung als der Lust. Was jedoch nicht heißt, daß es ihnen dabei nur um Fortpflanzung geht. Ganz im Gegenteil: Vielfach haben sie überhaupt keinen Kinderwunsch, und sollten sie doch welche bekommen, geht ihnen die überschwengliche Liebe ab. Doch nehmen sie als Eltern die Verantwortung ernst.

ECKIGE AUGENBRAUEN

Eckige Augenbrauen sehen fast dreieckig aus, wobei die untere (imaginäre) Linie gerade verläuft und die beiden oberen sich in einem Punkt in der Mitte treffen. Diese Brauenform läßt auf eine gewisse Rast- und Ruhelosigkeit schließen. Der Blick auf die anderen Gesichtszüge wird zeigen, ob in dieser Hinsicht ernsthafte Probleme entstehen können. Menschen mit eckigen Augenbrauen werden über reichlich Energie (sowohl psychische als auch physische) und einen wachen Verstand verfügen. Unglücklicherweise bringt dies oft einen Hang zur Übertreibung mit sich, der sich in Risikofreudigkeit oder Spielleidenschaft äußern kann. Darüber hinaus haben sie eine Tendenz zum Dramatischen und bringen einen Hauch Theatralik in den Alltag. Im Privatleben kann dies eine starke Ausstrahlung bedeuten, dauerhaften Bindungen wirkt jedoch die Neigung zur Ruhelosigkeit entgegen. Menschen mit eckigen Brauen setzen zuweilen ihren Charme ein, um eine Eroberung zu machen, die ihren starken sexuellen Appetit befriedigt, doch dann – ganz gleich wie attraktiv der Partner auch immer sein mag – treibt sie die Rastlosigkeit weiter.

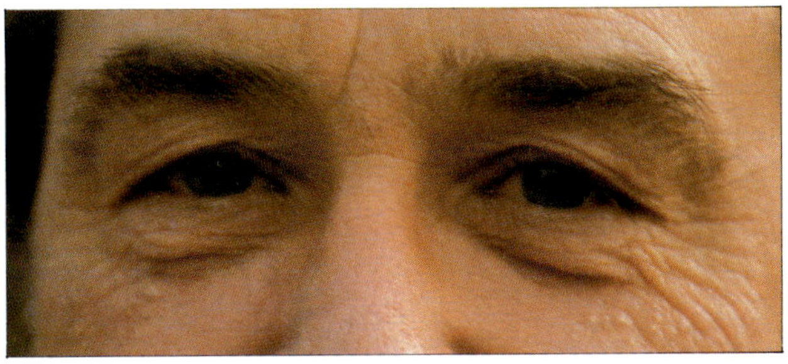

Oben: *Eckige Augenbrauen sind, so liest man, typisch für Menschen, die kurze, schnelle Liebschaften bevorzugen. Aber auch hier gilt, daß andere Gesichtszüge diese Tendenz wesentlich abschwächen können.*

Im ungünstigsten Fall kennt dieser Menschentyp weder Maß noch Ziel, und man sollte sich der Gefahren bewußt sein, die daraus für die eigene Gesundheit entstehen. Beachten Sie auch den Unterschied zwischen den beiden Augenbrauen: Wenn die linke eckiger ist als die rechte, besteht eine Tendenz zu Überreaktionen, vor allem Untergebenen gegenüber; wenn die rechte Braue eckiger ist, könnte die betreffende Person ihre Autorität mißbrauchen. Außerdem können ungleiche Brauen Unausgeglichenheit des Charakters signalisieren.

RUNDE AUGENBRAUEN

Menschen mit gerundeten Augenbrauen sind in der Regel attraktiv, beliebt, ruhig und ernsthaft. Sie lieben die Bequemlichkeit und den Komfort, und wenn sie diese haben, werden sie ein ruhiges Leben führen, das nur selten von Problemen gestört wird. Ihre Ziele haben sie klar vor Augen, verfolgen sie aber nicht um jeden Preis. Hoffnung ist für sie ein Dauerzustand, wenn sich die Wünsche jedoch als unerfüllbar herausstellen, werden sie ihnen keine Tränen nachweinen.

Was das Privatleben angeht, so sind Menschen mit runden Augenbrauen meist sehr um das Wohlbefinden des Partner bemüht, im Bett ebenso wie im Alltagsleben. Andererseits (betrachten Sie die übrigen Gesichtszüge, um einen definitiven Schluß ziehen zu können) kann die Liebe zum Komfort auch ausarten und zu Besitzgier führen: Musikliebhaber werden den besten und modernsten CD-Spieler haben wollen; wer gerne ißt, wird die höchsten kulinarischen Genüsse fordern.

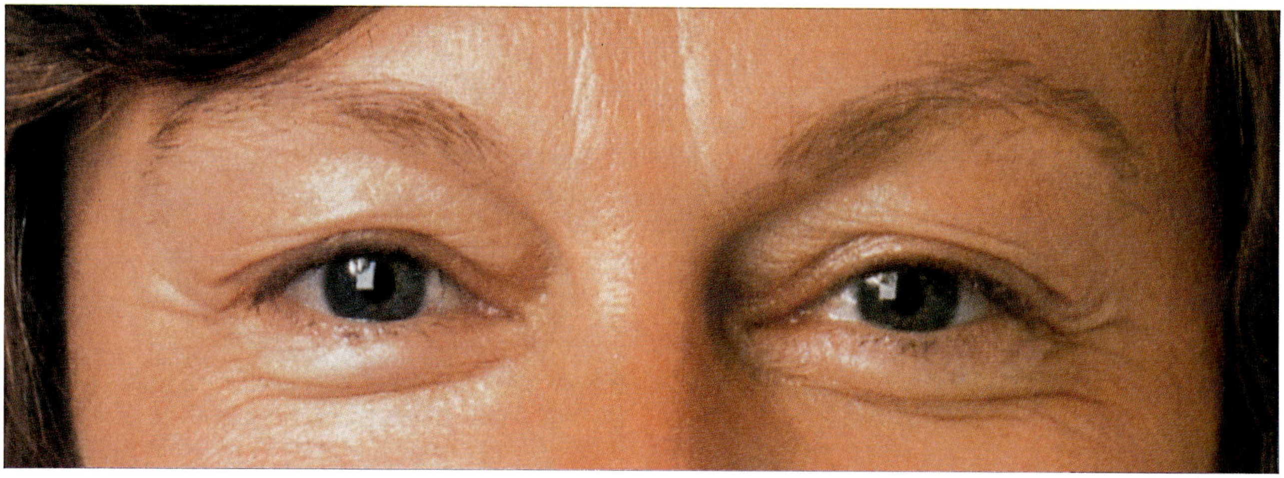

Zuweilen kann auch der Partner als Besitz betrachtet und vereinnahmt werden. Dies bedeutet in der Regel jedoch, daß ihm oder ihr genausoviel Aufmerksamkeit geschenkt wird wie dem CD-Spieler.

In einigen Fällen bleibt zu hoffen, daß andere Gesichtszüge die negativen Charakterzüge ausgleichen können, die durch die Brauenform angelegt sind. Wenn diese günstig sind, können sie eine starke und zuverlässige Persönlichkeit beschreiben. Dazu müssen sie allerdings sehr ausgeprägt sein, denn dieser Menschentyp ist in der Regel wirklich überaus gelassen und liebt das Beschauliche.

Oben: *Runde Augenbrauen entsprechen dem klassischen Schönheitsideal oft weniger als gewölbte. Sie sind zu sehr gerundet und lassen den sanften Schwung der gewölbten Braue vermissen.*

Halbmondförmige Augenbrauen

Halbmondförmige Brauen haben ausgeprägte Innenkanten, wobei die verhältnismäßig scharfe Kurve spitz zu einem sehr schmalen äußeren Ende hin zuläuft – fast wie zwei waagrecht liegende Kommas. Menschen mit dieser Augenbrauenform sind gewöhnlich ausgesprochen unbekümmert und gesellig. Sie sind angenehme Gesprächspartner, haben stets interessante Konversationsthemen auf Lager und besitzen die Fähigkeit, den Anschein zu vermitteln, ihr Gegenüber sei der faszinierendste Mensch im Raum. Meist sind sie in dem gewählten Beruf erfolgreich – besonders, wenn dieser im Bereich der Medien liegt –, doch ist ihr Erfolg das Ergebnis harter Arbeit und wird auch oft erst in der zweiten Lebenshälfte erreicht.

Ihr angeborenes Talent macht sie vielfach zu ausgezeichneten Kommunikations-Fachleuten.

Menschen mit halbmondförmigen Brauen sind oftmals kreativ, und ihre Ziele hängen dementsprechend oft mit den jeweiligen Objekten ihrer Kreativität zu-

Unten: *Bei der Beurteilung der Brauenform sind auch Augen und Augenumgebung zu berücksichtigen. Hier scheinen die Augen länglich, was darauf schließen läßt, daß der Erfolg erst spät im Leben eintritt.*

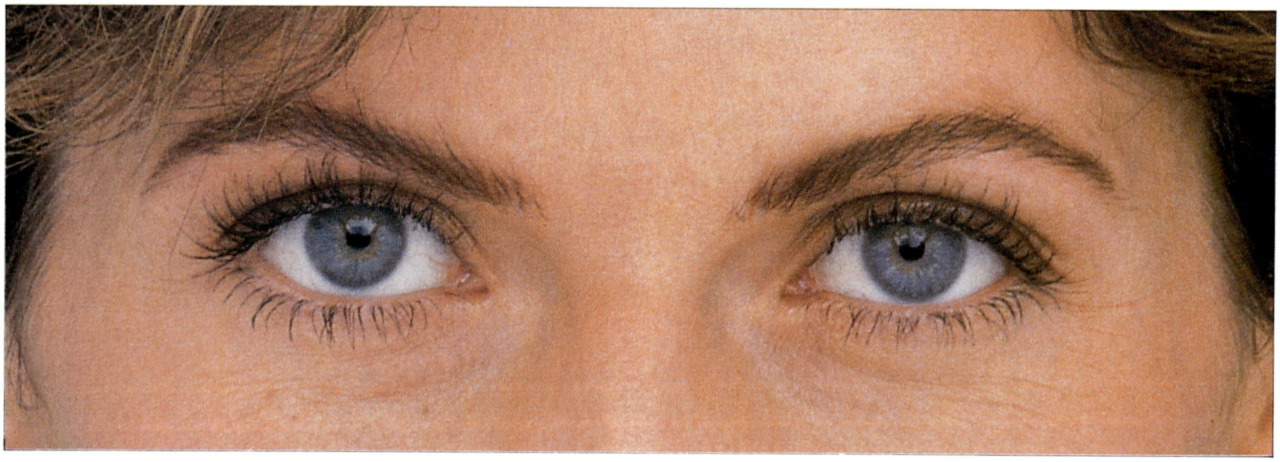

sammen. Auf die bloße Erreichung eines bestimmten beruflichen Postens oder einer Machtposition haben sie es in den seltensten Fällen abgesehen. Wenn ein solcher Menschentyp tatsächlich an die Spitze eines Unternehmens aufrückt, so wird sein Stolz viel eher auf die Ergebnisse seiner Kreativität gerichtet sein als auf den materiellen Erfolg. Wenn sie eine künstlerische Laufbahn einschlagen, unterstützen Selbstdisziplin und materialistische Interessen die Karriere.

Ihre kommunikativen Fähigkeiten und ihre instinktive Kreativität machen diese Menschen zu ausgezeichneten Liebhabern. Kein Partner wird sich darüber beklagen können, daß ihm oder ihr Geheimnisse vorenthalten bleiben.

Abfallende Augenbrauen

Abfallende Augenbrauen sind sehr lang, fast scheint es, als wollten sie die Ohren erreichen. Keinesfalls enden sie vor dem äußeren Augenwinkel, hinter dem sie sich häufig abwärts neigen. An und für sich wirkt diese Brauenform ausgesprochen elegant, schlank und wohlgeformt.

Solche Augenbrauen lassen ihren Träger lebhaft und aufgeweckt erscheinen, was dieser – in Einklang mit der metoposkopischen Theorie – oft auch ist. Allerdings besteht die Gefahr, daß der bei diesem Typ häufige Versuch, andere auszutricksen, fehlschlägt und vielleicht sogar in einer Katastrophe endet. Wer diese Neigung jedoch erkannt und im Griff hat, kann die rasche und wache Intelligenz sowie die generelle Cleverness gezielt einsetzen und zur Verwirklichung der oftmals ehrgeizigen Pläne nutzen.

Schwieriger wird es bei den persönlichen Charakteristika. Menschen mit abfallenden Augenbrauen sind dank ihrer Überzeugungskraft unglaublich gute Vertreter, kennen jedoch zuweilen keinerlei Skrupel: Sie werden vor fast nichts zurückschrecken. Wer hofft, daß ihr Gewissen sie wenigstens ab und zu einmal von etwas abhält, ist ein unverbesserlicher Optimist.

Da ihre Einstellung sich im Geschäftsleben generell als außerordentlich erfolgreich erweist (was nicht unbedingt mit einem guten Ruf verbunden sein muß), wird sie leider auch oft in den privaten Bereich übernommen. Hier liegt es dann nahe, daß man Menschen mit abfallenden Augenbrauen in Liebesangelegenheiten nicht unbedingt trauen sollte – trotz der herrlich romantischen Aura, die sie zu schaffen wissen.

Unten: *Bei den Chinesen liest man zuweilen, daß abfallende Augenbrauen auf Skandalträchtigkeit hinweisen. Die (weniger schicksalsgläubigen) Abendländer vermuten hier eher eine Neigung zu gesellschaftlichen Risiken.*

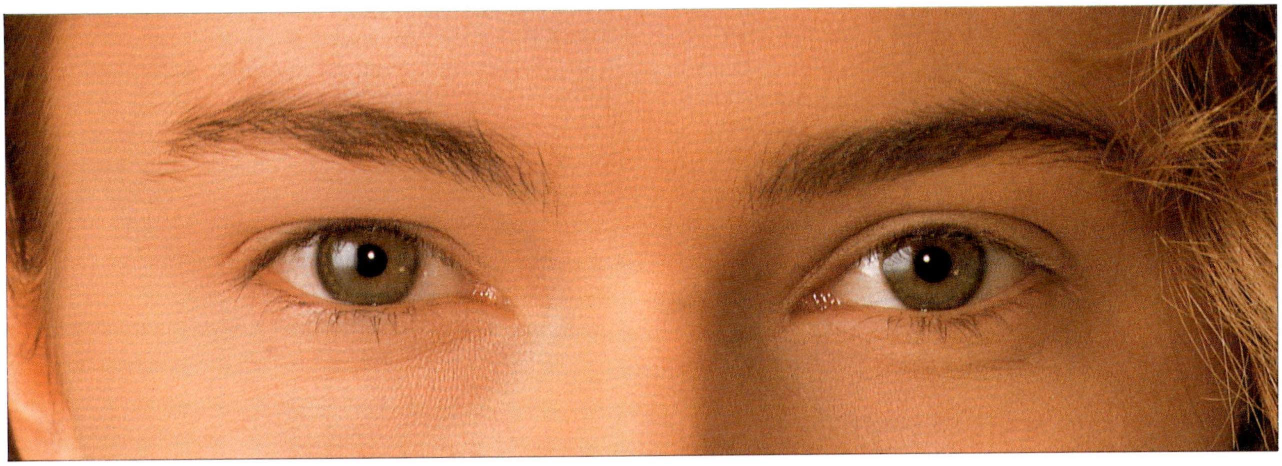

Sichelförmige Augenbrauen

Wie die abfallenden Brauen wirken auch diese Augenbrauen ausgesprochen elegant und sehen fast künstlich nachgezogen aus (was sie zuweilen auch sind). Der wichtigste Unterschied zu den abfallenden Brauen besteht darin, daß sie sehr hoch an der Stirn ansetzen und meist runder sind als diese.

Sichelförmige Brauen können etwas affektiert aussehen: Die »Flapper« der zwanziger Jahre und auch viele puppengesichtige Starlets zupften und malten sich ihre Augenbrauen in diese Form. Es mag durchaus sein, daß Personen mit sichelförmiger Brauenform tatsächlich etwas affektiert sind, obwohl sie sich bei näherem Kennenlernen meist als ausgesprochen freundlich und leutselig, wenn auch zuweilen etwas kühl erweisen.

Diese Menschen sind in der Regel stark an einer dauerhaften Beziehung und an der Gründung einer Familie interessiert. Vielleicht fällt es ihnen etwas schwer, sich für Sex zu begeistern, doch sind sie so begierig danach, dem Partner gefällig zu sein, daß dies kein bleibendes Problem darstellen dürfte.

Probleme haben diese Menschen bei der Durchsetzung ihrer Ziele meist dann, wenn es ihnen an Entschlußkraft mangelt. Hierher gehören all diejenigen, die es für das bequemste und klügste halten, »nicht« Stellung zu beziehen – besonders in Fällen, in denen es nicht möglich ist, sich auf eine höhere Position zu versteifen und die Dinge auszusitzen. Dies soll keineswegs heißen, daß sie nicht eines gewissen Enthusiasmus' fähig wären, und mit Sicherheit können sie ausgesprochen hart arbeiten – vor allem wenn es um das Wohl ihrer Familie geht, die vielleicht bald größer ist als ursprünglich geplant.

Unten: *Frauen finden sichelförmige Brauen besonders attraktiv und ziehen deshalb häufig diese Form künstlich nach. Dadurch wird die natürliche Form oft unterdrückt und läßt sich nicht mehr feststellen.*

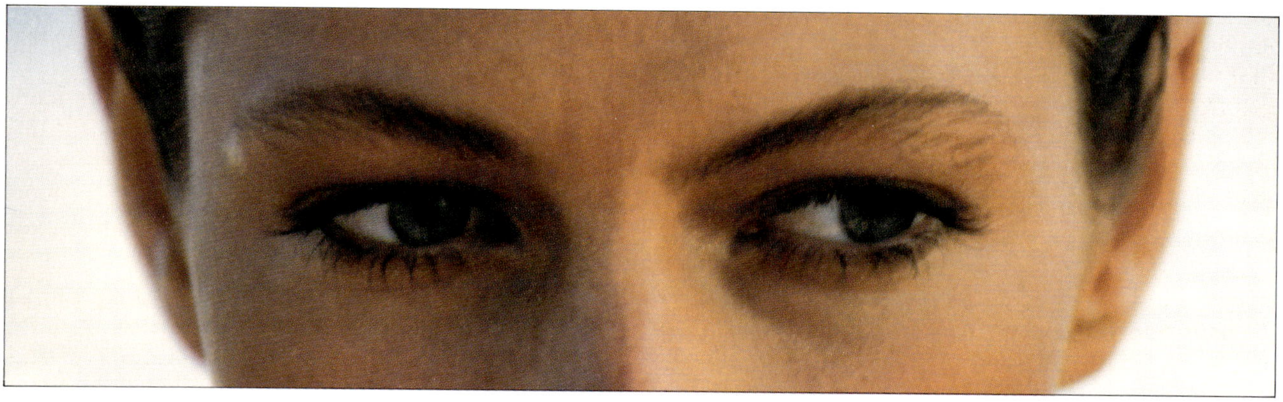

Löwen-Augenbrauen

Löwen-Augenbrauen sind buschig, stark und genauso bestimmend wie die Menschen, deren Stirn sie eine natürliche Autorität verleihen. Sie sind perfekt geformt, ohne widerspenstige Einzelhaare und signalisieren, sofern sie mit großen Augen zusammenfallen, Kompetenz, Enthusiasmus, Großzügigkeit, die Fähigkeit zu harter Arbeit und ausgeprägte Führungsqualitäten.

Menschen mit Löwen-Brauen hegen gewöhnlich große Hoffnungen, und ihre Ziele liegen noch höher: Sie werden stets nach den Sternen greifen. Vielleicht wissen sie um die Möglichkeit des Scheiterns, aber zumindest erscheint diese ihnen mehr als unwahrscheinlich. Sie glauben fest daran, alles erreichen zu können, und seltsamerweise scheint es so, als gelänge ihnen dies tatsächlich.

Niemand wird bezweifeln, daß Menschen mit Löwen-Brauen dogmatisch und sogar despotisch sein können, doch werden sich kluge Personen vor diesen Charakterzügen hüten, da sie genau das Gegenteil des Gewünschten bewirken. Diese Menschen sind geborene Führernaturen, sollten jedoch – so schwer es ihnen auch fallen mag – immer berücksichtigen, daß auch andere Menschen eine Meinung haben, die nicht automatisch mit der ihren übereinstimmt. Viele Menschen mit Löwen-Brauen werden dazu neigen, die Loyalität ihrer Mitmenschen als etwas Selbstverständliches anzusehen, ohne zu erkennen, daß man sie sich verdienen muß. Wenn sie sich einmal dazu entschlossen haben, werden diese Menschen im Privatleben überaus treu sein, doch stellen sie an ihren Partner dieselben hohen Ansprüche wie an sich selbst, und wenn dieser sie nicht erfüllen kann, sind sie zwar nicht ärgerlich, aber doch sehr enttäuscht.

Unten: *Menschen, die im Sternzeichen Löwe geboren sind, haben häufig sehr festes, dichtes Haar, und diese Beschreibung paßt auch genau auf die Löwen-Brauen.*

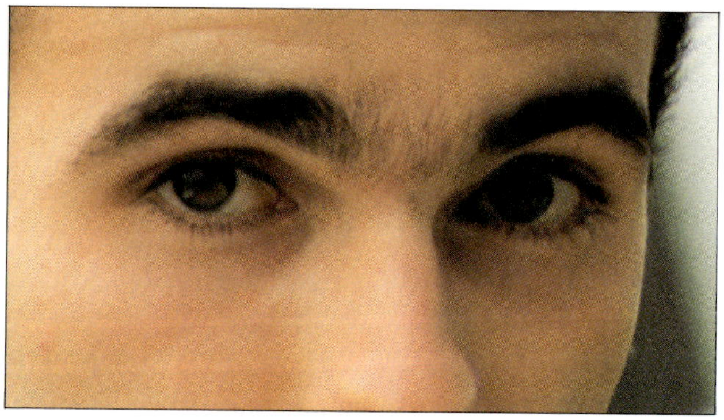

Zusammengewachsene Augenbrauen

Die traditionelle chinesische Gesichtslesekunst weist zusammengewachsenen Brauen denkbar ungünstige Eigenschaften zu. Dies geht sogar so weit, daß die Prognose wörtlich lautet: *Kein Mensch, dessen Augenbrauen sich treffen und zusammenwachsen, hat jemals lange gelebt* (Shen Hung-Kan, 1412).

Die modernere Metoposkopie des Abendlandes wird jedoch diesem extremen Fatalismus nicht zustimmen, aber auch in unserem Kulturkreis gelten zusammengewachsene Brauen als Zeichen für einen Mangel an Energie und Zielstrebigkeit. Wenn jedoch andere Gesichtszüge darauf hinweisen, daß die betreffende Person zu Disziplinlosigkeit oder Aggressivität neigt, besteht die Gefahr, daß diese Augenbrauenform jene Tendenz verstärkt. Solche Menschen sind wahrscheinlich äußerst wettbewerbsorientiert.

Oben: *Gesichtsdeuter vertreten die Ansicht, daß zusammengewachsene Brauen keine gute Gesundheit verheißen. Wenn sie den Sternpunkt bedecken, können sie die persönlichen Erfolgsaussichten mindern.*

Der Zwischenraum zwischen den Augenbrauen

Neben den Hauptgesichtszügen spielt eine weitere Gesichtsregion eine besonders wichtige Rolle: der sogenannte Lebenspalast, der Zwischenraum zwischen den Augenbrauen. Dieser ist im Idealfall rein, offen und relativ breit: Dann steht er für ein erfolgreiches Leben. Hautunreinheiten gleichgültig welcher Art weisen auf Hindernisse hin, die dem individuellen Fortkommen im Wege stehen (in China achten die Eltern sehr darauf, daß ihre Kinder diese Gesichtsregion keinesfalls verletzen).

Eine Unebenheit oder Vertiefung ist an dieser Stelle ebenso ungünstig wie eine Verfärbung. Dunkle Pigmentstellen, bläuliche oder gelbliche Hauttönung deuten auf Krankheiten hin, und eine ausgeprägte Linie soll lebenslange Probleme signalisieren.

Verwechseln Sie solche Linien aber keinesfalls mit den sogenannten »Sorgenfalten«, die oberhalb des Lebenspalastes erscheinen – es sei denn, diese haben sich unverkennbar tief und dauerhaft dort eingekerbt. In diesem Fall bedarf es keiner Gesichtsdeutung, um zu dem Schluß zu kommen, daß den betreffenden Menschen ein langwieriges Problem belastet, das seinem Streben nach Ruhe, Glück und Frieden auf Dauer im Wege steht.

Augen

Die Augen, die zu den Sternpunkten gerechnet werden (*siehe Seite* 122) und die in der Gesichtslandschaft zu den Flüssen gehören (*siehe Seite* 22), werden gewöhnlich mit dem Lebensabschnitt in Zusammenhang gebracht, in dem man die berufliche Position festigt (was oft im Alter zwischen vierunddreißig und neununddreißig der Fall ist).

Wie bei allen Sternpunkten repräsentiert das rechte Auge *Yin*, weibliche Energie, das linke *Yang*, männliche Energie. Der Unterschied liegt in der sichtbaren Energieform. Passive Energie, die von innen heraus wirkt, ist introspektiv und nachdenklich, analysiert anfallende Probleme und unterzieht sie einer genauen Untersuchung – dies ist die eher weibliche *Yin*-Energie. Die eher extravertierte Energie, die, mehr nach außen hin orientiert, sich offensichtlicher und vielleicht auch kreativer zeigt, ist *Yang*. Darüber hinaus symbolisiert das rechte Auge die Mutter, das linke den Vater.

Wiederholt muß an dieser Stelle darauf hingewiesen werden, daß kein Gesichtszug isoliert betrachtet werden darf. Die Augen sind oft besonders durch die Art der Augenbrauen beeinflußt, doch sind sie natürlich wesentlich komplexer, und neben ihrer Form (womit natürlich nicht die Form des Augapfels gemeint ist, sondern der Schnitt des äußeren Lidrandes) müssen noch weitere Faktoren berücksichtigt werden.

Nehmen wir zum Beispiel die Augenfarbe. Je klarer und reiner (farblich oder hinsichtlich der Adern) das Weiße des Auges ist, desto besser. Selbstverständlich reagieren die Augen auf Krankheiten, und ein trübes Hellgelb oder blutunterlaufene Stellen deuten meist zumindest auf ein niedriges Energieniveau hin. Die Farbe der Iris ist vermutlich weniger bedeutsam, obwohl es von alters her heißt, daß blaue Augen einen offenen, sorglosen Charakter verraten, braune Augen auf Lebhaftigkeit und Vitalität schließen lassen und grüne Augen geheimnisvoll und nachdenklich wirken.

Die Augen sollten weder zu nahe beieinander stehen noch zu weit auseinander liegen: Als Idealabstand gilt die Breite eines Auges. Auch hier sind die traditionellen Deutungen zwar nicht besonders wichtig, aber doch interessant: Zu weit auseinanderstehende Augen sollen beträchtliche Charakterstärke, vielleicht aber auch etwas persönliche Unsicherheit bedeuten, zu nahe beisammenliegende Augen schwache, betont konservative Persönlichkeiten kennzeichnen.

GRUNDSÄTZLICH GILT:

Ein Mensch mit kleinen, länglich geformten Augen wird ein hohes Amt erreichen.

Kleine, runde Augen sind Zeichen großer Intelligenz.

Leuchtende Augen weisen auf errungene Erfolge hin.

Vorstehende Augen indizieren Ausschweifungen und Unehrlichkeit.

Glänzende, tiefliegende Augen deuten auf Sinnlichkeit.

Augen mit abfallenden Augenwinkeln deuten auf Probleme im Privatleben.

Augen mit mehr Weiß oberhalb als unterhalb der Iris sollen auf Unglaubwürdigkeit hinweisen.

Augen mit mehr Weiß unterhalb als oberhalb der Iris lassen auf Arroganz schließen.

Gut geschnittene Augen zeugen von Großherzigkeit.

Das ideale Auge

Beurteilen Sie die Augen vor dem geistigen Bild des »idealen« Auges, das in der Realität so gut wie niemals vorkommt.

Die Iris würde in diesem Fall in der Mitte des Weiß liegen, weder zu tief noch zu hoch, im Idealfall zeigt sich überhaupt sowohl ober- als auch unterhalb der Iris nur sehr wenig Weiß. Die Augen sollten relativ groß sein, weder vorstehen noch zu tief liegen, und der Augenabstand sollte dem klassischen Vorbild entsprechen (eine Augenbreite).

Allgemein gilt: Je länger die Wimpern, desto besser; kurze Wimpern können Aggressivität und Ungeduld bedeuten, lange zeugen von Nachdenklichkeit und Aufmerksamkeit. Die Wimpern sollten auch dicht sein, zu

Kurzcharakteristik

Wenn wir jemanden ansehen, sind es mit großer Wahrscheinlichkeit die Augen, die uns am nachhaltigsten beeindrucken: ihr Glanz, die Direktheit ihres Blickes, ihre Farbe. In der Metoposkopie geht es jedoch um mehr. Hier suchen wir in ihnen nach Anzeichen für Einfallsreichtum, Intelligenz und Energie. Ihre Wirkung zeigt sich besonders in der Zeit zwischen dem vierunddreißigsten und neunundreißigsten Lebensjahr.

Ideale Augen hier bedarf es eigentlich keiner weiteren Ausführungen

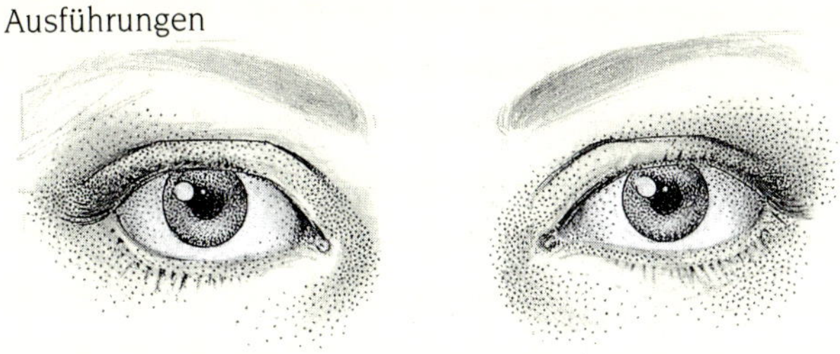

Große Augen ehrlich, extravertiert, experimentierfreudig, gesprächig, Führungsqualitäten

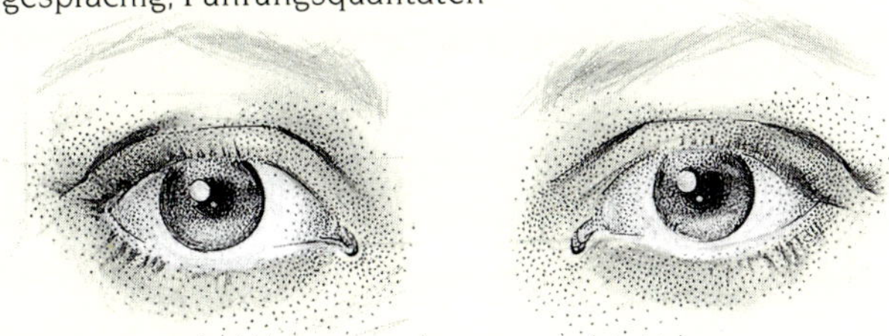

Großen Augen mit kleiner Iris starrköpfig, aufsässig, ruhelos, nachlässig, großzügig

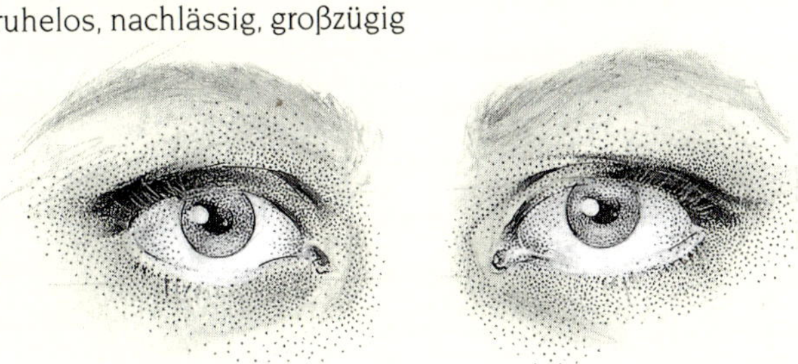

Kleine Augen kühl, introvertiert, loyal, engstirnig, sorgfältig

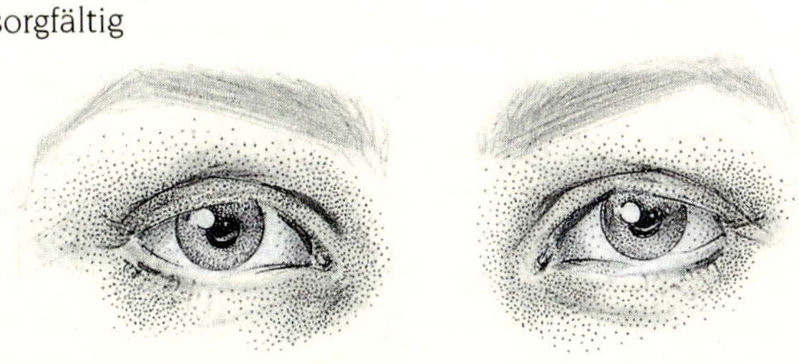

Schräggestellte Augen überschwenglich, reizbar, optimistisch, arbeitsam, unsicher

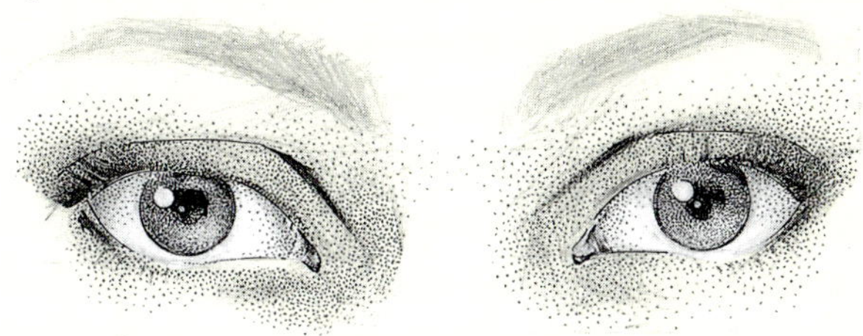

Abfallende Augen ehrerbietig, mitfühlend, verständnisvoll, gutgläubig, schüchtern

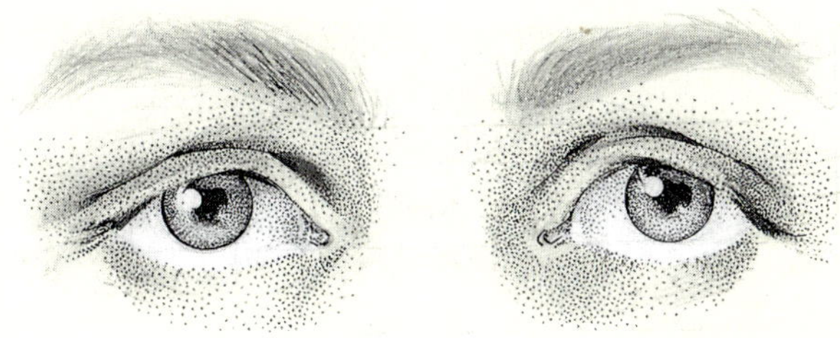

Tiefliegende Augen romantisch, gelassen, einfühlsam, hellsichtig, vorsichtig

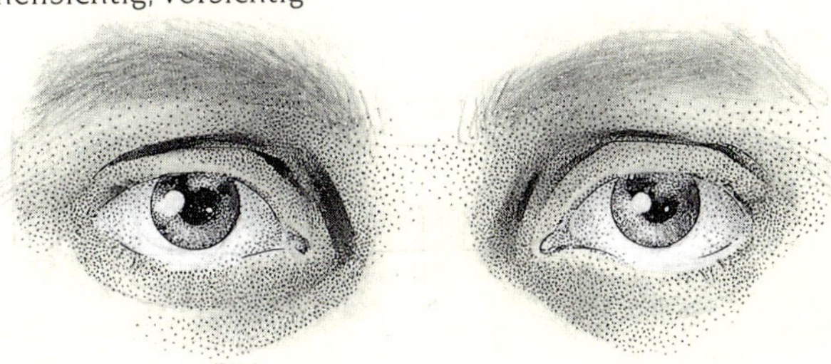

Vorstehende Augen dickköpfig, risikobereit, hemmungslos, kontaktfreudig, opportunistisch

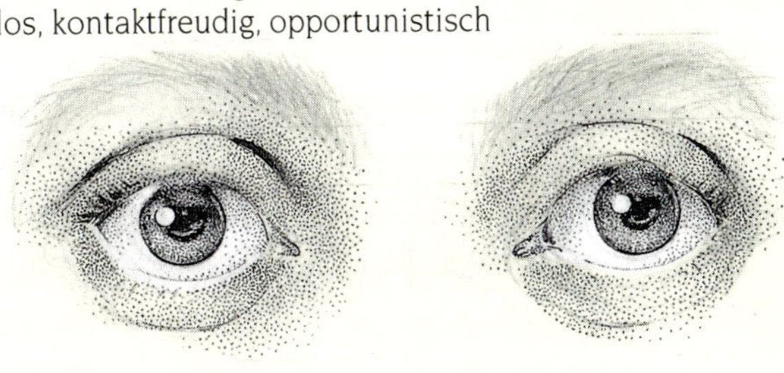

wenige lassen auf Faulheit oder vielleicht angeborene Antriebsschwäche schließen.

Die Lider sollten nicht so dünn sein, daß man bei geschlossenen Lidern die Form des Auges deutlich erkennen kann. Ausreichend dicke Augenlider sind Zeichen für Gesundheit und eine gesunde Sinnlichkeit. Wenn sie zu dick sind, könnte der sinnliche Aspekt zu stark dominieren.

Grosse, ausdrucksvolle Augen

Menschen mit großen, ausdrucksvollen Augen verfügen über reiche natürliche Intelligenz, Energie und Einfallsreichtum. Folglich wird auch die überschäumende Energie immer gezielt eingesetzt und nur in Ausnahmefällen verschwendet oder sinnlos vergeudet. Man darf erwarten, daß Menschen mit solchen Augen erfolgreich sind, und zwar wird der Erfolg sich voraussichtlich zwischem dem vierunddreißigsten und neunundreißigsten Lebensjahr einstellen oder festigen. Diese Augen zeugen von einem ehrlichen Charakter.

Menschen mit solchen Augen besitzen oft ein beträchtliches sexuelles Potential, und ihre Anforderungen sind entsprechend hoch: Manchmal brauchen sie mehr als einen Partner, um ihre Leidenschaft zu stillen. In der Liebe werden sie dank ihres Ideen- und Einfallsreichtums außergewöhnlich kreativ sein.

Sie sind extravertiert und haben die Gabe, sich vorteilhaft ins Rampenlicht zu rücken. Im Theater fühlen sie sich besonders wohl, ob sie nun auf der Bühne stehen oder mit Aufsehen erregender Verspätung ihre Sitze im Parkett einnehmen.

Unten: *Große, ausdrucksvolle Augen sind eigentlich selten. Meist wirken sie eher »tief« als tiefliegend, und wenn man solchen Menschen in die Augen sieht, scheinen sie einen fast magisch anzuziehen.*

Grosse Augen mit kleiner Iris

Bei diesen Augen sieht man viel Weiß ober- und auch unterhalb der Iris. Der traditionellen fernöstlichen Lehre zufolge handelt es sich hierbei um aufsässige Menschen, die sich nicht gerne unterordnen – ob sie nun »schwierige« Arbeitskollegen sind oder Dissidenten, die gegen die herrschende Gesellschaftsordnung rebellieren.

Diejenigen Personen, die große Augen mit einer kleinen Iris haben, gelten als intelligent, aber außergewöhnlich dickköpfig und auch vernünftigen Argumenten gegenüber nur selten aufgeschlossen. Und selbst wenn ihre Protesthaltung nie offen zu Tage tritt – schon allein die Tatsache, daß sie innerlich vor Wut und Erregung kochen, wird sie unzufrieden und rastlos machen. In dem Versuch, diese Unruhe ein wenig zu mildern, werden sie vielleicht öfter den Arbeitsplatz wechseln oder mehrfach umziehen, vielleicht sogar ins Ausland auswandern. Paradoxerweise wird das die Lage jedoch nur verschärfen, und sie haben ihre Energie dann umsonst verschwendet.

Das generelle Gefühl der Unzufriedenheit, das vielen der betreffenden Menschen zu eigen ist, wird im Alter zwischen fünfunddreißig und vierzig kulminieren, wenn möglicherweise größere Veränderungen im Privatleben stattfinden, vielleicht sogar die Auflösung einer Partnerschaft bevorsteht.

Unten: *Große Augen mit kleiner Iris erkennt man besonders leicht: Sie sehen aus wie die Augen auf einer Kinderzeichnung – ein dunkler Kreis inmitten von Weiß.*

Kleine Augen

Im westlichen Kulturkreis gelten kleine Augen häufig als Zeichen von Unglaubwürdigkeit und Bösartigkeit. Die Chinesen glauben dagegen (und das ist nicht unbedingt ethnisch begründet), daß sie auf Loyalität, Wahrheitsliebe und Liebe zum Detail hindeuten.

Menschen mit kleinen Augen sind meist etwas introvertiert und legen Wert auf eine ausgeprägte Privatsphäre. Ihr Privatleben behalten sie für sich, und es ist oft nicht leicht, mit ihnen warm zu werden oder sie besser kennenzulernen, selbst wenn man auf engstem Raum zusammenarbeitet. Ihre emotionale Energie ist nicht besonders ausgeprägt, und Loyalität und Beständigkeit in einer Beziehung sind ihnen wichtiger als persönliche Befriedigung. Allerdings kann ihre feste

Rechts: *Kleine Augen erkennt man daran, daß sie eine kleine Augenöffnung haben (nicht unbedingt eine kleine Iris). Sie weisen auf besonders erfüllte mittlere Jahre hin.*

Überzeugung, immer im Recht zu sein, eine Beziehung auf Dauer belasten.

Die charakteristische Liebe zum Detail zahlt sich in Berufen aus, wo es auf Genauigkeit ankommt. Allerdings besteht die Gefahr der Engstirnigkeit, und deshalb sollten kleinäugige Menschen ganz besonders darauf bedacht sein, ihren Horizont beständig zu erweitern. Gerade im mittleren Lebensalter könnten sie sonst leicht geistig stagnieren, und natürlich ist auch ihre ausgeprägte Neigung zum Dogmatismus und zur Rechthaberei in dieser Hinsicht alles andere als förderlich.

Schräggestellte Augen

Das Auffälligste an Menschen mit Augen, bei denen der äußere Augenwinkel aufwärts zeigt, ist, daß sie immer so aussehen, als seien sie gut gelaunt. Tatsächlich haben sie eine natürliche Begabung, das Leben zu genießen. Doch kann sich ihr hohes Gefühlspotential manchmal auch in plötzlichen Wutausbrüchen äußern. Diese sind leider oft gegen die gerichtet, die ihnen am nächsten stehen, was das Privatleben nicht gerade entspannt. Zwar gehen diese Anfälle immer rasch vorüber, doch können sie eine langfristige Partnerschaft sehr gefährden. Menschen mit schräggestellten Augen werden rasch auf Probleme reagieren, und wenn es darum geht, eine schnelle Entscheidung zu treffen, kann man auf sie zählen. Ihr angeborener Optimismus ist gerechtfertigt, zumindest immer dann, wenn sie die Dinge selbst beeinflussen können. Als ausgesprochen hart arbeitende Menschen sind sie unentbehrlich in einem Unternehmen, wo jeder Tag eine neue Herausforderung bringt. Der Einfallsreichtum und der wache Verstand werden zwischen dem vierunddreißigsten und dem neununddreißigsten Lebensjahr ihren Höhepunkt erreichen.

Unten: *Lassen Sie sich von dieser Bezeichnung nicht täuschen: Schräg ist hier nicht der Blick, sondern die Augen selbst wirken schrägstehend.*

Abfallende Augen

»Abfallende« Augen, also solche, die sich in Richtung auf die äußeren Augenwinkel leicht abwärts neigen, deuten auf einen außerordentlich anziehenden Charakter: Solche Menschen sind geborene Vertraute, die immer und überall bereit sind, einem aus jeder noch so vertrackten Situation herauszuhelfen. Es scheint so, daß diese Menschen »zum Helfen geboren« sind, und man findet sie häufig in Pflegeberufen: als Krankenschwester, Pfleger, Sozialarbeiter u. ä.

Im privaten Bereich sind sie oft sehr schüchtern und introvertiert, und in einer Dauerbeziehung gehen sie manchmal geradezu unter. Dabei ist er oder sie mit dieser Situation ganz und gar nicht unglücklich, denn Menschen mit abfallenden Augen haben gar nichts dagegen, sich einem dominanteren Partner unterzuordnen, der alles in die Hand, aber auch die Verantwortung für alles übernimmt. Zu dieser Gattung gehören die Ehemänner und -frauen, die, bildlich gesprochen, »unter dem Pantoffel stehen«.

Doch nachdem wir all dies festgestellt haben, muß auch gesagt werden, daß diese Menschen potentielle Heilige sind. Und wenn wir normalen Sterblichen gelegentlich ihren mangelnden Sinn für Humor beklagen oder sie geradezu unerträglich verständnisvoll finden, können wir ihnen immer noch ins Gesicht sehen und dort nach anderen Zügen forschen, die, wenn man so sagen will, etwas mehr Leben in diese allzu sanftmütigen Augen bringen.

Unten: *Diese Augen werden manchmal auch als traurig beschrieben. Im achtzehnten Jahrhundert mit seinem Hang zur Melancholie entsprach diese Augenform dem Schönheitsideal.*

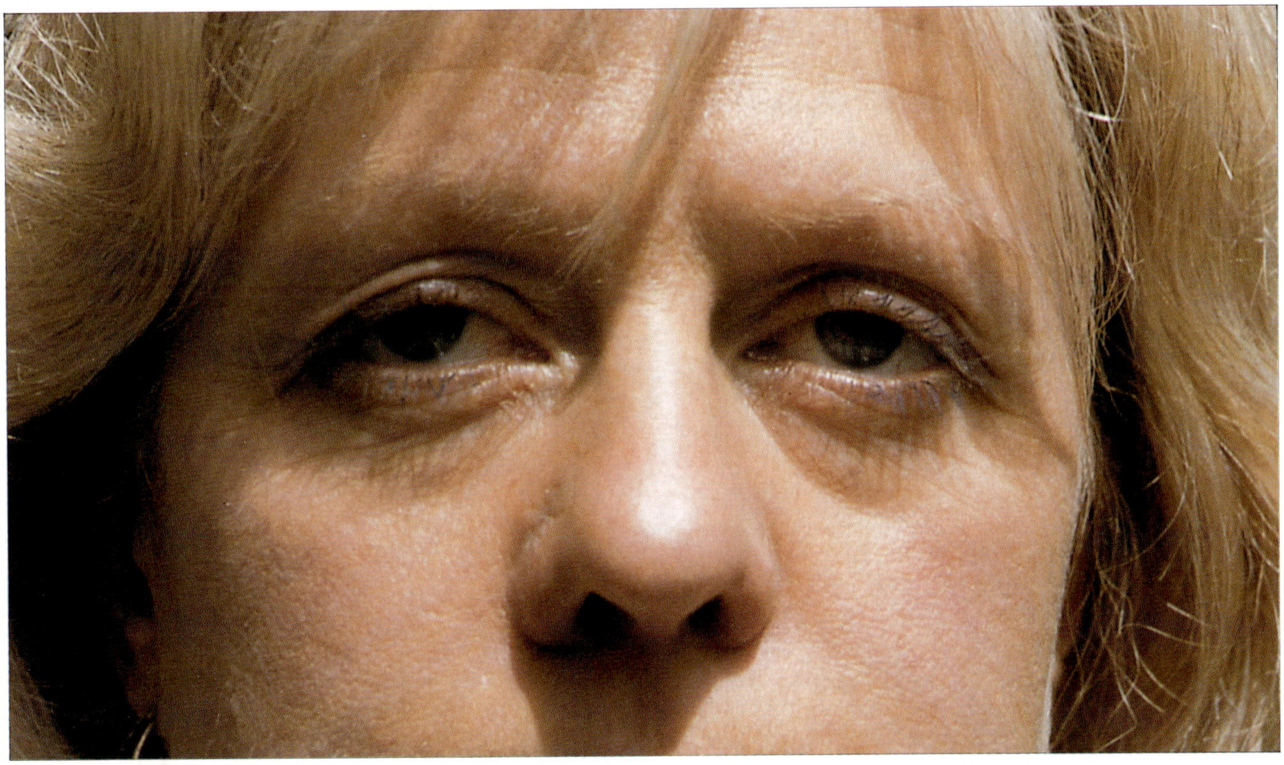

Tiefliegende Augen

Hinter tiefliegenden Augen findet man zutiefst nachdenkliche, kontemplative Personen, die, so romantisch sie tief in ihrem Innern auch sein mögen, glücklicherweise genügend Realitätssinn besitzen, um sich nicht unterkriegen zu lassen. Manchmal geschieht es, daß sie in jungen Jahren ihren Gefühlen völlig freien Lauf lassen und dann eine wirklich sensationelle Liebesaffäre erleben, wobei sie selbst die denkbar unbequemsten Situationen in Kauf nehmen. Wenn dies der Fall ist, finden sie spätestens mit Mitte/Ende dreißig zur Realität zurück, und erst dann, was vielen ein wenig spät scheinen wird, beginnen sie mit dem Aufbau einer wahren, zufriedenstellenden dauerhaften Beziehung. Und die Mischung aus Lebenserfahrung und Sensibili-

Rechts: *Um festzustellen, ob es sich um tiefliegende Augen handelt, betrachten Sie am besten den Neigungswinkel zwischen Augenbraue und oberem Augenlid.*

tät kann sie zu wirklich wundervollen Lebensgefährten machen.

Der romantische Touch, der sich häufig in ihrer Kleidung und ihrer Wohnung spiegelt, kann täuschen. Diese Menschen lassen sich weder in der Liebe noch im tagtäglichen Leben etwas vormachen. Glücklicherweise sind sie von Natur aus vorsichtig und deshalb besteht wenig Gefahr, daß sie sich beim Glücksspiel ruinieren, für das sie gleichfalls eine Schwäche haben.

Vorstehende Augen

Die chinesische Metoposkopie geht mit Menschen mit vorstehenden Augen außerordentlich hart ins Gericht (obwohl auch die westliche Schule nicht gerade freundlich mit ihnen umspringt). Solche Menschen gelten als maßlos opportunistisch, dickköpfig und sollen in fast allen Lebensbereichen übertriebene Risiken eingehen. Angeblich sind sie zwar hochgradig sinnlich, aber auch in der Liebe maßlos und kümmern sich mehr um ihre eigenen Bedürfnisse als um die des Partners. Ihr Egoismus geht so weit, daß sie eine Partnerschaft oft schon bei der ersten Störung abbrechen.

Nachdem dies gesagt ist, müssen wir einige Vorbehalte zu dieser Einschätzung anmelden. So ist der Opportunismus dieses Typs oft ausgesprochen erfolgreich: Wenn sie ein Risiko eingehen, dann ist es immer sorgfältig kalkuliert, und oft nur aus der Sicht Außenstehender ungerechtfertigt. Diese Menschen haben auch einen ausgesprochen starken Willen und darüber hinaus die Fähigkeit, einem Wüstenvolk Sand zu verkaufen. Betrachten Sie unbedingt auch die übrigen Gesichtszüge!

Unten: *Die Chinesen nennen vorstehende Augen auch »Herausfordernde Augen«, weil sie nach den Regeln der Gesichtslesekunst einen Menschen kennzeichnen, der das Unkonventionelle und die Herausforderung liebt.*

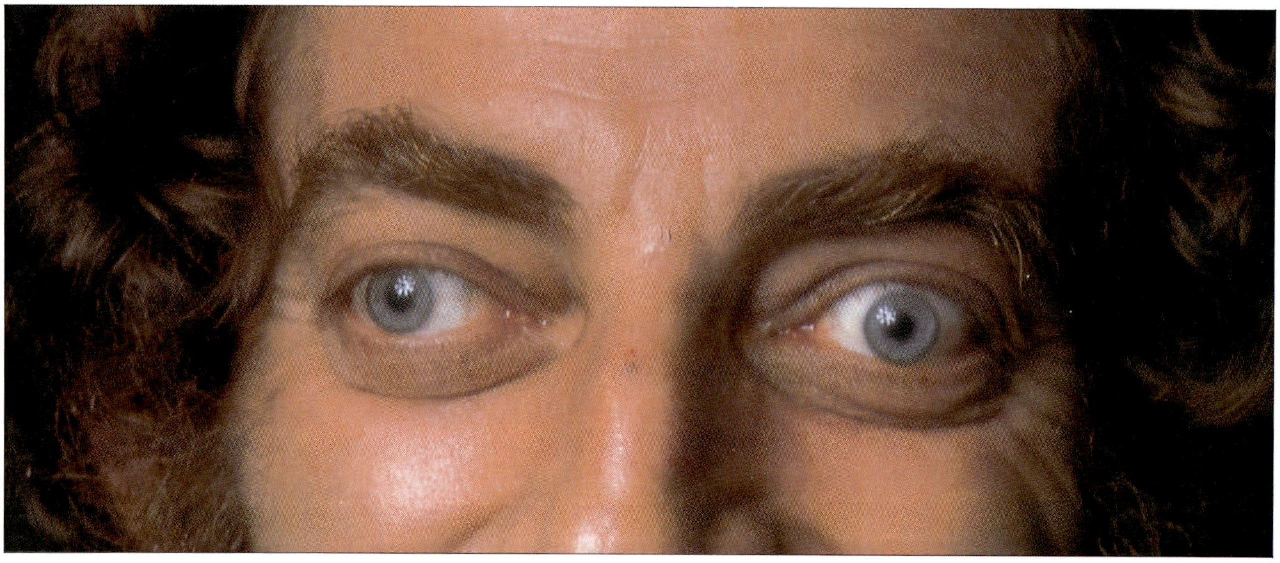

Weitere Augenformen

Experten auf dem Feld der Gesichtsdeutung führen noch fünf weitere Augenformen auf, die nach verschiedenen Tieren benannt sind. Sie kommen allerdings nur sehr selten vor, und die Kennzeichen, die sie charakterisieren, sind etwas vage formuliert. Im allgemeinen besitzen sie ein Merkmal, das eine der bereits aufgeführten Augenformen in bestimmter Hinsicht ergänzt, so daß, um nur ein Beispiel zu nennen, kleine Augen zugleich Merkmale des Typs »Elefantenaugen« tragen können.

Löwen-Augen sind groß, haben einen zielgerichteten Blick, betont durch kräftige Augenbrauen. Die antike Metoposkopie nannte sie »glückbringend« und verhieß Menschen mit Löwen-Augen ein langes Leben. Sie zeugen von einer machtvollen, zuweilen auch schwierigen Persönlichkeit.

Tiger-Augen sind runde, kurze Augen mit goldgefleckter Iris. Auch hier steckt eine starke Persönlichkeit dahinter, Arroganz kann dazugehören. Die Chinesen sagen: »Reichtum nach dem vierzigsten Jahr«.

Katzen-Augen sind rund und glitzernd. Eine in jeder Hinsicht extravagante Persönlichkeit. Am glücklichsten, wenn sie sich im Reichtum sonnen.

Ochsen-Augen sind große, dunkle, feuchtglänzende Augen mit großen Pupillen und langen Wimpern. Das Ochsen-Auge verstärkt die Charakterzüge, die dem großen Auge zugeschrieben werden.

Elefanten-Augen sind kleine, aber lange Augen mit einer Doppellinie auf Ober- und Unterlid. Sie zeigen eine Vorliebe für Komfort und Vergnügen. Den Chinesen zufolge haben Menschen mit Elefanten-Augen »ein sehr langes Leben« vor sich.

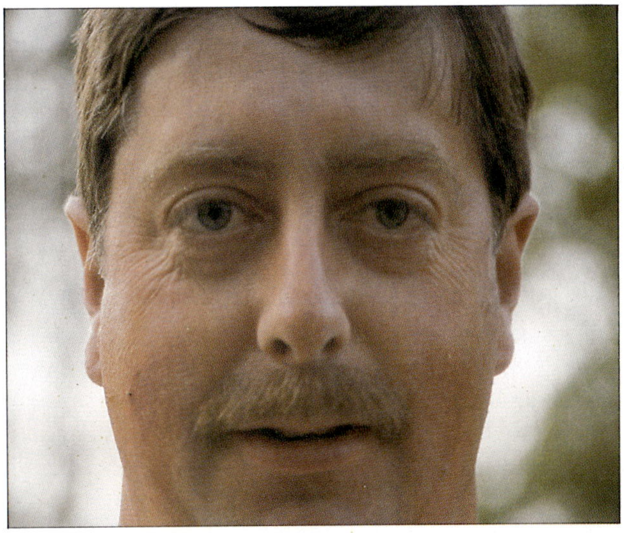

Löwen-Augen (oben rechts) *und* Elefanten-Augen (oben links) *wird man nur selten begegnen.*

Nur mit viel Erfahrung läßt sich feststellen, ob es sich bei einer Augenform, die in keine der oben genannten Kategorien paßt, etwa um eine dieser weiteren Augenformen handelt. Die Charakteristika sind hier nicht so deutlich ausgeprägt wie bei den gröberen Kategorien, und für eine genaue Bestimmung müssen auch die übrigen Gesichtszüge herangezogen werden.

Nase

Betrachten Sie die Nase, wenn Sie etwas über die Erfolgsaussichten eines Menschen in Erfahrung bringen wollen, und zwar sowohl auf beruflicher als auch auf partnerschaftlicher Ebene.

Dazu müssen neben Form und Größe noch andere Faktoren berücksichtigt werden. Zuerst einmal die Farbe. Im Idealfall sollte sie ein helles Pfirsichrosé haben, bei Menschen mit dunklerem Teint entsprechend bräunlicher sein. Wenn die Nase rot ist, wird der Betreffende zum Jähzorn neigen; dabei ist es möglich, daß übermäßiger Alkoholgenuß sowohl die Farbe als auch die Temperamentsausbrüche beeinflußt. Ist die Nase deutlich blasser als das restliche Gesicht, könnte dies auf mangelndes Durchhaltevermögen hinweisen. Beachten Sie auch die anderen Berge der Gesichtslandschaft, die Wangenknochen und das Kinn. Alle sollten in einem ausgewogenen Verhältnis zueinander stehen: Keinesfalls sollte die Nase von besonders ausgeprägten Wangenknochen eingeengt werden, die sowohl den Erfolg als auch die anderen nasenbedingten Eigenschaften einschränken würden.

Die Stelle zwischen den Augen oberhalb der Nasenwurzel sollte eben sein: Wenn sie flach und breit ist, wird der betreffende Mensch ein glückliches Familienleben führen. Wenn diese Stelle hoch gelegen scheint, ist dies ein besonders günstiges Zeichen, das bedeutet, daß sowohl Privat- als auch Berufsleben glücklich und erfolgreich verlaufen. Auch ein langes Leben wird damit in Zusammenhang gebracht. Doch muß sich ein solcher Mensch alles hart erarbeiten.

An den Nasenlöchern kann man erkennen, wie wir uns in Geldangelegenheiten verhalten. Wenn sie groß und aufgebläht sind, ist der Mensch großzügig, sind sie nur schwach ausgebildet, geht man mit Geld sparsam und äußerst vorsichtig um. Die Chinesen glauben, daß ein Mensch mit schmalen, dünnen Nasenlöchern unweigerlich böse ist, während jemand mit breiten Nüstern in der Lage sein soll, ein Vermögen zu machen. Wirken sie jedoch unverhältnismäßig groß, besteht die Möglichkeit, daß man den erworbenen Reichtum auch wieder verliert.

Allgemein gilt, daß eine große Nase – das Organ wird mit *Yang*, der männlichen Energie in Zusammenhang gebracht – Erfolg und Wohlstand bedeutet. Den chinesischen Gesichtsdeutern zufolge ist die Nase das Fundament von Reichtum und Größe, und es heißt, daß niemand, der eine runde Nasenspitze hat, nicht reich geworden wäre.

> Grundsätzlich gilt:
>
> *Eine runde, helle und glatte Nasenspitze bedeutet Wohlstand, Glück und ein unkompliziertes Leben.*
>
> *Gelbe, wachsähnliche Flecken auf der Nasenspitze sagen einen unverhofften Glücksfall voraus; rote Flecken bedeuten finanziellen Erfolg, weiße Flecken Versagen.*
>
> *An einer spitzen Nase erkennt man den Bösewicht.*
>
> *Eine Haken- oder Adlernase zeugt von außerordentlicher Verschlagenheit.*
>
> *Ein Muttermal direkt unterhalb des Nasenbeins kann Armut und ein schweres Leben verheißen.*
>
> *Ein hohes Nasenbein spricht für ein langes Leben.*
>
> *Eine kleine Nase paßt nicht zu einem hohen Amt.*

Die ideale Nase

Die perfekte Nase sollte an der Spitze ansprechend abgerundet sein und ein wenig aufgeblähte Nasenlöcher haben. Das Nasenbein sollte gerade, die Form der Nase überhaupt klar ausgeprägt sein und im Größenverhältnis zum restlichen Gesicht passen. Eine perfekte Nase würde den perfekten Erfolg im Leben bedeuten, frühe Karriere und ein glückliches Familienleben im Kreis vieler Freunde. Ein solcher Mensch wäre stets fair und gerecht und würde es auf dem gewählten Gebiet sehr weit bringen und auch entsprechende Anerkennung genießen.

Eine ideale Nase würde zudem hervorragende Gesundheit und Vitalität versprechen. Die mittleren Lebensjahre wären besonders erfolgreich, und aufgrund

Kurzcharakteristik

Die Nase ist ein Berg in der Gesichtslandschaft (*vgl. Seite* 22) und gibt Aufschluß über die potentiellen Aufstiegsmöglichkeiten eines Menschen. Die Nase wird von dem Planeten Saturn, dem Erd-Stern, regiert und steht in besonderer Beziehung zu den mittleren Lebensjahren: den Vierzigern.

Ideale Nase für diese Form gibt es keine Schlagworte

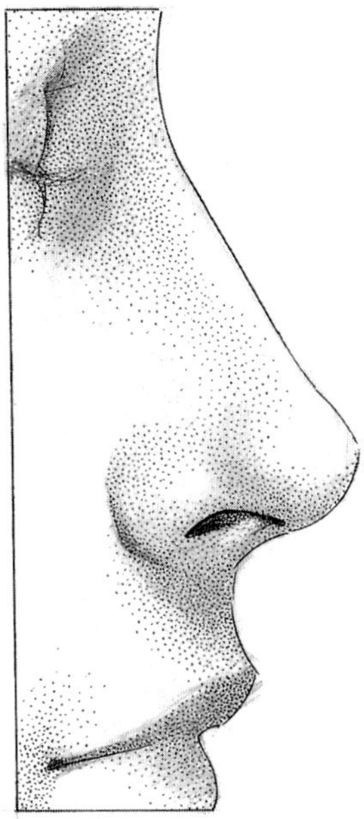

Schmale, knochige Nase arrogant, stolz, intolerant, hyperkritisch, schön

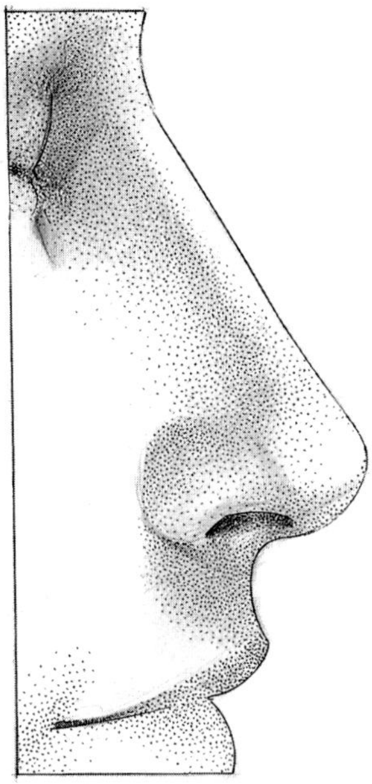

Kurze Nase optimistisch, gesellig, anspruchslos, aufgeschlossen, oberflächlich

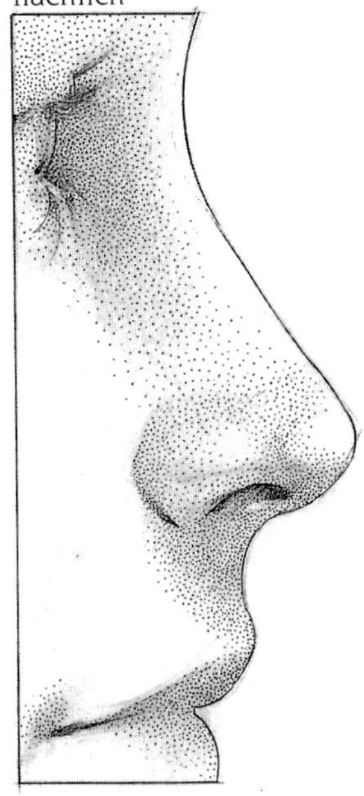

Hakennase sinnlich, geschäftstüchtig, willensstark, ehrgeizig, genußsüchtig

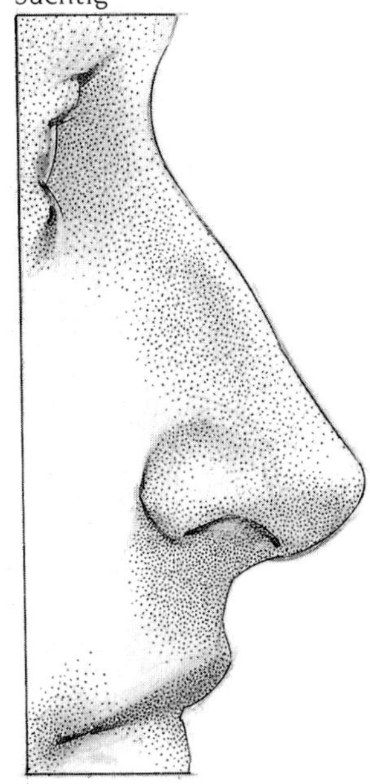

Gerade Nase ehrlich, ausgeglichen, tolerant, vertrauenswürdig, unnachgiebig

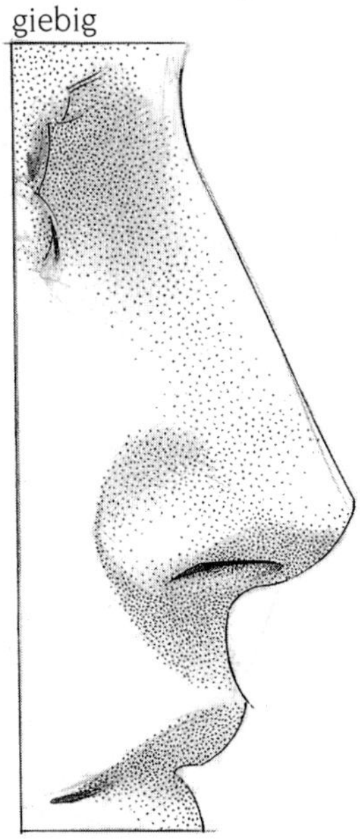

Lange Nase konservativ, konsequent, umsichtig, kontrolliert, unflexibel

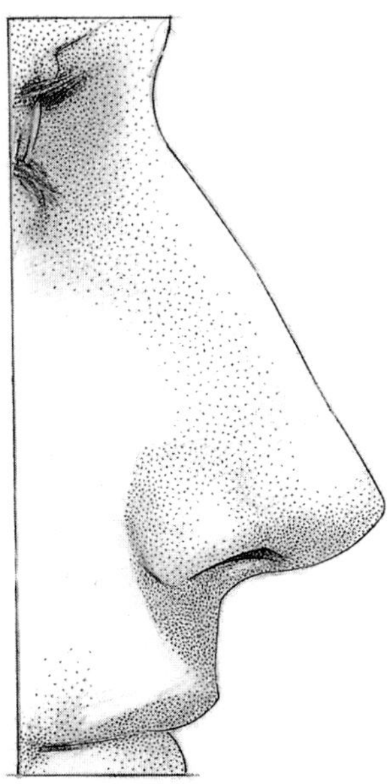

Stumpfnase besonnen, selbstlos, praktisch, vernünftig, loyal

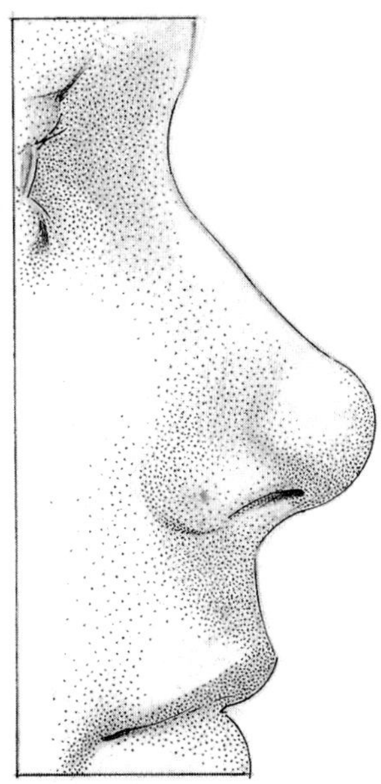

Stupsnase heiter, unorthodox, sorglos, hilfsbereit, unpraktisch

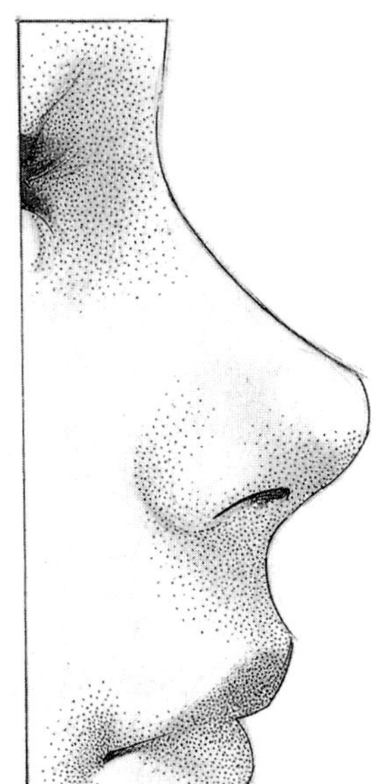

exzellenter Zeit- und Energieplanung würde auch das Alter überaus erfreulich.

Ein solcher Mensch würde von einer liebevollen Familie umgeben in einem komfortablen und schönen Heim leben und vermutlich auch ein sehr hohes Alter erreichen – beneidenswert.

Schmale knochige Nase

Diese Nasenform beeinflußt das Gesamtbild des Menschen äußerst positiv, da sie gefällig und ansprechend wirkt. Männer mit schmaler Nase werden sehr gut aussehen, Frauen wirkliche Schönheiten sein. Doch werden die Besitzer einer solchen Nase diese häufig hoch tragen und sie über andere rümpfen, die weniger glücklich, erfolgreich oder klug als sie selbst sind. Im besten Falle äußert sich dies durch Gönnerhaftigkeit, im schlimmsten durch ausgeprägte Geringschätzung. Diese Nasenform bringt Arroganz und zuweilen auch Intoleranz mit sich, unter denen das Privatleben leiden könnte. Menschen mit schmaler Nase halten sich für »besser« oder »gescheiter« als ihre Geschwister oder

Unten: *Bedenken Sie immer, daß die Nase ein Berg (und zwar der höchste Berg) ist, und achten Sie deshalb verstärkt auf die Relation, in der sie zu den übrigen Gesichtszügen steht. Diese schmale, knochige Nase sticht trotz ihrer geringen Größe sehr heraus.*

Partner und werden diesen gegenüber besonders kritisch sein.

Von Natur aus snobistisch, werden diese Menschen zuweilen unerträgliche Angeber, wenn sie es zu etwas gebracht haben: gleichgültig ob es sich um ihr Heim, ihre Karriere oder um irgendwelche Besitztümer handelt. Auch besteht eine Neigung zur Besessenheit in Geldangelegenheiten. Dies ist vor allem in den mittleren Lebensjahren der Fall. Wenn ein solcher Mensch in eine gute Familie hineingeboren ist, kann eine sorgfältige Erziehung viele der genannten negativen Eigenschaften kompensieren.

Kurze Nase

Diese Nasenform kennzeichnet einen unbekümmerten Menschenschlag, der alles mit großem Optimismus und Enthusiasmus angeht. Zwar werden diese Menschen sich nicht für langfristige Planungen begeistern können und auch nicht sonderlich ehrgeizig, dafür aber herrlich unterhaltsame Gesellschafter sein. Und wenn man Hilfe braucht, sind sie stets zur Stelle.

Diese Nase läßt sich nicht gerade als große Hilfe für den mittleren Lebensabschnitt bezeichnen, denn irgendwie scheint sie ihren Besitzer an einer großen Karriere zu hindern. Je älter sie werden, desto mehr werden Menschen mit kurzer Nase dazu neigen, sich auf ihren Lorbeeren auszuruhen. Im allgemeinen besteht auch kein großes Interesse daran, Reichtümer anzuhäufen, aber das hängt davon ab, wie fleischig die Nase ist: Ist sie füllig, wird das Geld vermutlich nie ausgehen. Eine kurze Nase indiziert die Tendenz zur Oberflächlichkeit, vor allem im Berufsleben. Mangel an Ausdauer und das Fehlen eines wahren Ziels werden das vereiteln, was für andere Menschen wirklichen Erfolg bedeutet.

Doch machen der angeborene Enthusiasmus, Optimismus und die nicht enden wollende Freundlichkeit Menschen mit dieser Nasenform sehr anziehend. Ihre Wärme, die positive und lebendige Ausstrahlung sowie ihre Aufgeschlossenheit können andere Menschen anstecken und deren Lebensfreude beträchtlich steigern.

Unten: *Je kürzer die Nase, desto weniger Durchsetzungskraft und Energie signalisiert sie. Achten Sie auch auf die Nasenspitze: Je runder sie ist, desto erfolgreicher wird der betreffende Mensch sein.*

Hakennase

Die Haken- oder Adlernase ist schlank und nach unten gekrümmt und ähnelt, wie der Name schon sagt, einem Adlerschnabel. Hier haben wir jemanden vor uns, der Heldentaten plant und voraussichtlich auch Erfolg hat. Menschen mit dieser Nasenform gehen in der Regel völlig in ihrer Arbeit auf, geben psychisch und physisch ihr Letztes, um das selbstgesteckte hohe Ziel zu erreichen. Sie können es zu großem Reichtum bringen, einen ausgezeichneten Geschäftssinn entwickeln und brillante Verhandlungsführer sein. Sie sind ehrgeizig und lieben jede Art der Herausforderung.

Menschen mit Hakennase erlangen oft hohe Positionen, manchmal in der Politik, zuweilen beim Militär, gelegentlich auch nur in einem mittelständischen Unternehmen. Und doch sind sie keine einsamen Karrierefrauen oder -männer, für die nur das Berufsleben zählt. Während sie dem Erfolg nicht um seiner selbst willen nachjagen, haben sie keine Hemmungen, anderen zu zeigen, *wie* erfolgreich sie sind. Es sind Menschen, die aufs Ganze gehen und alle Früchte ihres Erfolges auskosten wollen: gutes Essen, teuren Wein und exzellent verarbeitete Designer-Mode – diese meist in dunklen Tönen gehalten und ein wenig sexy im Schnitt.

Wenn die Nasenspitze fleischig ist, deutet dies auf beträchtliche sexuelle Energien und ein überdurchschnittliches Bedürfnis nach sinnlichen Genüssen hin.

Rechts: *Bekanntlich läßt die Nase nicht nur auf den finanziellen, sondern auch auf den privaten Erfolg schließen. Die Spitze dieser Hakennase deutet auf Reichtum, der vermutlich um die Lebensmitte erworben wird.*

Gerade Nase

Diese Nasenform schenkt einige wunderbare Eigenschaften. Hier haben wir es mit ehrlichen, toleranten, vertrauenswürdigen und unbedingt zuverlässigen Menschen zu tun. Sie zeigen Verständnis für die Schwächen anderer und bewahren selbst in Streßsituationen die Ruhe. Mit Hilfe ihrer unbedingt positiven Züge werden sie im Leben Erfolg haben, und mit dem Erfolg kommt dann auch der Respekt, den sie ehrlich verdienen. Anständig (im positivsten Sinn des Wortes) und ohne jegliche Arglist gegen andere, werden sie sich außerdem vermutlich psychisch wie physisch einer ausgezeichneten Gesundheit erfreuen.

Vielleicht sieht es so aus, als bekämen sie ihren

Links: *Betrachten Sie die Nase immer in Beziehung zum ganzen Gesicht. Die Eigenschaften, die diese gerade Nase vermuten läßt, könnten durch die ansonsten weichen, runden Gesichtszüge abgeschwächt werden.*

Erfolg geschenkt; aber das ist mit Sicherheit nicht der Fall. Ihr Ziel erreichen sie durch harte Arbeit, Ausdauer und den Glauben, daß auch ein langsamer Aufstieg nach oben führt. Das »schnelle Geld« liegt ihnen nicht. Es sind durch und durch anständige Charaktere, die sich unaufhaltsam vorarbeiten und ihren wohlverdienten Erfolg schließlich auch genießen können. Diese Nasenform gilt auch als Zeichen für ein langes Leben – was vermutlich mit einer angeborenen Abneigung gegen unnötige Risiken zusammenhängt.

Lange Nase

Umsichtige, sorgsame Menschen mit langer Nase brauchen sowohl gefühlsmäßige als auch finanzielle Sicherheit. Sie passen sich gerne an, sind in der Regel konservativ und bewähren sich vor allem in Berufen, in denen ein sicherer Aufstieg gewährleistet ist. Sie besitzen kein angeborenes Gespür fürs Geschäft, sondern erreichen ihr Ziel durch Umsicht, sorgfältige Planung und höchst vorsichtige Spekulationen.

Langnasige Menschen stellen extrem hohe Ansprüche an andere, vor allem an ihre Mitarbeiter. Zu ernstlichen Schwierigkeiten könnte es beispielsweise kommen, wenn ein Untergebener aus Unachtsamkeit Fehler macht. Menschen mit dieser Nasenform reagieren in solchen Situationen gerne übertrieben unwirsch und sind dann, was ihr Urteil angeht, auch nicht flexibel. Sie sollten sich unbedingt bemühen, allgemein toleranter zu werden. Außerdem ist es wichtig, daß sie ihre Neigung zum Starrsinn erkennen. Bevor sie eine endgültige Entscheidung treffen, sollten sie ihre vorgefaßte Meinung unbedingt nochmals genau überprüfen. Gleichermaßen bedeutsam ist, daß sie sich sorgfältig auf den Ruhestand vorbereiten, da sie auch nach Beendigung ihrer beruflichen Laufbahn finanzielle Absicherung brauchen, um sich wohl zu fühlen.

Unten: *Diese lange Nase scheint von Natur aus zu glänzen. Der chinesischen Lehre zufolge weist eine glänzende Nase auf gesellschaftlichen Erfolg, Wohlstand und große Errungenschaften – was den Zielsetzungen der meisten langnasigen Menschen genau entspricht.*

Stumpfnase

Je runder die Nasenspitze, desto größer ist die Wahrscheinlichkeit, daß der Betreffende Reichtümer und finanzielle Unabhängigkeit erlangen wird. Menschen mit runder Nasenspitze sind praktisch veranlagt und vernünftig genug, um sich nicht auf Spekulationen einzulassen oder Risiken einzugehen. Sie werden sich jeden Pfennig redlich verdienen. Der chinesischen Lehre zufolge werden Einnahmen und Lebensstandard mit den Jahren kontinuierlich ansteigen. Im privaten Bereich ist eine runde Nasenspitze Anzeichen für Wärme, Freundlichkeit und Rücksichtnahme: die Sorte Mensch, die anderen wirklich helfen will und dies freudig angeht. Menschen mit runder Nasenspitze sind gute und außerordentlich treue Freunde. Für ihre Lieben werden sie die größten Opfer bringen. Manchmal wäre es sogar angebracht, sie dazu aufzufordern, sich etwas mehr um sich selbst zu kümmern, da sie dazu neigen, sich zum Wohle anderer aufzuarbeiten.

Im großen und ganzen wird ihr Leben positiv und aufstrebend verlaufen. Was sie anfangen, werden sie auch zu Ende führen, und aus diesem Erfolgserlebnis ziehen sie große Freude und Befriedigung. In der Tat ist das Gefühl der Zufriedenheit, das aufkommt, wenn man eine Aufgabe erfolgreich gelöst hat, für sie die größte Belohnung. Dank diesem Wesenszug sind fast alle Menschen mit Stumpfnase sehr ausgeglichen.

Rechts: *Eine Stumpfnase wie diese können Sie als gutes Omen ansehen, wenn Sie finanzielle Erfolge anstreben, jedoch pragmatisch denken. Generell gilt: Je runder die Nasenspitze, desto besser!*

Stupsnase

Menschen mit Stupsnase sind in der Regel ausgesprochen lebhaft, gesellig und extravertiert, dabei großzügig und sehr positiv, doch besteht die Gefahr, daß sie sich in Tagträumen verlieren und dann jeden Bezug zur Realität vermissen lassen. Sie sind eigentlich immer optimistisch und enthusiastisch, vor allem wenn es um neue, herausfordernde Aufgaben geht. Je mehr die Nase nach oben zeigt, desto mehr soll der Betreffende felsenfest daran glauben, für den Erfolg prädestiniert zu sein. Dies ist nicht immer realistisch, und unter bestimmten Bedingungen können ihn Sorglosigkeit oder ein unorthodoxes Verhalten sogar ganz rasch den Arbeitsplatz kosten oder zumindest einen momentanen Abstieg auf der Karriereleiter bedeuten.

Es heißt, daß diese Nasenform »jung« ist, also die Möglichkeit eines großen Erfolges schon in frühen Lebensjahren besteht. Tatsächlich findet sich bei diesem Menschentyp eine Art »Hang zum schnellen

Links: *Die Stupsnase galt in den zwanziger Jahren vor allem in Amerika als Schönheitsideal und Kennzeichen lebenslustiger Damen. Doch schon Jahrhunderte vorher wußten die Chinesen, daß Menschen mit dieser Nasenform mit ihren Reizen nur selten geizen.*

Geld«, den die meisten anderen bewußt umgehen. Und selbst wenn die Fähigkeit zum raschen Reichwerden vorhanden ist, so besteht auch die Möglichkeit, das Gewonnene fast ebenso rasch wieder zu verlieren. Wenn stupsnasige Menschen über Geld verfügen, sind sie sehr großzügig, doch könnte die sorglose Einstellung zum Glücksspiel dafür sorgen, daß sie bald nichts mehr zum Verschenken haben!

Weitere Nasenformen

Die Drachen-Nase ist erklärtermaßen die denkbar beste Nasenform. Im Prinzip ist dies nur ein anderer Name für die ideale Nase (*siehe Seite* 44), die großen Erfolg, eine machtvolle Position und beträchtlichen Reichtum verspricht.

Die Löwen-Nase ist abgerundet, mit flachen Nasenlöchern und geraden Nasenflügeln. Sie verspricht Ruhm und Glück.

Die Schafs-Nase ist eine sehr lange Nase mit großen Nasenlöchern. Sie soll, was die Finanzen betrifft, noch mehr Erfolg bescheren als die Drachen-Nase.

Die Hirsch-Nase scheint von der Stirn aus gerade nach unten zu wachsen und hat eine schmale Nasenwurzel. Der Überlieferung nach garantiert diese Nasenform ein langes Leben und Erfolg, wenn auch vielleicht erst relativ spät im Leben.

Sowohl die Drachen-Nase (oben links) *als auch die* Schafs-Nase (oben rechts) *sind starke Berge, die ein beträchtliches Potential an männlicher Energie bezeugen. Sicherlich positiv für jemanden, der große Karrierepläne hat. Bedenken Sie jedoch, daß auch die anderen Berge stark ausgeprägt sein müssen, damit das gesamte Potential ausgeschöpft werden kann.*

Mund

Der Mund, der zu den Flüssen in der Gesichtslandschaft gehört (*siehe Seite* 22), sagt Entscheidendes über unsere Persönlichkeit aus. Seinem Wesen nach ist er *Yin*, das heißt weiblich, und deshalb darf man erwarten, daß er sehr viel über unsere Emotionen verrät, wie geartet und wie ausgeprägt sie sind. Doch darf auch dieses Gesichtsmerkmal nicht isoliert beurteilt werden: Mögliche negative Faktoren können durch die Form anderer Gesichtszüge mehr als aufgewogen werden.

Der chinesischen Lehre nach ist der Mund eines der wichtigsten Organe. Er ist expressiv: Durch ihn teilen wir uns anderen mit, und indem wir lächeln oder die Mundwinkel hängen lassen, bekunden wir Freude oder Unmut. Er ist sensibel und taktil: Beim Liebesspiel und generell beim Ausdruck von Gefühlen spielt er eine wesentliche Rolle und hat deshalb einen Bezug zu unserer Sexualität. Es heißt sogar, daß unser Mund manchmal Gefühle verrät, die wir lieber für uns behielten, Gefühle, die vielleicht nicht einmal unsere Augen preisgeben.

Der Mund sollte wohlproportioniert aussehen, größenmäßig zum restlichen Gesicht passen: groß, wenn er geöffnet ist, aber relativ klein, wenn er geschlossen ist. Ein Mund, der in geschlossenem Zustand nicht fest erscheint, läßt auf mangelnde Selbstdisziplin schließen.

Die Lippen sollten eher feucht als trocken sein. Sie sollten angemessen voll sein (dünne Lippen weisen auf mangelnde Flexibilität) und nach Möglichkeit keine Falten aufweisen (was auf Armut schließen ließe). Das Fleisch sollte rosig sein. Bei Frauen (vielleicht können Sie einen Blick darauf erhaschen, bevor der Lippenstift aufgetragen wird) heißt es, sie seien um so sinnlicher, je dunkler die natürliche Farbe. Sehr blasse Lippen werden gewöhnlich mit sexueller Zurückhaltung assoziiert, wenn sie auffallend hell sind, sogar mit Frigidität. Zwischen vollen Lippen und Sinnlichkeit besteht in der Tat ein Zusammenhang, und während ein großer Mund auf eine offene und unkomplizierte Einstellung zur Sexualität hinweist, bedeutet ein schmaler Mund Passivität und manchmal auch Schüchternheit. (Diese Deutung hat zweifellos damit zu tun, daß die Chinesen die Lippen mit der Vagina, die Nase mit dem Phallus in Zusammenhang bringen.)

Es ist wichtig, den Mund in ruhiger, entspannter Stellung zu betrachten. Wenn die Lippen eng zusammengepreßt sind, ist die betreffende Person vermutlich extravertiert und steht dem Leben insgesamt positiv gegenüber. Leicht geöffnete Lippen lassen vermuten, daß dieser Mensch neuen Ideen und Gefühlen gegenüber aufgeschlossen ist. Wenn die Lippen deutlich geöffnet sind, der Mund bereits etwas geöffnet erscheint, könnte dies auf leichte Beeindruckbarkeit und Beeinflußbarkeit hinweisen.

Grundsätzlich gilt:

Ein kleiner Mund weist auf Begriffsstutzigkeit hin.

Ein großer Mund paßt zu einem hohen Amt.

Ein leicht geöffneter Mund läßt auf Einsamkeit schließen.

Schmale Lippen stehen für Armut.

Rote Lippen bedeuten Würde und Wohlstand.

Bläuliche Lippen fürchten Armut im Alter.

Blasse Lippen scheuen den Kontakt mit anderen Menschen.

Lippen, zwischen denen die Zähne sichtbar sind, sind ein Zeichen von Eifer.

Eine volle Unterlippe deutet auf Lüsternheit; eine volle Oberlippe lediglich auf Nachgiebigkeit.

Idealer Mund

Der »perfekte« Mund ist, wie bereits bei anderen Gesichtsmerkmalen erwähnt, selten zu finden. Ein idealer Mund sollte klassisch geformt sein: klar abgegrenzt, mit weder aufwärts noch abwärts zeigenden Mundwinkeln und vollen Lippen, die jedoch nicht so »geschwollen« aussehen, wie bei jenen Frauen, die sich Anfang der 1990er Jahre ihre Lippen durch Einspritzung von Flüssigkeit voller machen ließen). Die Unterlippe sollte nicht voller sein als die Oberlippe an ihrer stärksten Stelle.

Kurzcharakteristik

Der Mund steht ganz besonders in Zusammenhang mit unserer Persönlichkeit, und seine Konturen sagen viel über unsere Libido aus. Der Mund beeinflußt vor allem die Lebensjahre von fünfzig bis zweiundsechzig.

Idealer Mund für diese Form gibt es keine Schlagworte

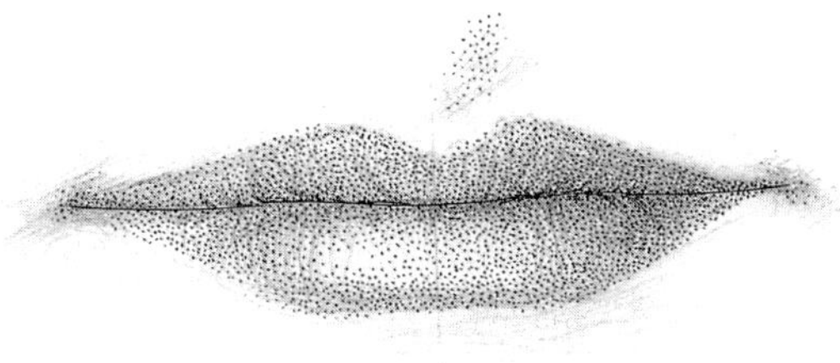

Ebenmäßiger Mund freundlich, offen, verläßlich, unabhängig, warmherzig

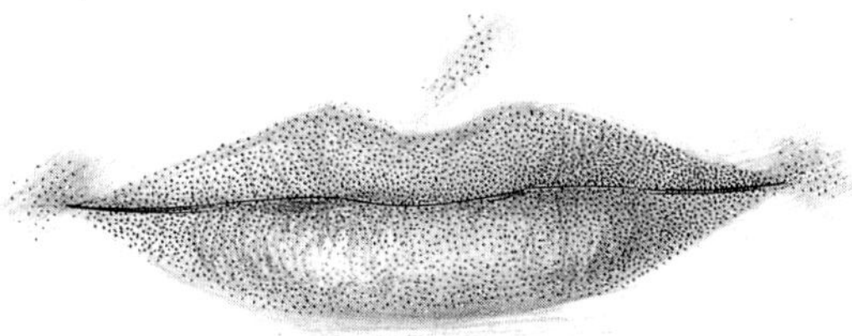

Breiter Mund zuversichtlich, autoritär, menschenfreundlich, rechthaberisch, sarkastisch

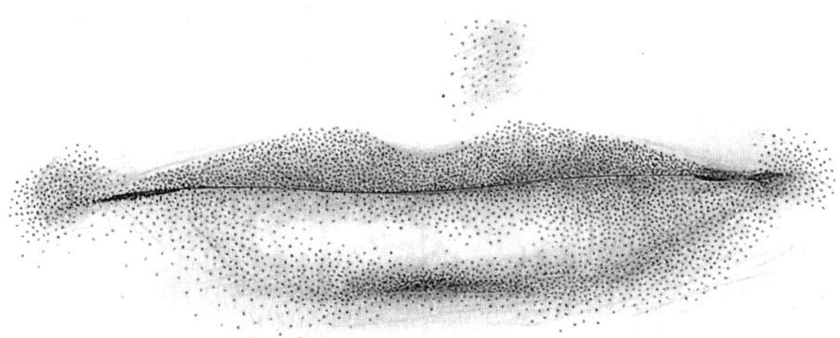

Voller Mund unselbständig, frivol, zügellos, reizbar, ungesellig

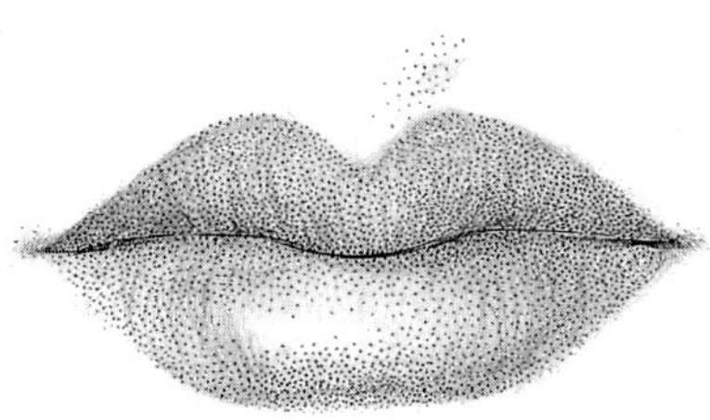

Lächelnder Mund sympathisch, kreativ, rastlos, optimistisch, kokett

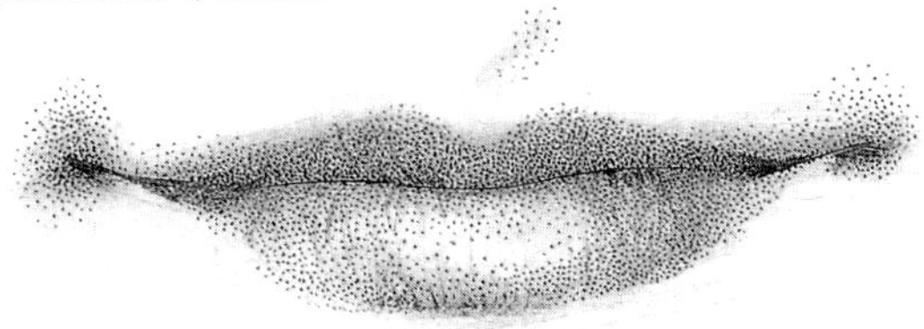

Sorgenvoller Mund finster, melancholisch, unzufrieden, träge, ausschweifend

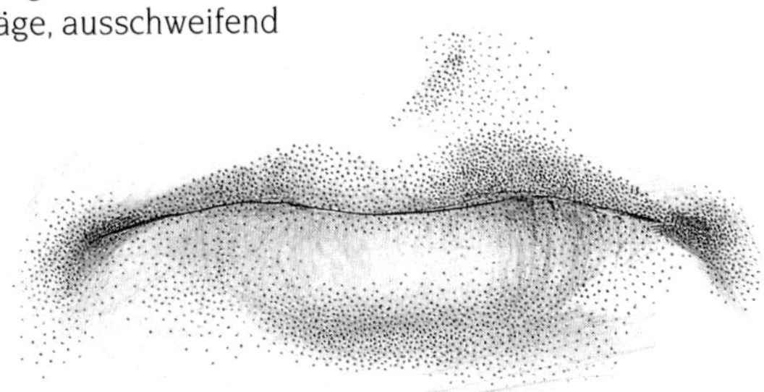

Kirschmund sanft, warmherzig, ernsthaft, künstlerisch, anspruchslos

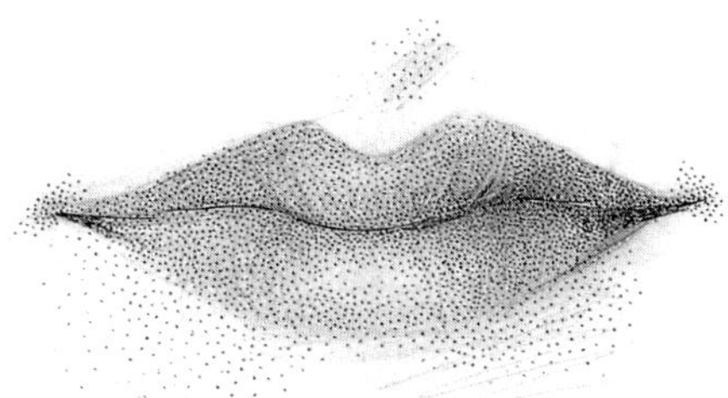

Kleiner Mund selbstgenügsam, entschlossen, kritisch, maßlos, egoistisch

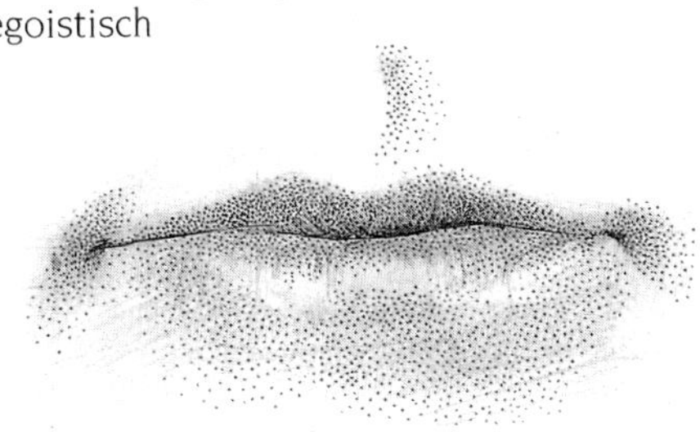

Ebenmässiger Mund

Dieser Mund kommt dem oben genannten Ideal so nahe, wie man es sich bei gewöhnlichen Sterblichen nur vorstellen kann – ein Mund, an dem kaum etwas auszusetzen ist. Die Lippen sind wohlgeformt, und Ober- und Unterlippe sind in etwa gleich dick; die Mundwinkel zeigen weder sichbar auf- noch abwärts.

Solche Menschen sind in der Regel unabhängig, dabei aber emotional aufgeschlossen und großzügig. Sie tun nichts, um ihre Gefühle zu verbergen, und kennen kaum Hemmungen. Das *Yin*, die weibliche Natur des Mundes, ist bei Männern und Frauen gleichermaßen ausgeprägt. Eine besondere Ausprägung dieser femininen Seite macht Männer mit ebenmäßigem Mund zu besonders erfolgreichen Partnern. Selbst Chauvinisten werden keine Probleme haben, ihre Geliebte zu begeistern. Die Frauen sind oft zufriedene und glückliche Hausfrauen.

Menschen mit ebenmäßigem Mund sind extravertiert, aber keineswegs aufdringlich. Sie sind freundlich und offen, gerne in Gesellschaft und normalerweise auch sehr beliebt und gern gesehen. In einer festen Zweierbeziehung fühlen sie sich besonders wohl, und sie sind in der Partnerschaft relativ anspruchslos. Kinder schätzen diesen Typ Eltern außerordentlich, denn obwohl sie Ordnung und Disziplin predigen, sind sie weit eher Freunde als Eltern – und doch immer da, wenn man sie braucht.

Unten: *Ein ebenmäßiger Mund wie dieser spricht für eine positive Grundhaltung: einen Menschen, der das Leben leicht nimmt und jeder Situation etwas Erfreuliches abgewinnen kann.*

Breiter Mund

Menschen mit einem breiten Mund sehen auf den ersten Blick vielleicht etwas zu selbstherrlich aus, um sympathisch zu wirken. Diese Menschen sind rechthaberisch und autoritär und dulden keinerlei Dummheiten. Im Gespräch neigen sie zu sarkastischen und distanzierten Bemerkungen. Wenn sie sprechen, so haben die anderen zuzuhören, ohne sie zu unterbrechen!

Aber sie haben auch eine ganze Reihe positiver Eigenschaften. So sind sie beispielsweise außerordentlich freigebig, und wer an ihr Mitgefühl appelliert, wird von ihrer Großzügigkeit überrascht sein. Da sie sich für die geborenen Führer halten, könnte es sein, daß sie andere durch ihre Rechthaberei verärgern. Zwar widmen sie ihre Zeit großzügig wohltätigen Zwekken, aber sie können sich mit ihrem besserwisserischen

Oben: *Weisen schmale Lippen auf Dickköpfigkeit, so signalisiert ein breiter Mund ungewöhnliche Cleverness – in der Partnerschaft problematisch.*

Rechts: *Besonders wenn die Lippen leicht geöffnet sind, signalisiert ein voller Mund außerordentliche Sinnlichkeit und unverhohlene Freude am Sex.*

Befehlston unbeliebt machen. Sehr oft freilich wissen sie es tatsächlich am besten! Die Konzentriertheit auf ihr Ich macht Menschen mit breitem Mund nicht gerade sehr gefühlvoll, und vielfach fällt es ihnen schwer, ihre Liebe zu zeigen. Leidenschaftlich sind sie nur in seltenen Ausnahmefällen, und in der Regel auch nicht daran interessiert.

Voller Mund

Paradoxerweise findet man diese Mundform, die sich durch auffällig volle Lippen und eine besonders üppige Unterlippe auszeichnet und dadurch extrem sinnlich wirkt, häufig bei Menschen, die bestenfalls zur Frivolität, schlimmstenfalls zu Reizbarkeit und Jähzorn neigen. Diese Menschen machen durch Koketterie auf sich aufmerksam, die weit mehr verspricht als man zu halten bereit ist (oder auch nur vermag).

Diesen Typ treffen wir häufig auf Partys, denn er ist von Natur aus gesellig. Dabei scheint gerade ihm paradoxerweise wirklicher Gemeinschaftssinn abzugehen. Sie genießen es zwar, in Gesellschaft vieler gesehen zu werden und im Mittelpunkt zu stehen, aber gleichzeitig haben sie die Tendenz, sich abseits zu halten und lediglich oberflächlich Konversation zu treiben.

Es ist ganz und gar kein Zufall, daß diese Mundform bei den Filmstars der dreißiger Jahre häufig zu sehen war, denn Menschen mit vollem Mund haben etwas von einem Schauspieler an sich. Sie scheinen stets auf der Bühne zu stehen, selbst wenn man mit ihnen allein ist, und sind in gewissem Sinn von unserer Bewunderung abhängig.

Falls es Sie interessiert, wie diese Menschen sich wohl verhalten, wenn sie allein sind, können Sie ganz beruhigt sein: Sie verhalten sich dann nicht einen Deut anders als in Gesellschaft!

Lächelnder Mund

Beim lächelnden Mund sind die Lippen von Natur aus an den Mundwinkeln leicht nach oben gezogen, so daß es aussieht, als würde ein permanentes Lächeln sie umspielen. Diese Mundform vermittelt den Eindruck von Freude und Optimismus, und das ist bis zu einem gewissen Grade (vor allem wenn die Einbuchtung in der Mitte der Oberlippe deutlich ausgeprägt ist) auch tatsächlich der Fall. Menschen mit lächelnden Lippen flirten gerne, und da sich fast jeder von positiven und glücklichen Menschen angezogen fühlt, bleiben sie

Unten: *Paßt ein lächelnder Mund wie dieser zu einem depressiven, phlegmatischen Menschen? Kaum vorstellbar, aber zuweilen kommen solche Widersprüche tatsächlich vor. Die anderen Gesichtszüge lassen keine andere Deutung zu.*

auch nie lange allein. Größeren Schaden richten sie damit freilich kaum an, denn Menschen mit einem lächelnden Mund sind normalerweise viel zu nett, um sich als Herzensbrecher zu betätigen.

Hier haben wir einen kreativen Menschentyp, dessen positive Einstellung ihm den Lebensweg zu vereinfachen scheint. Die einzige Schwierigkeit stellt ein Hang zur Rastlosigkeit dar, der unter Umständen (sofern nicht andere Gesichtszüge Gegenteiliges aussagen) darin gipfelt, daß kaum etwas zu Ende geführt wird und vieles halbfertig auf der Strecke bleibt.

Diese Menschen nehmen das Leben leicht. Sie brüten nicht über ihren Problemen und werden sich auch anderer Leute wegen keine grauen Haare wachsen lassen. Wenn Sie Unterhaltung suchen oder Aufmunterung brauchen, sind Sie bei ihnen richtig.

Sorgenvoller Mund

Hier haben wir das Gegenteil eines lächelnden Mundes. Die Lippen sind an den Mundwinkeln nach unten gezogen, so daß sie immer sorgenvoll aussehen. Man gewinnt den Eindruck, daß diese Menschen gramgebeugt durchs Leben gehen. Das belastet die ganze Umgebung, weil es eine pessimistische Stimmung verbreiten kann. Andere Gesichtszüge können dieses Merkmal mildern; doch werden Menschen mit dieser Mundform – der chinesischen Auslegung nach – diverse Züge besitzen, die ihnen das Leben schwermachen: quälende Unzufriedenheit, verbitterte Entschlossenheit, sich nicht zu amüsieren, eine angeborene Lethargie, die alle Energie aufsaugt und den zum Auf-

Unten: *Ein sorgenvoller Mund sollte nur dann negativ beurteilt werden, wenn kein anderer Gesichtszug etwas Positives aussagt und das Gesicht als ganzes eindeutig melancholisch wirkt.*

bau einer Karriere unumgänglichen Enthusiasmus in den Anfängen erstickt. Dazu gesellt sich zuweilen noch eine Lüsternheit, die dazu führt, daß sich mögliche Partner eher sexuell bedrängt als umworben fühlen.

Wie es mit den positiven Aspekten aussieht? Entschlossenheit, Zielsicherheit und eine Sinnlichkeit, die unter glücklichen Bedingungen zur Erfüllung führt. Im großen und ganzen jedoch haben wir hier einen unglücklichen Menschen, und leider läßt sich ein sorgenvoller Mund nicht so leicht verändern.

Kirschmund

Den »Kirschmund« haben viele Dichter besungen, und wirklich sind so geformte Lippen ganz besonders attraktiv; sie scheinen Freundschaft, vielleicht sogar Liebe zu versprechen, wirken warm und einladend.

Menschen mit Kirschmund (auch hier gibt es wesentlich mehr Frauen als Männer) sind warmherzig, sanft und ernsthaft, und sie werden mit großer Wahrscheinlichkeit viel eher ein ruhiges Leben führen als große Abenteuer erleben. Doch können sie überraschende künstlerische Fähigkeiten entwickeln, wenn auch mehr im kunstgewerblichen Bereich als in den Bildenden Künsten: Hier haben wir die unermüdlichen Strickerinnen, Holzschnitzer und Sonntagsmaler.

Gefühlsmäßig sind diese Menschen offen und aufrichtig. Menschen mit Kirschmund sind nicht sonderlich experimentierfreudig und auch keine großen Enthusiasten, aber sie sind warme und zärtliche Liebhaber. Bei Männern mit dieser Mundform ist die weibliche Seite des Charakters besonders ausgeprägt, und sie können viel Zärtlichkeit schenken.

Vielleicht läßt diese Beschreibung das Bild einer etwas langweiligen Persönlichkeit entstehen, und wirklich wird man kaum einen Menschen mit Kirschmund finden, der die Welt verändern will. Aber sie machen uns anderen das Dasein auf diesem Planeten ein bißchen einfacher und schöner.

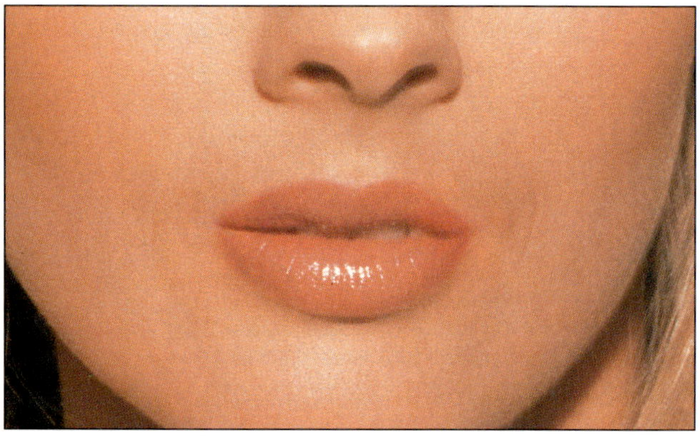

Oben: *Der chinesischen Lehre zufolge haben Frauen mit Kirschmund große Chancen, sich erfolgreich zu verheiraten. Männer mit dieser Mundform führen ein abwechslungsreiches Liebesleben. Sie bleiben dagegen häufig unverheiratet oder binden sich erst im fortgeschrittenen Lebensalter.*

Kleiner Mund

Willensstark und unabhängig sind diese Menschen, die es vor allem beruflich oft sehr weit bringen. Leider birgt ein im Verhältnis zum ganzen Gesicht kleiner Mund die Möglichkeit, daß diese positiven Züge von weniger vorteilhaften überlagert werden: der Neigung zum Überkritischen, zum Egoismus und zur Selbstherrlichkeit, um nur einige zu nennen.

Und dabei gilt: je kleiner der Mund, desto größer die Wahrscheinlichkeit, daß diese Eigenschaften sich durchsetzen.

Darüber hinaus könnte die Unabhängigkeit so stark ausgeprägt sein, daß sie diesen Menschentyp zum Einzelgänger macht, der die Gesellschaft meidet und ein Telefongespräch der persönlichen Unterhaltung vorziehen wird. Freundschaften zu schließen fällt solchen Menschen entsprechend schwer.

Links: *Ein kleiner Mund signalisiert meist großen sexuellen Appetit. Der Mund ist ein Fluß, achten Sie also darauf, ob er feucht wirkt; trockene Lippen könnten ein Zeichen für Gefühlskälte sein.*

Eine weitere Schwierigkeit ergibt sich aus der Tendenz, andere zu kritisieren und, was noch schlimmer ist, diese Kritik zu offen und geradezu taktlos zum Ausdruck zu bringen.

Menschen mit besonders kleinem Mund haben oft überdurchschnittlich großen Appetit – sowohl auf Essen als auch auf Sex. Maßlosigkeit im ersten kann den Spaß am zweiten beeinträchtigen, denn jeder gutaussehende Mensch wird durch Übergewicht unattraktiv und lustlos.

In Verbindung mit der Tendenz, sich selbst die liebste Gesellschaft zu sein, kann dieser Zug manchmal zu einer Realitätsflucht führen, die auch auf andere Lebensbereiche übergreift.

Weitere Mundformen

Der Drachen-Mund weist auf einen ausgeglichenen und direkten Charakter hin. Es ist ein länglicher, durchaus wohlgeformter Mund, der an den Mundwinkeln etwas eckig wirkt.

Der Tiger-Mund soll in seiner typischsten Form so groß sein, daß der betreffende Mensch die Faust hineinstecken kann – was mehr über die Größe chinesischer Fäuste als europäischer Münder aussagt. Ein Mensch mit Tiger-Mund soll Reichtum und ein langes Leben genießen.

Der Ochsen-Mund ist groß, mit volleren und geraderen Lippen als der Tiger-Mund. Diese Menschen sind gesellig, liebevoll und ruhig und führen ein ausgefülltes Leben.

Oben: *Einen Drachen-, Tiger- oder Ochsen-Mund erkennt man leicht – im Gegensatz zu den Sonderformen anderer Gesichtszüge. Dieser Mund weist sich anhand seiner Größe und Vollheit sofort als Ochsen-Mund aus.*

Ohren

Bei Kindern (*siehe die Seiten 20 f.*) stehen die Ohren für den Verlauf der ersten dreizehn Lebensjahre; bei Erwachsenen repräsentieren sie die Art und Weise, in der frühe Erlebnisse dazu beitragen, unseren Charakter und unsere Leistungsfähigkeit positiv zu entwickeln.

Betrachten Sie als erstes die Größe der Ohren. Allgemein gilt: je größer, desto besser – solange Form und Proportionen stimmen. Große, gutgeformte Ohren wären am besten, sie versprechen Intelligenz und ein langes Leben.

Abstehende Ohren sind eher ungünstig, da sie ein gewisses Maß an Nutzlosigkeit mit sich bringen. Kleine Ohren können auch positiv sein, da sie in der Regel eine gute Erziehung und vorteilhafte Bedingungen in der Kindheit bedeuten.

Die Lage der Ohren ist wichtig. Wenn ihr oberer Rand über der Oberkante der Augenbrauen liegt, wird der Betreffende schon in jungen Jahren Erfolg haben; liegt er auf gleicher Höhe mit dem Zwischenraum zwischen Braue und äußerem Augenwinkel, steht gleichfalls Erfolg bevor, aber erst in den mittleren Lebensjahren. Wenn der oberen Ohrrand auf gleicher Höhe mit den Augenwinkeln oder darunter liegt, wird die betreffende Person geringe kreative Fähigkeiten besitzen und – wenn überhaupt – nur im Schlepptau anderer erfolgreich sein.

Eng anliegende Ohren deuten auf eine nachdenkliche, vorsichtige, manchmal auch übertrieben umsichtige Person mit geringer Energie und gleichfalls geringem Ehrgeiz hin. Vorstehende Ohren zeigen eine Unfähigkeit zur Konzentration und möglicherweise auch sexuelle Promiskuität an.

Die Form des Ohres an sich ist recht komplex, aber mit etwas Übung dürfte es Ihnen leichtfallen, sie in eine der oben genannten Kategorien einzuordnen. Das Ohr besteht aus verschiedenen Teilen; die äußere Muschel sollte im Idealfall einen freien, gutgeformten Bogen beschreiben, was die Chinesen mit Weisheit, Mitgefühl und Kraft assoziieren. Wenn sie dünn und knochig wirkt, läßt das auf Egoismus und im Extremfall auf Frigidität schließen.

Ist die äußere Ohrmuschel dagegen fleischig, zeigt das eine Vorliebe für Luxus und sinnliche Extravaganzen, vielleicht sogar einen Hang zu Ausschweifungen. Jeder Bruch in der Form der äußeren Muschel deutet auf Unzufriedenheit und Gleichgültigkeit anderen Menschen gegenüber. Die innere Muschel zeigt die Veranlagung des Menschen: je fester und stärker die Form, desto stärker der Charakter.

Das Ohrläppchen wird mit Weisheit in Zusammenhang gebracht: je länger das Ohrläppchen, desto weiser der Mensch. Fehlende Ohrläppchen sollen auf einen Mangel an Tiefsinnigkeit, eine gewisse Oberflächlichkeit hinweisen. Angewachsene Ohrläppchen stehen für Abenteuerlust, aber auch für Egoismus, der die Bedürfnisse von Freunden und Verwandten schlichtweg ignoriert.

Grundsätzlich gilt:

Je länger die Ohren, desto nobler der Mensch.

Kleine, runzelige, vorstehende Ohren deuten auf kriminelle Züge hin.

Menschen mit Ohren, die bis über die Augenbrauen reichen, werden nie Not leiden.

Rote Ohrläppchen weisen auf ein hohes Amt.

Dünne Ohren implizieren Armut.

Spitze Ohren verheißen Unglück aufgrund eigener Fehlleistungen.

Bläuliche oder schwärzliche Ohren deuten auf Unsicherheit im Leben hin.

Ideale Ohren

Das menschliche Ohr ist so kompliziert geformt, daß es schwierig ist, gültige ästhetische Kriterien aufzustellen oder gar die Idealform zu beschreiben. Als allgemeine Richtlinie gilt, daß der äußere Rand gefällig gebogen und nicht zu dick sein sollte. Die innere Muschel sollte wohlgerundet, weder zu flach noch zu vorstehend sein, das Ohrläppchen wohlproportioniert und nicht angewachsen.

Kurzcharakteristik

Die Ohren sind vor allem deshalb wichtig, weil sie bei Kindern die vorpubertären Jahre repräsentieren. Bei Erwachsenen zeigen sie, wie sehr Kindheitserlebnisse und Umwelteinflüsse auch unsere reiferen Jahre prägen.

Ideale Ohren für diese Form gibt es keine Schlagworte

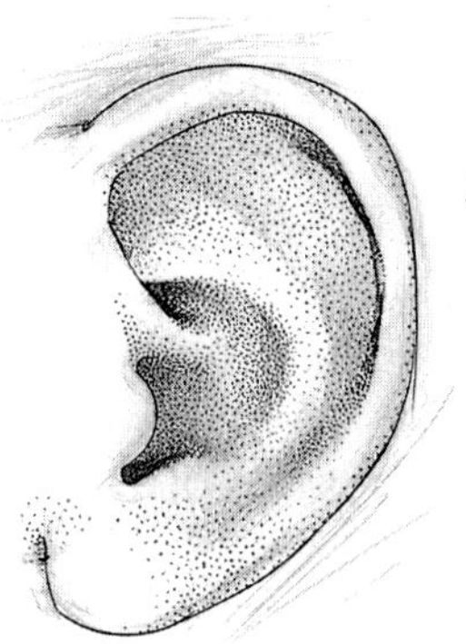

Große Ohren extravertiert, freundlich, klug, geschickt, großzügig

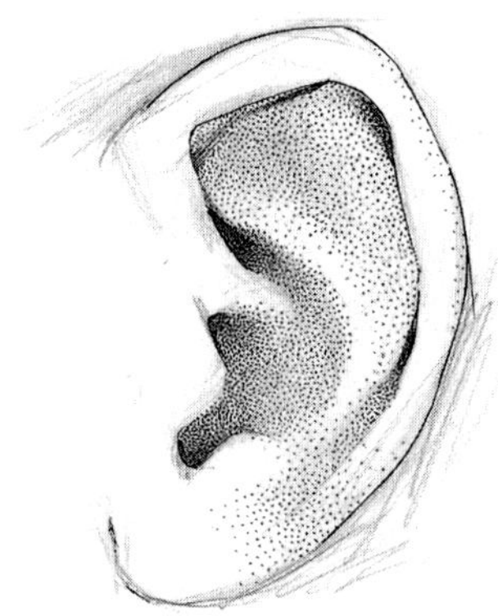

Kleine, elegante Ohren kreativ, vorsichtig, sinnlich, musikalisch, perfektionistisch

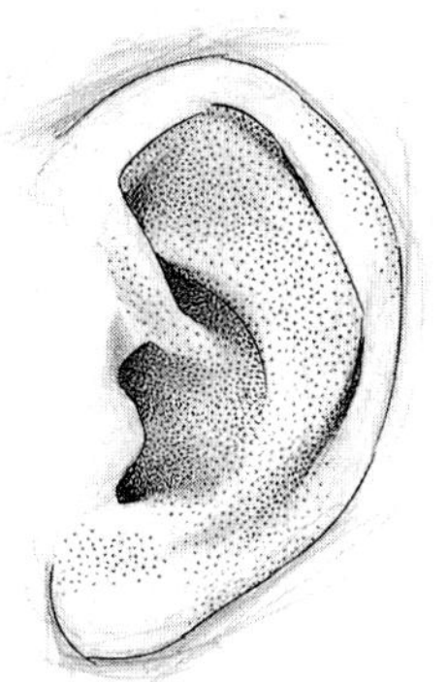

Muschelförmige Ohren einfühlsam, gesprächig, theatralisch, unbeständig, oberflächlich

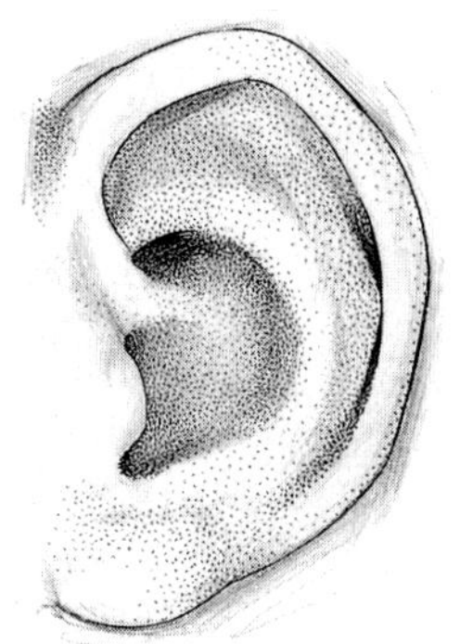

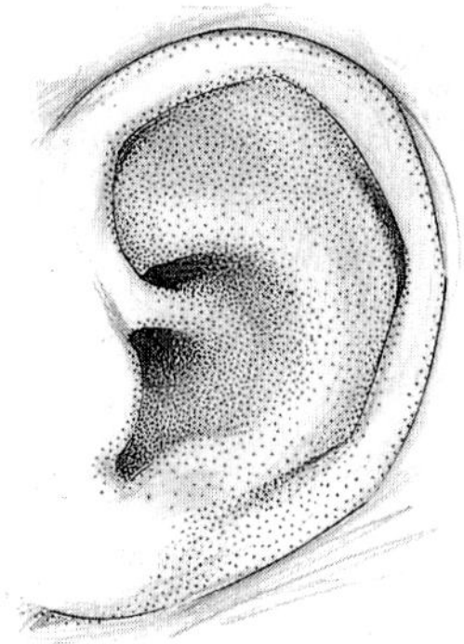

Runde Ohren ohne Ohrläppchen unverwüstlich, fröhlich, freundlich, positiv, überzeugend

Spitze Ohren abenteuerlustig, gewandt, gesellig, originell, sinnlich

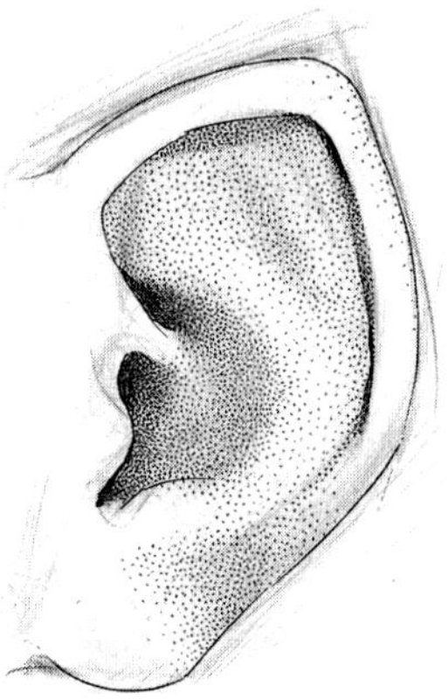

Große Ohren mit ausgeprägtem Innenrand modern, modisch, künstlerisch, gesellig, bezaubernd

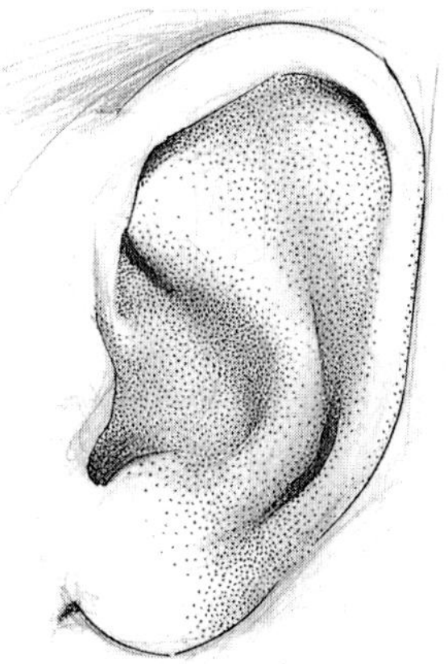

Große Ohren mit langen Ohrläppchen gelehrt, vergeistigt, weise, nachdenklich, intellektuell

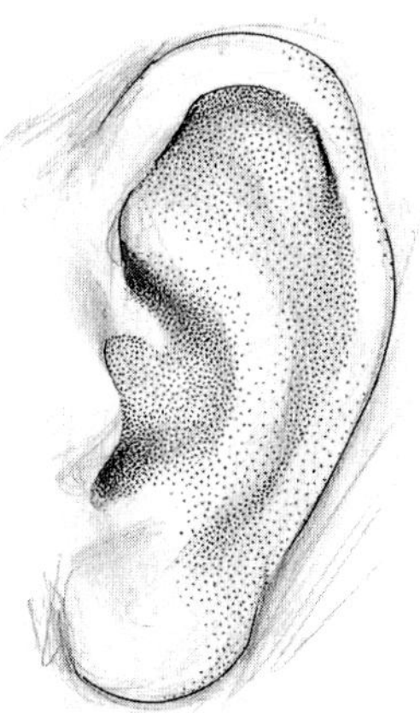

GROSSE OHREN

Große Ohren lassen auf viele exzellente Eigenschaften schließen, so die Fähigkeit, aus allem das Beste zu machen. Sie sind bei beiden Geschlechtern positiv, vor allem zeugen sie von ausgezeichnetem Geschäftssinn. Selbständige werden besonders geschickt taktieren, und obwohl sie gut verdienen wollen, werden sie auch darauf achten, daß ihre Auftraggeber/Kunden gut und fair bedient werden. Menschen mit großen Ohren besitzen die Fähigkeit, selbst die kompliziertesten Situationen rasch einschätzen zu können, und sie sind auch schnell von Entschluß. Nun sind diese Eigenschaften in jedem Lebensbereich von Vorteil, doch erweisen sie sich im Beruf als besonders nützlich.

Unten: *Der chinesischen Lehre nach sind große Ohren glückbringend, weil das Ohr in der Form einem Fetus ähnelt, und je größer dieser ist, desto besser, heißt es.*

Hier haben wir extravertierte Menschen, die direkt, unkompliziert und gegen Freunde und Familie stets großzügig und freundlich sind. In der Regel haben sie eine gute Erziehung genossen, so daß diese positiven Eigenschaften auch ganz ungezwungen zutage treten.

Menschen mit großen Ohren wecken Vertrauen, und das zu Recht. Sie sind immer beliebt, ihre natürliche Extravertiertheit ist ansteckend, und sie können weniger positiv eingestellten Mitmenschen viel Unterstützung gewähren und Zuversicht vermitteln. Sie sind ausgesprochen vital und überschwenglich, meiden aber unnötige Risiken jeder Art und haben deshalb eine hohe Lebenserwartung.

Generell erfreuen sie sich guter Gesundheit und brauchen keinen größeren Anstoß, um Sport zu treiben und sich gesund zu ernähren. »Alles in Maßen« könnte ihr Motto lauten.

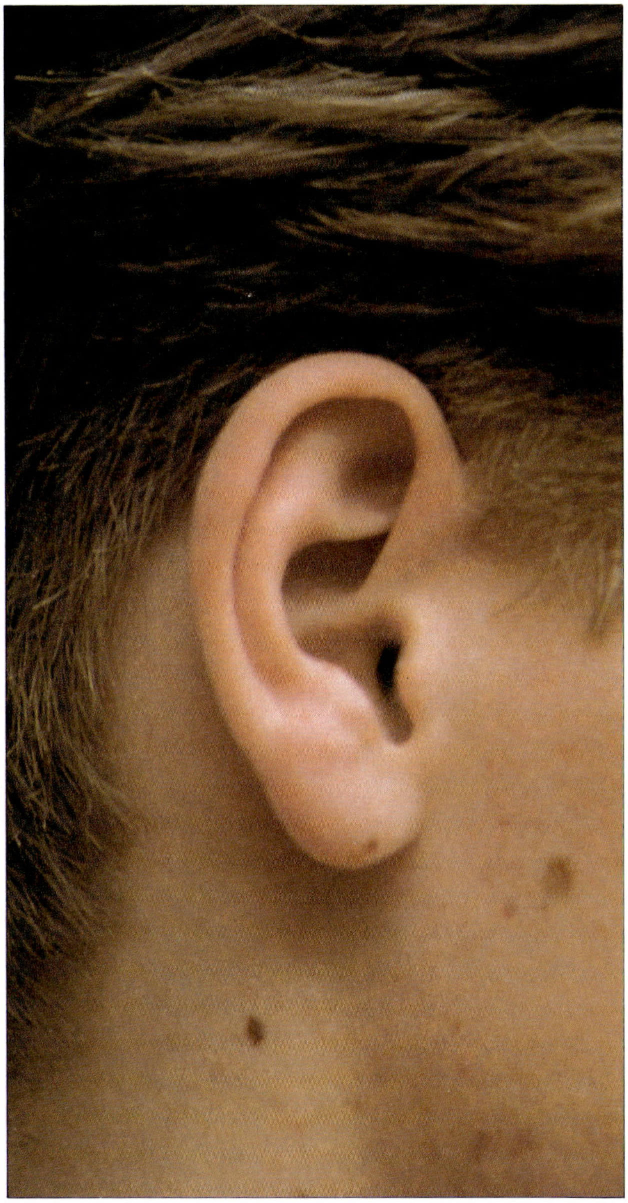

Kleine, elegante Ohren

Viele sehr kreative Menschen haben kleine, wohlgeformte Ohren. Sie besitzen ein ausgezeichnetes Organisationstalent und viel Selbstdisziplin; folglich schöpfen sie ihre Fähigkeiten voll aus und genießen nach hohem Arbeitsaufwand schließlich Erfolg und innere Zufriedenheit. Es sind sehr selbstkritische Perfektionisten, die zuweilen dazu neigen, ihre eigenen Verdienste zu unterschätzen, weil sie stets nach dem ultimativen Beweis ihrer Fähigkeiten suchen.

Um sich wohl zu fühlen, brauchen Menschen mit kleinen, eleganten Ohren sowohl emotionale als auch finanzielle Sicherheit. Wenn sie diese gefunden haben, werden sie sich ganz und gar der Förderung ihrer eigenen Talente widmen.

Es sind sinnliche Menschen, die mit ihren Gefühlen nicht geizen, sondern beachtliche Leidenschaftlichkeit und Warmherzigkeit entwickeln, sobald sie wissen, woran sie mit ihrem oder ihrer Liebsten sind. Diese Menschen fangen jede (Liebes-)Beziehung mit einer gehörigen Portion Skepsis an. Sie neigen zum Konventionellen und sind nicht gerade experimentierfreudig. Originalität gehört folglich nicht zu ihren kreativen Stärken. Unkonventionellem wird nach Möglichkeit – gerade im Privatleben – aus dem Weg gegangen. Sie zielen auf eine rechtlich gefestigte Bindung hin, wie auch ihre Kunst klassischen Vorbildern verhaftet ist und – ganz unabhängig von der gewählten Kunstrichtung (es könnte sehr gut die Musik sein) – kaum vom Erprobten abweichen wird.

Links: *Obwohl große Ohren mehr Glück verheißen sollen, lassen kleine Ohren wie diese auf positive Eigenschaften schließen. Besonders erwähnenswert sind hier (vor allem in Verbindung mit einer eleganten Ohrform) ein glückliches Familienleben und Unterstützung durch Eltern und Geschwister.*

Muschelförmige Ohren

Hier haben wir lebhafte, gesprächige Menschen, die sehr freundlich, mitteilsam und außerordentlich gesellig sind. Vielleicht erinnern sie ein wenig an einen bunten Schmetterling, der von Party zu Party, von einem gesellschaftlichen Ereignis zum nächsten flattert und überall den neuesten Klatsch und oberflächliches Geplänkel genießt. Diese Menschen sind stets hilfsbereit und stehen Freunden, Verwandten und allen Lieben gerne mit Rat und Tat zur Seite, auch wenn es um komplizierte Probleme geht. Alles, was neu ist, fasziniert sie: neue Bekanntschaften, neue Stilrichtungen, das neueste »In«-Restaurant und der letzte Schrei in der Mode.

Sie sind unbeständig, etwas oberflächlich, werden dazu neigen, immer mehrere Dinge auf einmal zu tun, und sollten deshalb darauf achten, daß sie ihren Aufstieg nicht durch Hudelei selbst gefährden. Wenn sie einmal erkannt haben, daß sie viel Abwechslung brauchen (das spornt sie an), und wenn sie nicht nachlassen, sich um Beständigkeit zu bemühen, werden sie eines Tages ihre innere Ruhe finden und das Beste aus ihren vielen exzellenten Anlagen machen können.

Menschen mit muschelförmigen Ohren sind gute Vermittler und auch ausgesprochen einfühlsam. Diese Eigenschaften lassen sich sowohl im Privat- als auch im Berufsleben gewinnbringend nutzen. Ihr lebhafter,

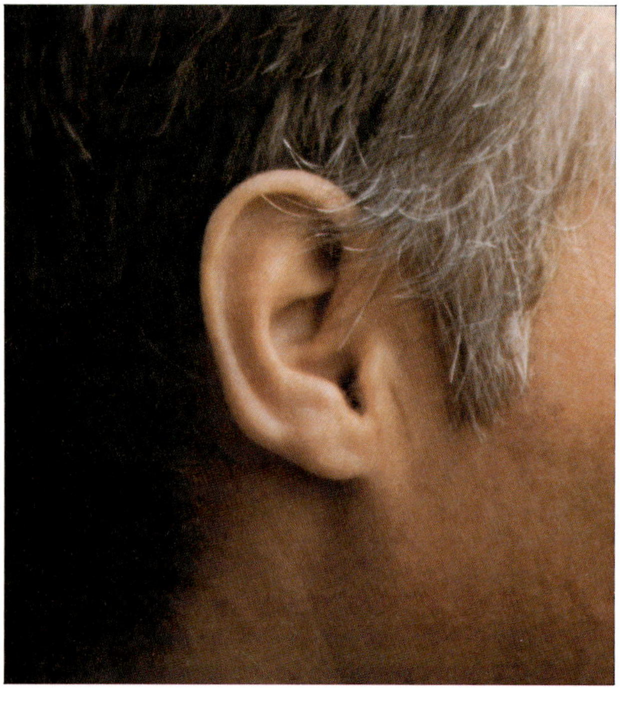

Oben: Muschelförmige Ohren lassen sich schwer beschreiben. Die innere Muschel sollte etwas vorstehen und sehr ausgeprägt sein.

Links: Die Haut der Ohren sollte etwas blasser als das restliche Gesicht sein, wie es bei diesen runden Ohren ohne Ohrläppchen der Fall ist. Rote Ohren lassen auf Hemmungslosigkeit schließen.

klarer Charakter spricht jeden an, doch manchmal schießen sie über das Ziel hinaus und geben sich ein bißchen zu theatralisch. Daß es ihnen ums Gesehenwerden geht, zeigt sich häufig auch an ihrer Wohnung, wo sie gerne üppige Partys abhalten und ihr Bestes geben, damit alle Gäste sich gut amüsieren.

Runde Ohren ohne Ohrläppchen

Dies sind freundliche, beredte Menschen, die alle Rückschläge gut zu verkraften scheinen und wie ein Stehaufmännchen einfach nicht unterzukriegen sind. Dabei würden sie sich selbst vermutlich als Glückskinder bezeichnen. Sie sind immer fröhlich und positiv eingestellt, echte Optimisten, die mit Leuten, die überall nur Unglück und Trübsinn sehen, einfach nichts anzufangen wissen. Sie sind sehr anpassungsfähig, und wenn sie mit – aufoktroyierten oder selbst initiierten – Veränderungen konfrontiert werden, nehmen sie diese stets als aufregende Herausforderung an. Wenn alles in Bewegung ist, ist ihnen das nur recht, und viele von ihnen würden dem Sprichwort zustimmen, daß die Kirschen in Nachbars Garten immer viel süßer sind.

Dieser Menschentyp gibt nicht besonders viel auf Sicherheit und nimmt das Leben eigentlich immer so, wie es gerade kommt. Höhen und Tiefen werden mit Gelassenheit und Optimismus hingenommen. Menschen mit runden Ohren ohne Ohrläppchen sind unkomplizierte Lebensgefährten, da sie dazu neigen, sich den Wünschen ihres oder ihrer Liebsten einfach anzuschließen. Normalerweise sind sie nicht sonderlich ehrgeizig und verfolgen auch keine langfristigen Pläne. Statt dessen »schwimmen sie mit dem Strom« und genießen jede glückliche Strömung, der sie begegnen.

Diese Menschen sollten ihre oft übertrieben idealistische Lebenseinstellung bisweilen überdenken, da diese Grund für mangelnde Umsicht sein kann. Eine gewisse Naivität kann zu Enttäuschungen im mittleren Lebensalter führen, vor allem was die Karriere betrifft. Sie sind ausgesprochen freundlich und gelten als angenehme Gesellschaft, und da sie in der Regel bei Freunden und Kollegen sehr beliebt sind, stehen sie eigentlich nie allein.

Spitze Ohren

Diese Ohrenform birgt im Grunde eine Reihe ungünstiger Charaktereigenschaften. Zwar verleihen spitze Ohren ihren Besitzern eine Menge Charme, sie versprechen weder Vertauenswürdigkeit noch Zuverlässigkeit. Sofern also nicht andere Gesichtszüge Gegenteiliges aussagen, werden diese Menschen dazu neigen, Situationen und Fakten zu ihrem Vorteil auszulegen und ihre Mitmenschen auszunutzen. Hier haben wir einen egoistischen Charakter, der seine eigenen Interessen geschickt zu verbergen weiß. Schönrederei und ausbeuterischer Charme helfen ihm bei der Verfolgung seiner Ziele. Solche Menschen sind mit Vorsicht zu genießen, denn sie haben die Tendenz, die Freundlichkeit und Gutmütigkeit anderer rücksichtslos auszunützen.

Bei einem überdurchschnittlich hohen Prozentsatz spitzohriger Menschen findet sich die Leidenschaft zum Glücksspiel, denn sie lieben das Risiko. Und wenn sie nicht ihr eigenes Vermögen setzen müssen, ist es ihnen noch lieber.

Allerdings muß gesagt werden, daß alle genannten

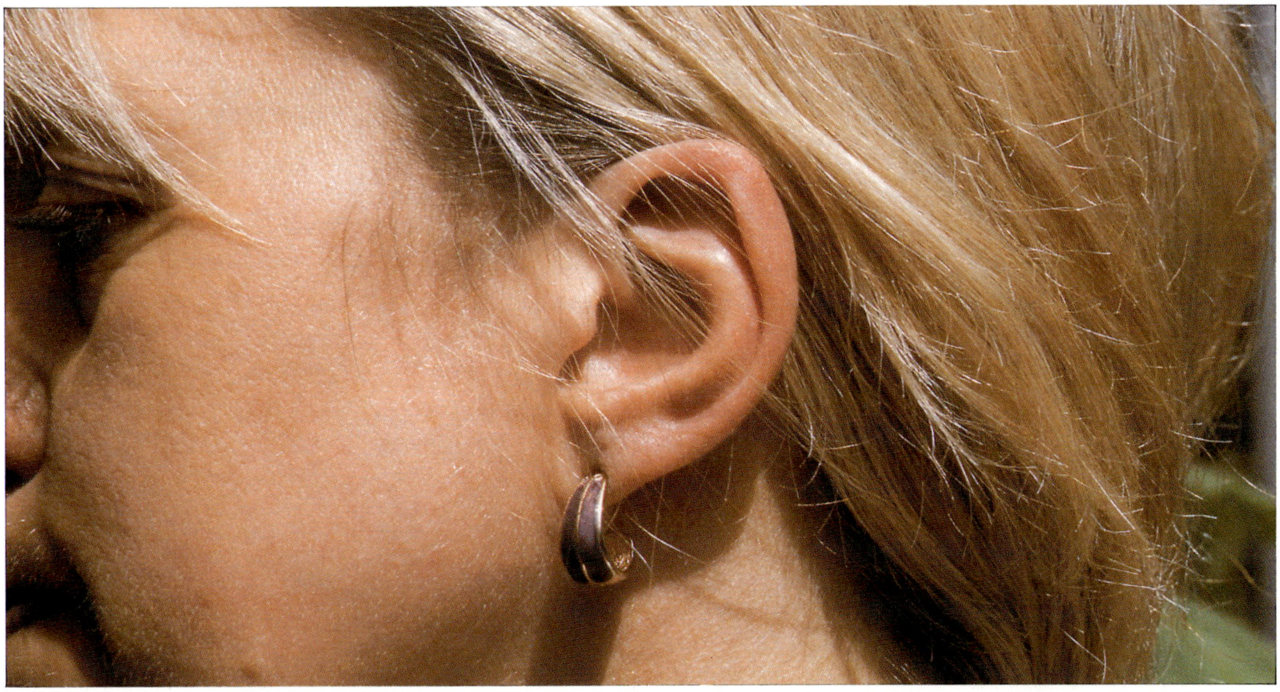

Unten: *Ein Mangel an Mitgefühl gehört zu den auffälligsten Charakterzügen von Menschen mit spitzen Ohren. Diesen Ohrentyp erkennt man leicht, denn die Spitze ist deutlich ausgeprägt.*

Eigenschaften ein hohes Maß an Intelligenz bezeugen, und wenn sie in positive Bahnen gelenkt werden, können die Betreffenden sehr clevere, erfolgreiche Geschäftsleute werden.

Darüber hinaus sind sie sehr einfallsreiche, originelle Persönlichkeiten, und sie haben die Fähigkeit, eine Situation unglaublich rasch einzuschätzen. Wenn wir diesen Menschen stets einen Schritt voraus bleiben und sie positiv beeinflussen können, wird dies zum Nutzen aller Beteiligten sein.

Spitze Ohren zeugen normalerweise von Sinnlichkeit. Nehmen wir Geselligkeit dazu, resultieren daraus Koketterie und eine Vorliebe fürs Flirten. Schlimmer noch ist jedoch ihre Launenhaftigkeit, die unbedingt im Zaum gehalten werden muß, wenn eine ernste und dauerhafte Beziehung angestrebt wird.

Grosse Ohren mit ausgeprägter Innenmuschel

Diese Ohrenform deutet auf einige aufregende und betörende Eigenschaften hin, denn sie gehört zu Menschen, die ein ausgesprochen ausgefülltes Leben führen, jede neue Erfahrung leidenschaftlich begrüßen. Sie sind unkonventionell, gesellig, sie fallen auf, sind oft berühmt, manchmal auch berüchtigt und normalerweise außerordentlich erfolgreich. Meist sind sie sehr modisch – zuweilen sogar ein wenig zu trendorientiert.

Sie neigen dazu, alles zu übertreiben. Maßhalten ist für sie ein Fremdwort. Sie haben stürmische Liebesaffären und lieben leidenschaftlich und sehr tief. Gelegentlich wandeln sich diese Gefühle in Haß, und so kommt es vor, daß Menschen mit dieser Ohrenform später auf eine lange Reihe ehemaliger Partner zurückblicken können.

Interessanterweise ist dieser Menschenschlag oft sehr kreativ, wobei die Kreativität sich hier, wie zu erwarten, auf die glanz- und ruhmvolleren Künste ver-

Unten: *Die Innenmuschel des Ohres hängt mit dem Temperament des Menschen ebenso zusammen wie mit seiner allgemeinen Lebenseinstellung. Je weiter sie vorsteht, desto extravertierter wird die betreffende Person sein.*

legt: Mode, Fotografie und natürlich Film und Theater. Diverse berühmte, halb-berüchtigte Filmstars haben große Ohren mit ausgeprägter Innenmuschel, denn damit sind häufig echtes Talent und Starallüren verbunden.

Eltern, deren Kinder diese etwas ungewöhnliche Ohrenform haben, werden vermutlich wissen, daß ihr Nachwuchs einen Hang zum Angeben hat. Diese Neigung sollte sorgsam überwacht werden: Mäßig strenge Disziplin wird dazu beitragen, den Charakter zu festigen und dem Kind helfen, später im Erwachsenenalter den Hang zur Selbstherrlichkeit und Wirklichkeitsflucht besser zu beherrschen.

Grosse Ohren mit langen Ohrläppchen

Hier haben wir die Gelehrten, die Philosophen und Denker – Menschen, die nach Wissen streben, und deren Weisheit ihnen und anderen zum Wohle gereicht. Sie besitzen einen angeborenen Gerichtigkeitssinn und sind äußerst nachdenklich. Kinder mit dieser Ohrenform gelten häufig als altklug. Hier liegt ein beträchtliches intellektuelles Potential, und man sollte es durch optimale Ausbildung (Universität o. ä.) fördern. Häufig findet sich ein ausgeprägtes Interesse an spirituellen Dingen.

Diese Menschen brauchen geistige Anforderungen, um ihren Verstand zu schulen, und dürfen sich keine intellektuelle Stagnation erlauben. Wenn sie beispielsweise aus finanziellen Gründen einen langweiligen, eintönigen Beruf ausüben, sollten sie das unbedingt durch ein Abendstudium oder Kurse an der Volkshochschule ausgleichen. Sie sind ewige Studenten, ständig bemüht, ihr Wissen zu mehren und gegebenenfalls globale Problemstellungen aufzugreifen.

Manchmal kann es geschehen, daß sie zwar ihren Geist üben, darüber aber die Gesundheit vergessen und ihren Körper vernachlässigen. Sie haben die Anlage für ein langes Leben, aber der Aufenthalt in dunklen Räumen und staubigen Bibliotheken ist nicht gerade gesundheistfördernd, weshalb sie sich zu regelmäßiger Bewegung an der frischen Luft notfalls zwingen sollten.

Durch eine Veröffentlichung ihrer oft wichtigen Erkenntnisse belohnen sie sich und bereichern ihre Umwelt.

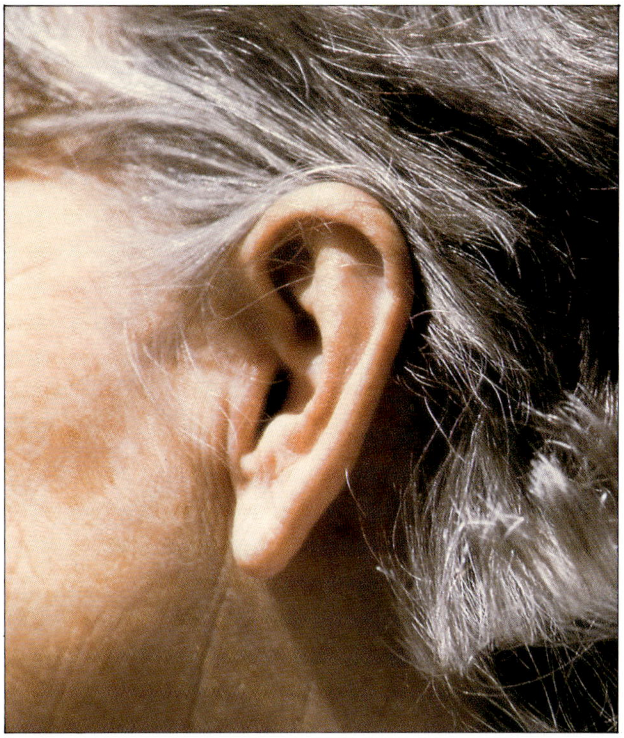

Oben: *Je größer das Ohrläppchen, desto glücklicher wird der Mensch – sagen chinesische Gesichtsdeuter. Ein dünnes Ohrläppchen soll Kraftlosigkeit und Mangel an Durchsetzungsvermögen bedeuten. Im Gegensatz zum restlichen Ohr sollte das Ohrläppchen eine gesunde, rosige Farbe haben.*

Beispiele zur Gesichtsdeutung

Die Kurzinterpretationen auf den folgenden Seiten basieren ausschließlich auf den bisher besprochenen Gesichtszügen. Wenn Sie das Buch zu Ende gelesen haben, können Sie zu diesen Bildern zurückblättern und die anderen Gesichtszüge studieren, um noch mehr über den Charakter der Personen zu erfahren.

Bei dem Versuch, die Gesichter von Berühmtheiten zu deuten, wird man mit zwei wesentlichen Schwierigkeiten konfrontiert. Die erste besteht darin, daß wir uns von den meisten Zelebriäten bereits ein (unbewußtes) Charakterbild gemacht haben. Wir glauben, sie zu *kennen*, kennen dabei aber nur das Image, das sie sich für die Öffentlichkeit zugelegt haben. Ihr Gesicht und dessen Eigenarten verraten vermutlich mehr über ihr wahres Wesen als die publicitywirksamen Bilder!

Zum zweiten sind wir gezwungen, unsere Analyse auf Photographien aufzubauen, die oft wichtige Gesichtszüge ausklammern und nur einen Gesichtsausdruck zeigen. Dies kann bedeuten, daß ein Merkmal vielleicht völlig verzerrt dargestellt ist.

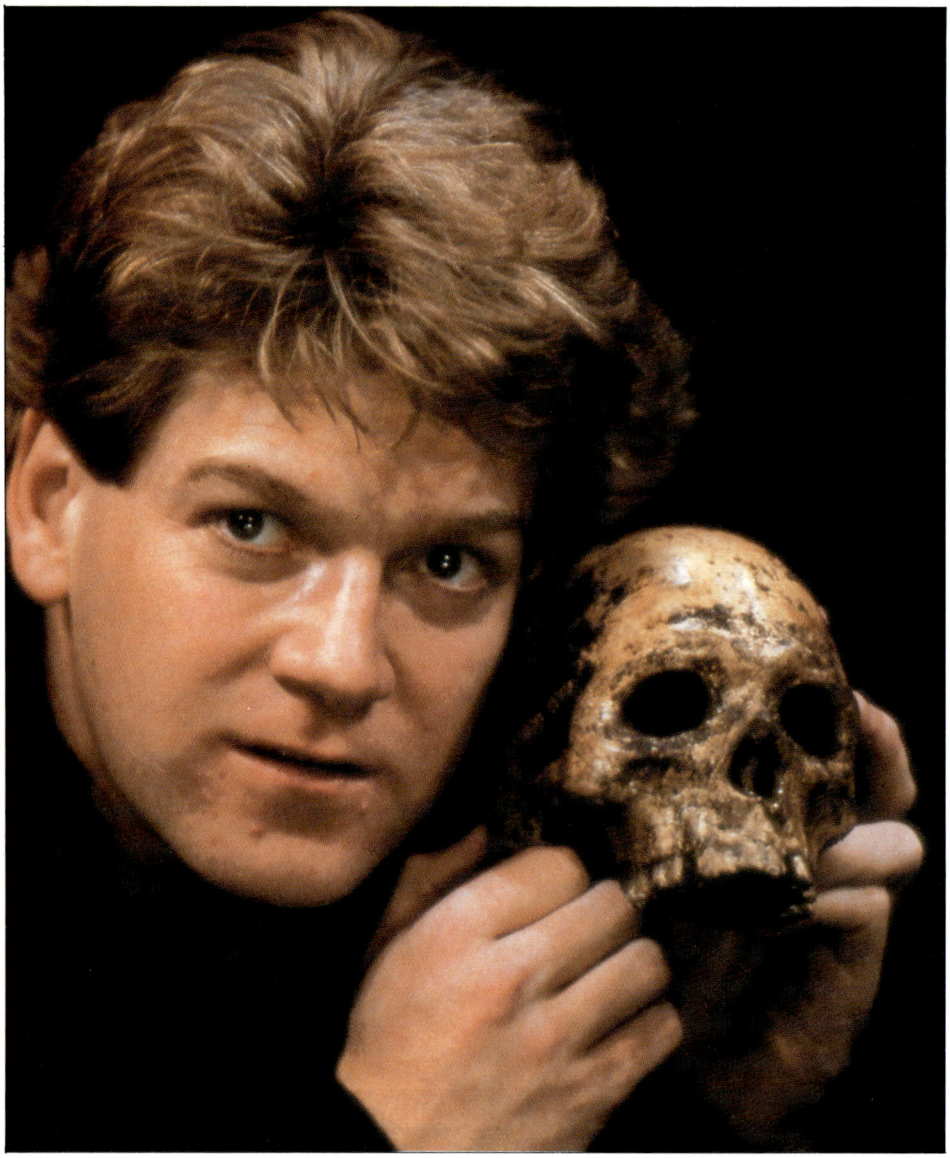

Kenneth Branagh (*links*)
Das ovale Jupiter/Venus-Gesicht verrät Charme, Romantik, Sinnlichkeit und einen Hang zum Künstlerischen, den die großen ausdrucksvollen Augen noch zusätzlich betonen. Sie deuten auch auf Erfolg hin. Die gewölbten Brauen zeugen von Entschlossenheit und einem gewissen Maß an Hartnäckigkeit, die von dem kleinen, schmallippigen Mund, der Mangel an Flexibilität und Selbstbeherrschung anklingen läßt, noch unterstrichen wird.

Jamie Lee Curtis (*unten*)
Dieses dreieckige Jupiter-Gesicht läßt auf eine eher ernsthafte Persönlichkeit schließen. Die schmale Nase birgt etwas Arroganz, und der breite Mund könnte dies noch verstärken.

Paul Hogan (*oben*)
Das längliche Venus-Gesicht gehört einem freundlichen Mann, der (wie viele Komiker) ausgesprochen feinfühlig ist. Die kurzen Brauen repräsentieren eine rasche Auffassungsgabe und lebhaftes Interesse am Sex (obwohl die schmalen Lippen auf eine gewisse Schüchternheit hinweisen). Die kleinen, eher tiefliegenden Augen weisen auf ein spezielles Fachgebiet hin, die kurze Nase mit der runden Spitze dagegen bedeutet Optimismus, Geselligkeit, praktische Veranlagung und gesunden Menschenverstand. Die schmalen Lippen könnten Hartnäckigkeit andeuten, und der breite Mund unterstützt diese Möglichkeit.

Boris Becker (*links*)
Beckers dreieckiges Jupiter-Gesicht in Verbindung mit kleinen Augen und einem sorgenvollen Mund deuten Ungeduld, Risikobereitschaft, positiven Bewegungsdrang und vielleicht auch ein gewisses Maß an Selbstzufriedenheit an. Seine gerade, kurze Nase läßt auf Optimismus schließen, jedoch in Verbindung mit einer Abneigung gegen langfristige Planung.

Ingrid Bergmann (*links*)
Ehrgeiz, Selbstdisziplin und Beharrlichkeit stehen hinter diesem rechteckigen Saturn-Gesicht. *Hochgebürstete* Augenbrauen lassen häufig einen starken Sexualtrieb vermuten, der, sofern nicht unter permanenter Kontrolle, Probleme verursachen kann. Tiefliegende, *abfallende* Augen könnten bedeuten, daß man sich dem Willen anderer beugt, was persönliche Probleme nicht gerade erleichtert. Der *Ochsen-Mund* aber verspricht Ruhe und Erfüllung.

Peter Ustinov (*unten*)
Ein rundes Merkur-Gesicht wie dieses bedeutet Flexibilität, Scharfsinnigkeit und Geselligkeit. Diese Eigenschaften werden hier ergänzt durch kurze Augenbrauen, die eine Neigung zur Lebenslust, aber auch zum Spitzbübischen verraten. Die ausgeprägte innere Ohrmuschel (wenn auch weniger stark betont als beispielsweise bei Elizabeth Taylor – *siehe Seite* 101) signalisiert ein erfülltes Leben. Die kurze, gerade Nase steht für Optimismus, Temperament und Toleranz, die eher schmalen Lippen jedoch für Dickköpfigkeit.

Prinzessin Anne (*oben*)
Die halbmondförmigen Brauen sind Zeichen von Selbstdisziplin, Charme und kommunikativen Fähigkeiten. Ihre runde Nasenspitze läßt praktische Veranlagung, Selbstlosigkeit und gesunden Menschenverstand erkennen. Ja, eigentlich könnte man hier fast von einer Schafs-Nase sprechen, die glückbringend ist ... was Geldangelegenheiten betrifft! Die Ohrläppchen scheinen lang (vielleicht aber auch nur durch die Ohrringe in die Länge gezogen), was Weisheit und Klugheit bedeutet.

Rudolf Nurejew (*rechts*)
Die dichten, *hochgebürsteten* Augenbrauen bezeichnen einen hartnäckigen, eigenwilligen Charakter, der sein Ziel verfolgt, ohne sich von Hindernissen aufhalten zu lassen. Die großen, ausdrucksvollen Augen weisen auf eine intensive Leidenschaft zu seiner Kunst hin, während der breite Mund mit den gewölbten Lippen der eines autoritären, ja vielleicht sogar ziemlich selbstherrlichen, aber unbedingt sinnlichen Mannes ist.

Castor
GEMINI
Alhena
Betelgeuse
Pollux
CANCER
CANIS MINOR

DRITTER TEIL

ZWINGENDE GESICHTSZÜGE

Im Gegensatz zu den sogenannten Hauptgesichtszügen, die auf potentielle Fähigkeiten hinweisen, die wir ausschöpfen oder verkümmern lassen können, haben wir auf die Kräfte der sieben »zwingenden Gesichtszüge« keinen Einfluß. Sie hingegen können uns zu Handlungen veranlassen und diese bis zu einem gewissen Grade auch steuern.

Diese sieben Merkmale sind im einzelnen: das Kinn, das unsere Vitalität repräsentiert; die Stirn, die unseren Charakter anzeigt; die Wangenknochen, Zeichen unserer Durchsetzungskraft; die Kieferknochen, die das Selbstvertrauen repräsentieren; das Philtrum (die Einbuchtung über der Mitte der Oberlippe), das Maß für unsere sexuelle Spannkraft; der Bereich unter den Augen, der über unsere Stärke informiert; die Nasenfalten, die seitlich der Nasenflügel nach unten verlaufen und aus denen wir angeblich Rückschlüsse auf unsere Lebensdauer ziehen können.

Die uralte chinesische Lehre der Metoposkopie birgt zahlreiche fatalistische Elemente, die sich auch in den frühesten Formen anderer Prophezeiungsmethoden finden.

Doch gerade durch die Verbreitung des christlichen Glaubens wurden alle Wahrsager und Möchtegern-Propheten gezwungen, nicht nur mit Voraussagen auf künftige Ereignisse vorsichtiger umzugehen, sondern generell Behauptungen zu unterlassen, nach denen aus der Planetenkonstellation im Moment der Geburt, den Linien der Handinnenflächen oder Form und Aussehen bestimmter Gesichtszüge präzise auf das Verhalten oder die charakterliche Entwicklung eines Menschen geschlossen werden könne.

Der jeweilige Ausdruck und die unterschiedliche Ausbildung der »zwingenden« Gesichtszüge lassen auf die Fähigkeiten, das Interesse und die Kreativität auf den Gebieten Kunst und Wissenschaft schließen.

Seit jeher heißt es, daß diese Gesichtszüge, mit deren Interpretation sich die moderne Metoposkopie zuweilen etwas schwertut, unbeeinflußbare Kräfte repräsentieren, die uns im privaten wie im beruflichen Leben mehr oder minder erfolgreich machen.

Man sagt: Wenn die Stirn schwach ausgeprägt ist, wird auch der Charakter schwach sein; wenn die Einbuchtung über der Mitte der Oberlippe besonders tief ist, wird die Sexualität im Leben des betreffenden Menschen eine besonders große Rolle spielen.

Im Gegensatz dazu vertritt die moderne Metoposkopie die Ansicht, daß auch diese »zwingenden« Merkmale, ebenso wie die anderen Gesichtszüge, viel eher eine Neigung als unbeeinflußbare Schicksalsfügungen anzeigen.

Stirn

Die Stirn ist ein Berg in der Gesichtslandschaft und steht in Verbindung mit dem *Yang*, dem männlichen Aspekt des Intellekts, der aktiven Energie (*siehe Seiten 22f.*). Sie sagt einiges aus über unseren Charakter, vor allem über unsere Urteilsfähigkeit und unseren Gerechtigkeitssinn sowie über unsere Moral.

Da die Stirn ebenso etwas über die angeborene Intelligenz verrät und auch darüber, wie diese sich weiterentwickelt, hängt sie eng mit den frühen Lebensumständen zusammen. Sie wird dazu neigen, jene Ideen und Einstellungen zu verstärken, die uns unsere ersten Lehrer eingepflanzt haben – seien es Eltern, Verwandte, Geschwister (der Einfluß der letzteren ist von allergrößter Wichtigkeit) oder auch die Autoren der Bücher, die wir in jungen Jahren verschlungen haben. Die Summe all dieser frühen Eindrücke formt nachhaltig unseren Charakter und beeinflußt alle moralischen Entscheidungen, die wir später im Laufe unseres Lebens zu treffen haben.

Grundsätzlich gilt:

Je höher die Stirn, desto größer der Erfolg.

Je vorgewölbter die Stirn, desto größer die Verdienste.

Eine niedrige Stirn läßt auf einen ungünstigen Start ins Leben schließen.

Ein Mensch mit keilförmiger Stirn wird nicht in den Genuß einer Erbschaft kommen.

Eine rechteckige Stirn charakterisiert einen ordentlichen Menschen.

Je gerader die Stirn, desto unnachgiebiger der Mensch.

Je runder die Stirn, desto träger der Mensch.

Kurzcharakteristik

Die Stirn ist ein Berg in der Gesichtslandschaft (→ Yang) gibt Aufschluß über Intellekt, Charakter und Moral des betreffenden Menschen.

Gewölbte Stirn
interessiert, abenteuerlich, charakterfest

Fliehende Stirn
unruhig, urteilsschwach, selbstsicher

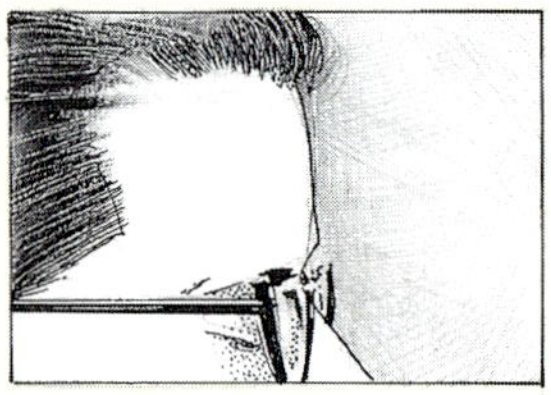

Vorstehende Stirn
kraftvoll, voreilig, entschlossen

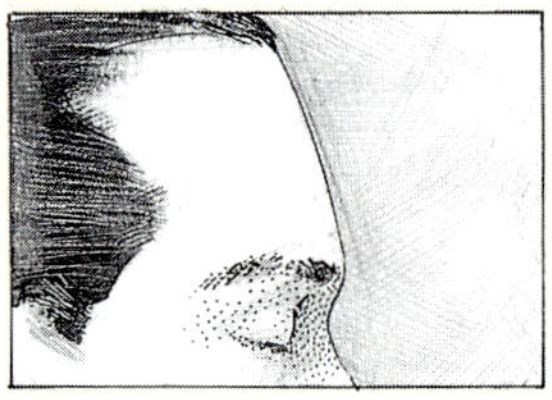

Gerade Stirn
konservativ, reaktionär, vorsichtig

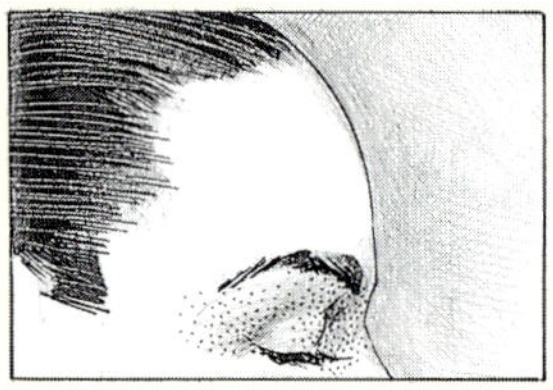

Rechteckige Stirn
realistisch, intelligent, direkt

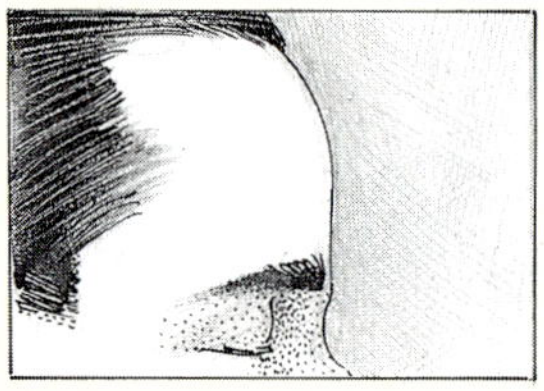

Keilförmige Stirn
impulsiv, einfallslos, langsam

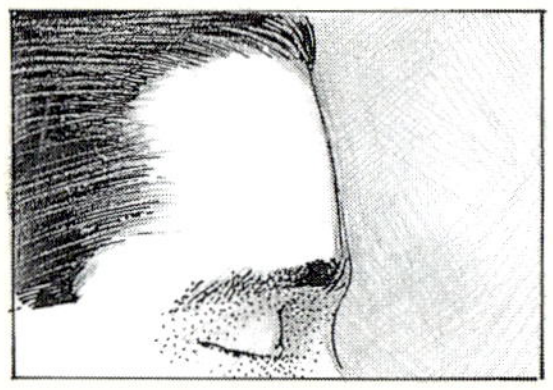

Gerundete Stirn
gelassen, träge, ehrgeizlos

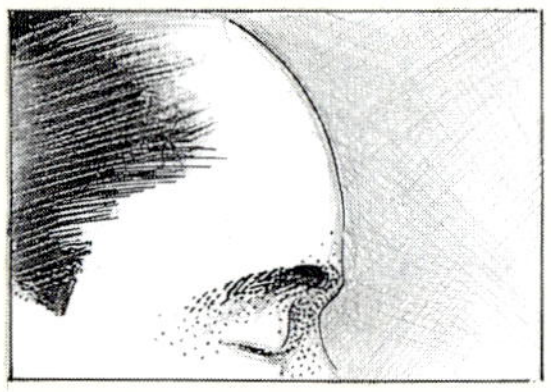

Die Stirn ist ein wesentlich komplexeres Gesichtsmerkmal, als es auf den ersten Blick scheinen mag. Es geht nicht nur darum, ob sie breit oder schmal, rechteckig oder spitz zulaufend, niedrig oder hoch ist, man muß sie vielmehr auch im Profil betrachten: steht sie vor, oder bildet sie eine mehr oder minder gerade Linie?

Eine »hohe Stirn« soll bekanntlich von einer befriedigenden und wertvollen Eltern-Kind-Beziehung zeugen, während eine »niedrige Stirn« das Gegenteil aussagt, also auf Vernachlässigung hinweist. Manche Gesichtsdeuter vertreten darüber hinaus die Ansicht, daß eine niedrige Stirn auf geringe geistige Kräfte schließen läßt, obwohl kein Vertreter der modernen Metoposkopie das so pauschal behaupten würde.

Bei der Beurteilung einer Stirn ist es wichtig, die unter der Haut befindlichen Knochen zu berücksichtigen: eine vorstehende knochige Ebene oben an der Stirn spricht für beträchtliche Intelligenz; ein knochiger »Kamm«, der vertikal in der Mitte der Stirn verläuft, soll intellektuelle Leistungen nachweisen.

Falten auf der Stirn sind weit verbreitet: Drei oder mehr waagrechte Falten bringen der Überlieferung zufolge Glück; zwei Falten weisen auf Intelligenz hin; eine, vor allem wenn sie tief liegt, soll hinsichtlich der geistigen Regsamkeit beschränkend wirken. Wenn sie höher liegt, könnte sie intellektuelle Aktivitäten begünstigen. Auch senkrechte Stirnfalten zwischen den Augenbrauen sind normal: Drei gelten als glückbringend. Eine einzelne dagegen ist ungünstig.

Gewölbte Stirn

Wenn die Stirn im Profil gesehen eine perfekte Wölbung zeigt, wird der betreffende Mensch interessiert, anpassungsfähig und flexibel sein, doch ohne dabei einen Kompromiß einzugehen. Dies geschieht auch nicht aus dem Wunsch nach Frieden um jeden Preis heraus, denn solche Menschen treten unnachgiebig für die eigenen Rechte, aber auch für die anderer Personen ein. Wenn es darum geht, die Wahrheit herauszufinden oder die Gerechtigkeit zu verteidigen, werden sie geradezu abenteuerlustig.

Rechts: *Die Stirn ist ein Berg und sollte deshalb ruhig etwas herausragen. Eine stark gewölbte Stirn deutet auf Ehrgeiz. Die Wölbung der hier abgebildeten Stirn wird durch einen hohen Haaransatz noch zusätzlich betont.*

Fliehende Stirn

Eine fliehende Stirn, die im Profil betrachtet von den Augenbrauen zum Haaransatz hin deutlich zurückweicht, galt noch nie als besonders günstig. In der Regel deutet sie auf einen Charakter hin, dessen Gerechtigkeitssinn und Moral sich wie ein Fähnlein mit dem Wind drehen. Dazu kommt die Tendenz, sich in alles einzumischen. Und da diese Menschen überzeugt sind, immer im Recht zu sein, werden sie auch Dinge verändern wollen, die völlig in Ordnung sind. Weder ihre Urteilsfähigkeit noch ihre Handlungsweise sind umsichtig zu nennen. Suchen Sie nach anderen Gesichtszügen, die diese Eigenschaften ausgleichen. Sie müssen jedoch deutlich ausgeprägt sein.

Rechts: *Da die Stirn zu den Zwingenden Gesichtszügen zählt, sind die Eigenschaften, die durch sie zum Ausdruck kommen, unveränderlich. Doch können weniger günstige Charakteristika wie etwa eine fliehende Stirn durch andere, positivere Gesichtszüge ausgeglichen werden.*

Vorstehende Stirn

Eine Stirn, die im Profil betrachtet am oder direkt unter dem Haaransatz vorsteht, läßt der chinesischen Tradition zufolge auf eine rasche Urteilsfähigkeit schließen: Gewissensentscheidungen werden schnell und oftmals übereilt gefällt. Selbst wenn der Irrtum für andere offensichtlich ist, werden diese Menschen starrköpfig auf ihrer Meinung beharren. Hier handelt es sich um Menschen, die außergewöhnlich entschlossen handeln, was keineswegs immer negativ sein muß. Unter den richtigen Umständen kann dieser Charakterzug einen starken Ehrgeiz unterstützen und zu beträchtlichen Erfolgen im Leben führen.

Rechts: *Eine gerade Stirn ist häufig auch gleichzeitig »hoch«, was auf ein glückliches Familienleben hinweist. Die Chinesen verbinden damit auch Ehrfurcht vor den Eltern.*

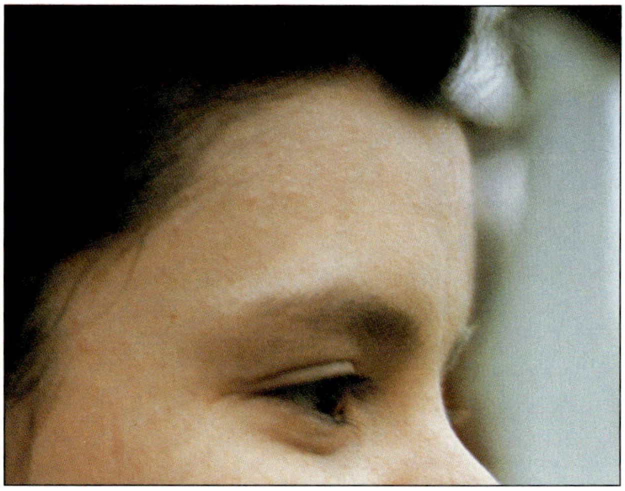

Gerade Stirn

Eine gerade Stirn, die im Profil betrachtet von den Augenbrauen bis zum Haaransatz ohne sichtbare Neigung verläuft, deutet auf einen absolut »geradlinigen« Charakter hin. Dazu gehört jedoch, leider, auch die negative Bedeutung des Wortes, denn die »Geradlinigkeit« dieses Menschen ist das Ergebnis der völligen Unfähigkeit zu einem Kompromiß. Hier haben wir einen durch und durch Konservativen, der sich in einem solchen Maß an das Althergebrachte klammert, daß er oder sie nicht mehr beurteilen kann, wann diese Einstellung zur geistigen Fessel wird. So sorgfältig diese Menschen auch in ihrem Urteil sein mögen, sie werden niemals gute Richter abgeben.

Rechts: *Eine rechteckige Stirn soll auf Probleme bei Aufbau und Erhaltung einer Liebesbeziehung hindeuten. Wenn der Haaransatz sehr hoch liegt, könnten Bindungen eher kurzlebig sein.*

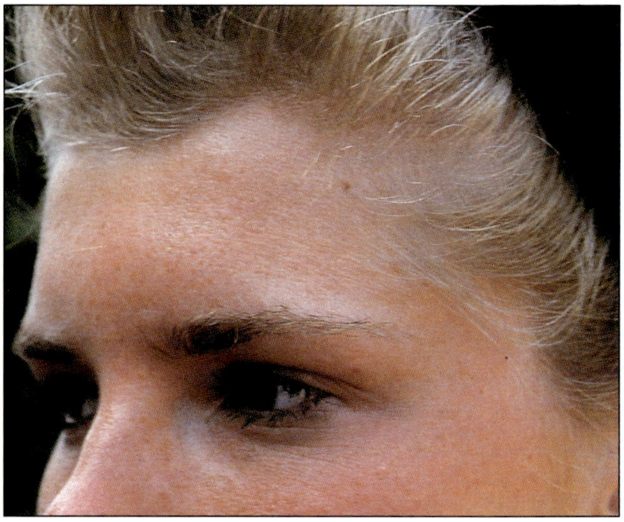

Rechteckige Stirn

Wenn eine Stirn von vorne rechteckig wirkt, weist dies auf Realitätssinn, Intelligenz und das Fehlen jeglicher Arglist hin. Menschen mit rechteckiger Stirn stellen ihre hervorragende Intelligenz häufig in den Dienst der Gerechtigkeit. Es heißt, daß eine hohe, rechteckige Stirn in dieser Hinsicht besonders vorteilhaft ist, während eine niedere, rechteckige Stirn (in anderen Worten, eine Stirn mit einem tiefen Haaransatz) mehr Schläue impliziert. Eine »mittlere« rechteckige Stirn bürgt für »gesunden Menschenverstand«.

Links: *Eine vorstehende Stirn weist häufig eine ausgeprägte vertikale Mittellinie auf. Dies soll bedeuten, daß die bereits genannten positiven Eigenschaften durch ein überaus glückhaftes Schicksal ergänzt werden.*

Keilförmige Stirn

Eine Stirn, die direkt über den Augenbrauen breiter ist als am Haaransatz, läßt auf Sorgfalt, aber Schwerfälligkeit des Urteils schließen. Zu Schlußfolgerungen kommen solche Menschen erst nach reiflicher Überlegung, auch wenn es anderen so scheinen mag, als lägen sie auf der Hand. Diese Menschen sind langsam, aber methodisch; sie denken nicht kreativ, doch mit peinlicher Genauigkeit. Eine niedrige Stirn dieses Typus kann den »intellektuellen Stoffwechsel anregen«: Die Entscheidungen werden schnell gefällt, sind aber nicht unbedingt richtig. Eine hohe keilförmige Stirn deutet auf eine Neigung zu riskanten Unternehmungen hin.

Links: *Diese keilförmige Stirn scheint zu »leuchten«, das heißt es liegt ein leichter Glanz auf der Haut. Eine leuchtende Stirn gilt in der chinesischen Tradition als äußerst positiv.*

Gerundete Stirn

Eine Stirn, die von vorn betrachtet kuppelförmig erscheint, soll auf einen Menschen hinweisen, der gelassen bis faul, ehrgeizlos, ja dumm ist. Zugunsten dieser Menschen spricht, daß sie die geborenen Friedensstifter sind, und so scheint ihre Lebensaufgabe auch darin zu bestehen, stürmische Wogen zu glätten. Leider sieht es oft so aus, als sei ihr moralischer Gerechtigkeitssinn abhanden gekommen. Eine niedrige Stirn dieser Form verstärkt diese Fehler; eine hohe gerundete Stirn kann diese Berufung zum Ausgleich so dominieren, daß der Betreffende die Notwendigkeit beruflichen Engagements oder finanzieller Absicherung vollkommen vergißt.

Links: *Achten Sie auf die Knochen hinter der Stirn: Bei einer gerundeten Stirn beispielsweise sollte die mittige Senkrechte etwas geschwungen sein. Das läßt auf einen Menschen mit hohen Zielen schließen.*

Wangenknochen

Den rechten Wangenknochen nennen die Chinesen den »Westlichen Heiligen Berg Hua Shan«, der linke ist für sie der »Östliche Heilige Berg Tai Shan«. Die Wangenknochen sind Bestandteil des *Yang*, die Energien, die sie repräsentieren, kraftvoll und männlich. Diese Energien stärken die Entschlossenheit, Vorgänge zu kontrollieren.

Im Gesicht eines Menschen mit idealen Zügen würde eine vollkommene Ausgewogenheit zwischen Wangenknochen und Nase herrschen, keines wäre auf Kosten des anderen stärker ausgeprägt. Bei der Beurteilung der Wangenknochen müssen wir sowohl den Bereich des Knochens, der in der Mitte der Wange liegt (*Knötchen*), berücksichtigen, als auch den Knochensporn, der von diesem Punkt nach oben in Richtung äußerer Augenwinkel verläuft. Während der Mittelteil einen Hinweis darauf gibt, wie unsere Durchsetzungskraft sich charakterlich äußert, repräsentiert der Sporn den Sachverstand, mit dem wir unsere Entscheidungen begründen.

Es ist bemerkenswert, daß viele Wirtschaftskapitäne starke Wangenknochen haben. Man findet sie aber auch bei Persönlichkeiten aus dem Showgeschäft und bei Politikern, die beide in der Lage sein müssen, Aufmerksamkeit und Sympathie einer großen Menschenmenge zu gewinnen.

Die chinesische Lehre verbindet bestimmte Wangenknochen-Typen mit bestimmten Elementen: Feuer-Menschen (deren birnenförmige Gesichter vom Mars dominiert sind) sind ruhelos und instinktsicher und

GRUNDSÄTZLICH GILT:

Je kräftiger die Wangenknochen, desto ausgeprägter die Autorität.

Verdeckte Wangenknochen verraten eine eiserne Faust in einem Samthandschuh.

Je höher die Wangenknochen, desto kraftvoller der Charakter.

Je spitzer der Mittelteil, desto spitzer die Befehle.

Je ausgeprägter der Sporn, desto mächtiger die Autorität.

Kurzcharakteristik

Die Wangenknochen sind ebenfalls Berge. Sie repräsentieren das Durchsetzungsvermögen: unsere Entschlossenheit, sowohl im Berufsleben als auch privat die Oberhand zu behalten. Bei Paaren heißt es, daß in einer Beziehung derjenige Partner das Sagen hat, der die ausgeprägteren Wangenknochen besitzt.

Flache Wangenknochen desinteressiert, nachlässig, unentschlossen

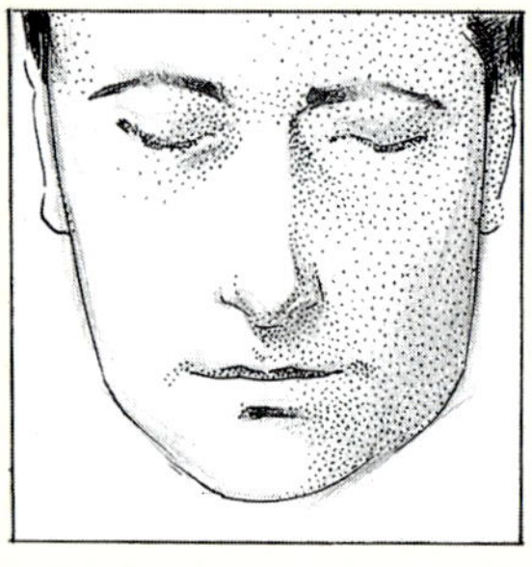

Schmale Wangenknochen egoistisch, dickköpfig, dominant

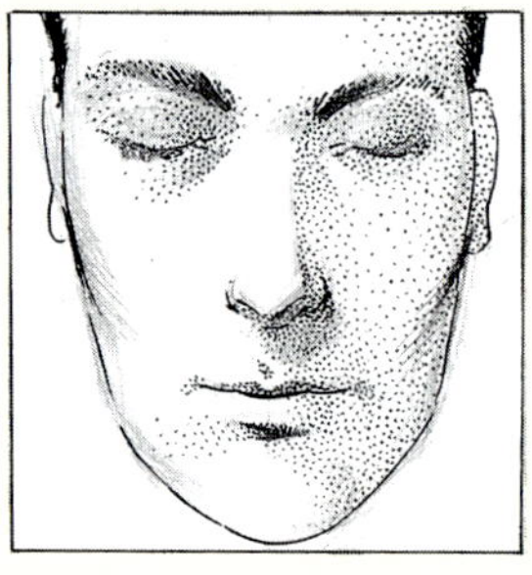

Hohe Wangenknochen vertrauenswürdig, kompromißlos, selbstherrlich

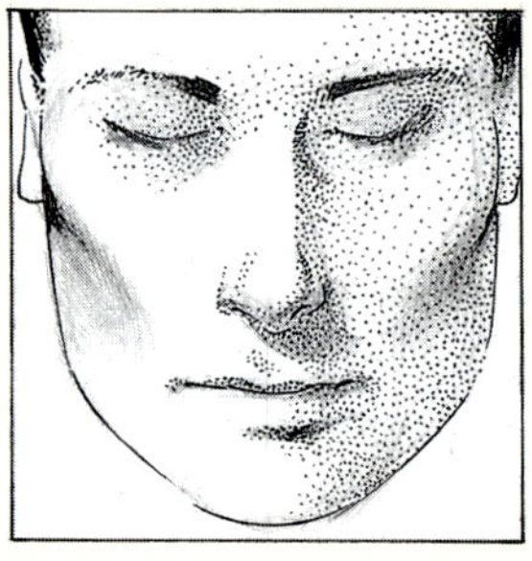

Vorstehende Wangenknochen autoritär, manipulativ, diktatorisch

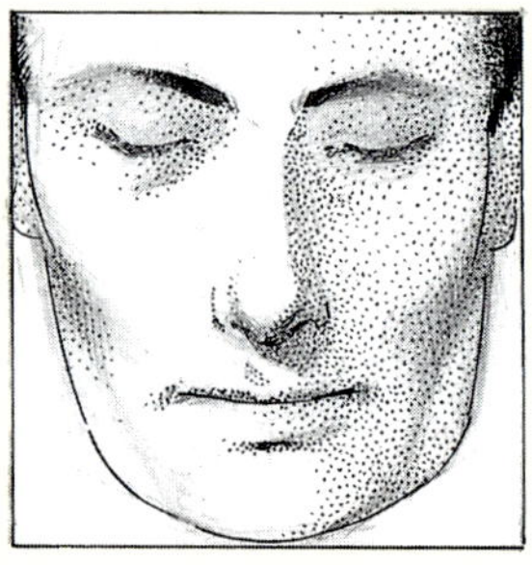

sollen Wangenknochen haben, die in der Mitte spitz hervorstehen. Holz-Menschen (mit einem dreieckigen, dem Jupiter zugeordneten Gesicht) haben kräftige Wangensporen, aber eine weniger ausgeprägte Wangenknochenmitte und auch weniger Machtinstinkt. Erde-Menschen (mit rechteckigem Gesicht, dem Saturn zugehörig) haben relativ flache Wangenknochen und ihren Machthunger im Griff. Wasser-Menschen dagegen (rundes Gesicht, von Merkur beherrscht) sind meist sinnlich; ihre Wangenknochen liegen ebenso versteckt wie ihre Autorität, die nichtsdestoweniger beträchtlich sein kann. Gold-Menschen (mit länglichem Gesicht, dominiert von der Venus) haben etwas vorstehende Wangenknochen; sie sind besonders befähigt, mit Macht richtig umzugehen.

Die hervorstehende Wangenknochenmitte allein läßt darauf schließen, daß eine Vormachtstellung öffentlich und nicht unbedingt immer taktvoll zur Schau gestellt wird; vorstehende Sporen zusammen mit nicht besonders auffälligen Mittelteilen können auf eine geborene Führernatur hinweisen, die taktvoll und nie unüberlegt handelt.

Flache Wangenknochen

Ein Mensch mit flachen Wangenknochen wird so gut wie immer irgend etwas Nachlässiges an sich haben. Solche Menschen sind oft keine guten Arbeitskollegen, da ein angeborener Mangel an Selbstdisziplin dazu führen kann, daß angefangene Arbeiten nicht beendet, sondern auf andere abgewälzt werden. Dennoch sind sie keineswegs unbeliebt, verfügen sie doch über einen beträchtlichen Charme. Als Freunde freilich können sie zuweilen mindestens ebenso nervtötend sein wie als Arbeitskollegen, da sie Unschlüssigkeit und Wankelmut in Person sind.

Das Lied »Que sera, sera« könnte extra für diesen Menschenschlag geschrieben sein. Sie sind angenehme Arbeitgeber, aber das Unternehmen, das sie leiten, könnte schon sehr bald in den Konkurs schlittern müssen! Von Autorität halten sie nicht das mindeste, weder üben sie diese selbst aus, noch ertragen sie die Autorität anderer. Wer einem solchen Menschen gegenüber auf Autorität pocht, wird erleben müssen, daß dieser einfach zur Tür hinausrauscht – ganz unabhängig davon, ob er einen anderen Arbeitsplatz in Aussicht hat oder nicht. Das Sprichwort *Wie gewonnen, so zerronnen* läßt sich auch auf die Einstellung zu Geldangelegenheiten anwenden. Dieser Typus ist ausgesprochen spendabel, was ihn sehr beliebt macht, seinem Kontostand aber nicht besonders gut bekommt. Er ist ein charmanter Partner und kennt kaum Eifersucht.

Rechts: *Flache Wangenknochen werden dem Element Erde zugeordnet und kennzeichnen Menschen ohne ausgeprägten Ehrgeiz.*

Schmale Wangenknochen

Hier haben wir es mit einem weniger charmanten Typ zu tun: Menschen mit schmalen Wangenknochen, bei denen die »Knötchen«, also die Mittelteile der Wangenknochen, dicht an der Nase liegen und die Sporen durch einen steil ansteigenden Winkel betont sind, können sowohl herrisch als auch egoistisch sein. Darüber hinaus sind sie oft so dickköpfig, daß sie selbst dann auf ihrem Standpunkt beharren, wenn dieser erwiesenermaßen falsch ist.

Beachten Sie hier vor allem die Lage der Wangenknochen: Je näher sie bei der Nase liegen, desto ausgeprägter dürfte der unerfreuliche Egoismus des Betref-

fenden sein. Wenn sie jedoch nur den Eindruck von Schmalheit erwecken, könnte es sein, daß Sie »schmale« mit »hohen« Wangenknochen verwechseln.

Menschen mit schmalen Wangenknochen steigen oft mühelos in hohe Positionen auf, da die jeweiligen Vorgesetzten oftmals Dickköpfigkeit mit Stärke und dominantes Verhalten mit wahrer Autorität verwechseln. Sind sie einmal aufgestiegen, werden sie an ihrer neuen Stellung kleben, und es dürfte sehr schwierig werden, sich ihrer wieder zu entledigen. Daß sie besonders liebevolle Lebensgefährten werden, ist durchaus zweifelhaft, denn allzuoft fehlt ihnen das nötige Verständnis für die Gefühle des Partners.

Links: *Die Wangenknochen repräsentieren Macht, aber gerade bei schmalen Wangenknochen ist zu berücksichtigen, daß dies sowohl das Berufs- als auch das Privatleben mit einschließt.*

Hohe Wangenknochen

Hohe Wangenknochen, bei denen die deutlich ausgebildeten Knötchen von starken Sporen getragen werden, deuten auf einen vertrauenswürdigen Menschen, der jedoch kompromißlos, vielleicht auch selbstherrlich ist und insofern arrogant und herrisch sein kann. Im Berufsleben können hohe Wangenknochen sehr von Vorteil sein – vorausgesetzt, der Betreffende hat die genannten negativen Tendenzen fest im Griff. Menschen mit hohen Wangeknochen sind meistens fähige Manager und exzellente Abteilungsleiter. Andererseits neigen sie dazu, zu Hause genauso regieren zu wollen

Unten: *Berge sollten immer besonders deutlich ausgeprägt hervorragen. Bei den Wangenknochen gilt dies besonders für die Stelle unter den Augen.*

wie im Büro, und das kann zu Konflikten mit dem Lebensgefährten führen.

Hohe Wangenknochen, bei denen der Mittelteil nicht von starken Sporen gestützt wird, könnten Unheil ankündigen, denn obwohl die betreffenden Menschen die kraftvolle Autorität der oben Genannten teilen, sind sie nicht in der Lage, diese sinnvoll umzusetzen. Daß sie bei Beförderungen übergangen werden, wird sie wurmen, und alles in allem werden sie es nicht besonders weit bringen. Natürlich gilt auch hier, daß die anderen Gesichtszüge – besonders die Nase – diesen Charakterzug wesentlich beeinflussen können.

VORSTEHENDE WANGENKNOCHEN

Was das Gesamtbild angeht, wirken diese Wangenknochen nahezu ideal: Gefällig gerundete Knötchen sitzen auf charakteristisch festen Sporen. Aber lassen Sie sich von dem filmstarähnlichen Aussehen nicht täuschen, denn dieser Mensch wird vermutlich autoritär, manipulativ und diktatorisch sein. Kommen noch feste Kieferknochen und ein starkes Kinn dazu, dürfte er geradzu unerträglich sein. Wenn Kieferknochen und Kinn weniger stark ausgeprägt sind, besteht einige Hoffnung auf ein erträgliches Miteinander, denn diese Menschen üben eine nicht geringe Anziehungskraft aus. Und in günstigen Fällen werden die Mitmenschen eher mit Hilfe von Charme als durch Starrsinn und Launenhaftigkeit regiert.

Nebenbei bemerkt, wird es ein solcher Mensch schwer haben, eine dauerhafte Beziehung aufzubauen. Immerhin muß man Menschen mit dieser Wangenknochenform bescheinigen, daß sie das Zeug zum Wirtschaftsmagnaten oder Politiker haben, Karrieren, denen die genannten Eigenschaften nicht unbedingt abträglich sind.

Rechts: *Versuchen Sie immer die Form der Schädelknochen unter der Haut auszumachen. Manchmal erschweren fleischige Gesichter die Deutung. Wenn möglich, sollten Sie versuchen, die Konturen mit den Fingern nachzufahren.*

Kieferknochen

Die Kieferknochen repräsentieren *Yang*, die männliche Energie, die das Selbstvertrauen des Individuums stärkt oder schwächt. Verwechseln Sie die Kieferknochen nicht mit dem Kinn: Sie befinden sich rechts und links davon, und man sollte besonders auf die Ecken achten, die mehr oder weniger direkt unter den Ohren liegen. Diese sollten nicht so weit vorstehen, daß sie die Ausgewogenheit des Gesichts stören, sondern mit den anderen Bergen im Gleichgewicht stehen. Im Normalfall sind die Kieferknochen auffällig genug, um ihre Form auf den ersten Blick feststellen zu können.

Je älter wir werden, desto klarer tritt der Knochenbau

Grundsätzlich gilt:

Ein schmaler Kiefer läßt auf beschränkten Ehrgeiz schließen.

Menschen mit spitz zulaufendem Kiefer sind selbstherrlich.

Nichts und niemand kann jemanden mit rundem Kiefer aus der Ruhe bringen.

Menschen mit breitem Kiefer befehlen, die mit schmalen gehorchen.

Ein Mensch mit rechteckigem Kiefer ist entschlossen und hat wenig Freunde.

Kurzcharakteristik

Auch die Kieferknochen sind Berge und zeigen das Maß an Selbstvertrauen, das wir in uns und unsere Fähigkeiten setzen. Die Kieferknochen müssen separat vom Kinn betrachtet werden, das anders interpretiert wird.

Idealer Kiefer für diese Form gibt es keine Schlagworte

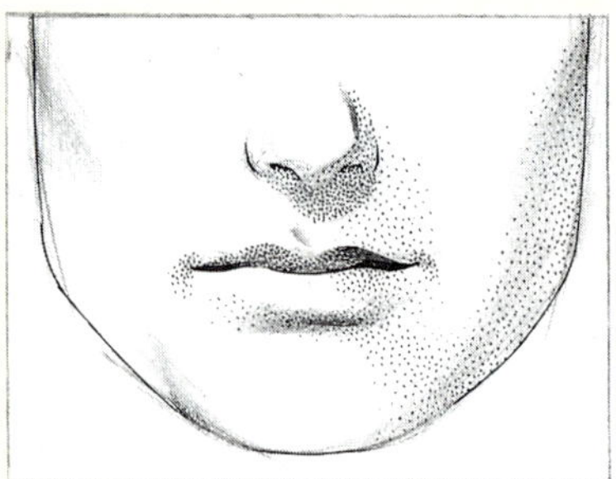

Runder Kiefer ausgeglichen, ehrgeizlos

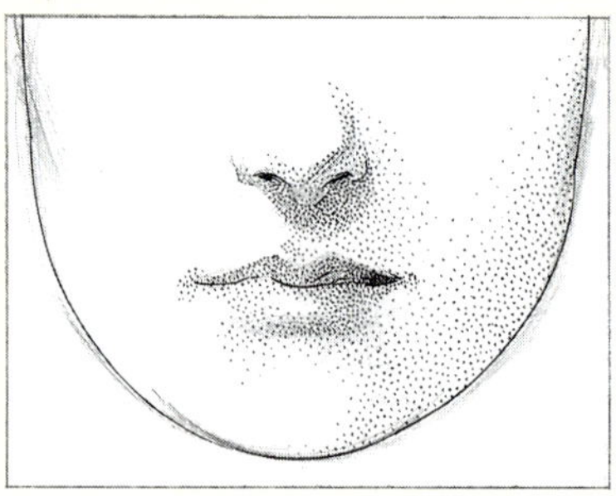

Keilförmiger Kiefer eitel, unzufrieden, selbstgefällig

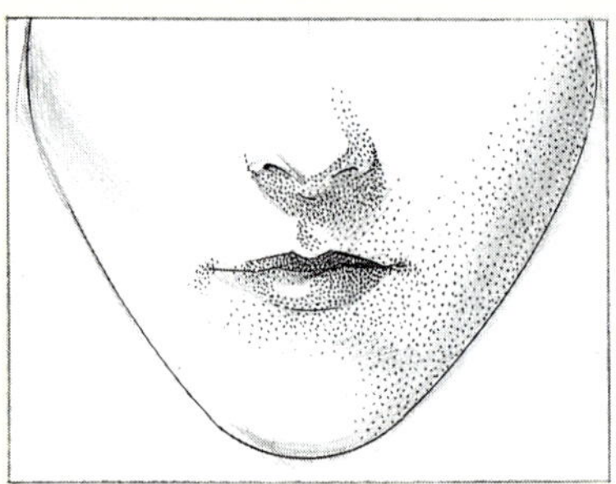

Schmaler Kiefer kraftlos, unsicher, schwächlich

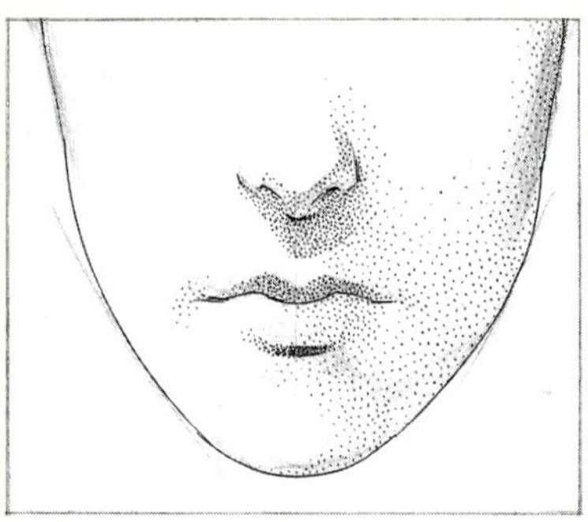

Breiter, rechteckiger Kiefer starrsinnig, egozentrisch, eigenbrötlerisch

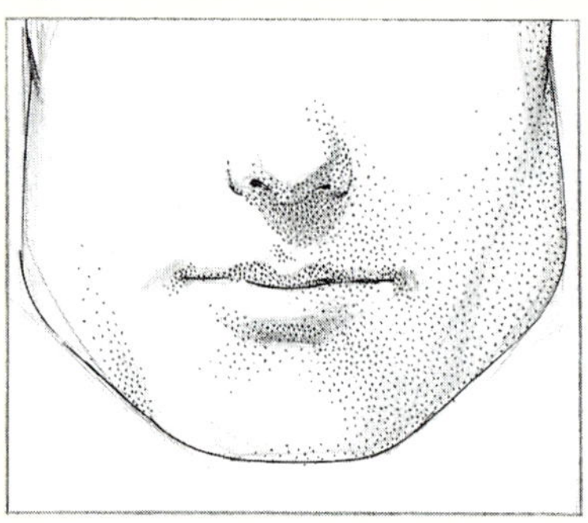

Breiter Kiefer unternehmungslustig, kraftvoll, nachgiebig

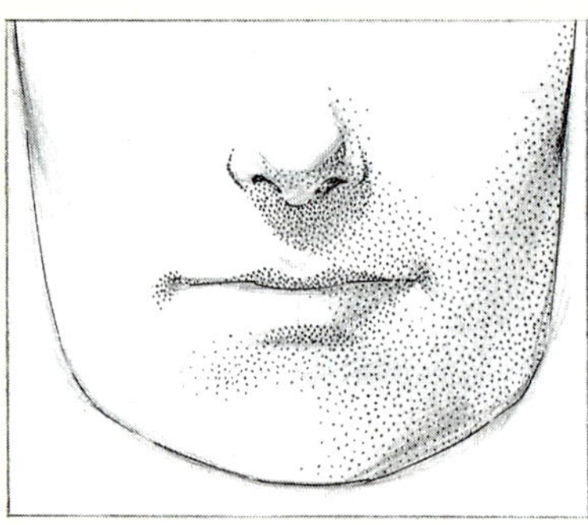

unseres Gesichts zutage, da überflüssiges Fett abgebaut wird. Aus Sicht der Metoposkopie bedeutet dies, daß unsere Selbsterkenntnis mit zunehmendem Alter wachsen sollte. Dies wird sich in unserem Äußeren ebenso zeigen wie in unserem Charakter und Verhalten. Eine in jungen Jahren durchgeführte sorgfältige Gesichtsanalyse kann uns vorwarnen, kann gewisse Charakterzüge offenbaren, ja sogar das Selbstvertrauen stärken, indem sie uns auf Stärken aufmerksam macht, deren wir uns vorher nicht ganz sicher waren.

In gewisser Weise scheinen die Kieferknochen eine Ausnahme von der Regel zu bilden, denn sie können sich mit den Jahrzehnten verändern, je nachdem, ob der Kiefer schlaffer oder fester wird. Zwischen der Veränderung und den äußeren Lebensumständen besteht oft ein direkter Zusammenhang: Vielleicht verliert ein Mensch im Ruhestand jeglichen Ehrgeiz, vielleicht aber strengt er sich nun erst recht an, um sein Leben sinnvoll zu gestalten.

Wenn Sie den Kiefer junger Leute betrachten, gewährt dies einigen Aufschluß darüber, wie diese selbst ihre Fähigkeiten einschätzen: ob ihr Selbstvertrauen stark genug ist, um ihnen einen steilen Aufstieg zu ermöglichen, oder ob die Form der Kieferknochen auf eine Antriebsschwäche schließen läßt. Denken Sie daran, daß die Kieferknochen dank ihrer Lage die Charakterzüge besonders betonen, die sich im letzten Lebensdrittel voll entfalten. Und bedenken Sie auch, daß diese – wie üblich – durch den Einfluß anderer Gesichtszüge, vielleicht sogar die Form des Kinns selbst (*siehe die Seiten 86 ff.*), weitgehend außer Kraft gesetzt werden können. Bei älteren Menschen kann die Form der Kieferknochen den Grad der Zufriedenheit reflektieren, den der Betreffende für sein Leben empfindet.

IDEALER KIEFER

Der, wie alles Ideale überaus seltene, ideale Kiefer ist in etwa so breit wie die Stirn, wobei die Knochen nicht zu weit vorstehen und an den Ecken gerade ausgeprägt genug sind, um dem Betreffenden ein gesundes Maß an Selbstsicherheit und Zuversicht zu gewähren. Ein derartiger Kiefer ließe mit Sicherheit auf eine ausgewogene Psyche schließen, bei der das Selbstvertrauen zwar stark, aber nicht übertrieben ausgeprägt ist.

Unten: *Im Idealfall ist der Kiefer ebenso breit wie die Stirn. Die darunterliegenden Knochen sollten nicht zu stark hervortreten, die Ecken sollten ausgeprägt, aber nicht zu kantig sein.*

Runder Kiefer

Ein Kiefer, der fast ohne Ecken zu sein scheint, der von unterhalb der Ohren in einer schön geschwungenen Kurve verläuft, weist gleichfalls auf einen psychisch stabilen Menschen hin, der seine Fähigkeiten gut einzuschätzen vermag. Ein solcher Mensch wird vermutlich nicht besonders ehrgeizig, aber fest davon überzeugt sein, daß er sich im Leben behaupten und das Beste aus der jeweiligen Situation machen kann. Er läßt sich nicht so leicht einschüchtern. Ein runder Kiefer in einem runden Gesicht läßt auf einen besonders ausgewogenen Charakter schließen.

Rechts: *Betrachten Sie den Kiefer in Relation zum ganzen Gesicht: Dieser runde Kiefer in einem etwas knochigen Gesicht läßt auf einen psychisch weniger stabilen Charakter schließen als ein runder Kiefer bei einem runden Gesicht.*

Keilförmiger Kiefer

Einen keilförmigen Kiefer – der sich zum Kinn hin zu verjüngen scheint und ebenfalls deutliche Ecken vermissen läßt – findet man häufig bei ausgesprochen schönen Menschen. Die Bewunderung, die ihnen gezollt wird, gereicht ihnen nicht unbedingt zum Vorteil, denn diese Menschen können eitel und selbstherrlich werden und letztlich vom Leben enttäuscht sein, nur weil es sie nicht auf die hohe Position gehievt hat, die sie sich erträumen. Und auch wenn sie es weit bringen, werden sie dies als Selbstverständlichkeit ansehen und Verantwortung nur ungern akzeptieren.

Unten: *Bedenken Sie, daß Kiefer und Kinn zwei verschiedene Gesichtszüge sind. Nicht selten trifft wie hier ein keilförmiger Kiefer mit einem rechteckigen Kinn zusammen.*

Schmaler Kiefer

Der schmale Kiefer ist eigentlich nichts anderes als ein extrem keilförmiger Kiefer. Er tritt meist in Verbindung mit einem schmalen Kinn auf, was dazu führt, daß bei dem betreffenden Menschen die Schwächen, die diese Kieferform anzeigt, so stark betont sind, daß dieser keinerlei Selbstsicherheit zeigt. Oft sind diese Menschen so gehemmt und schwach, daß sie weder genug Charakter noch Willenskraft besitzen, um den fast vollständigen Mangel an Ehrgeiz zu überwinden und ihr Leben aus eigener Kraft zu meistern.

Rechts: *Bei den Chinesen heißt ein schmaler Kiefer wie dieser auch »entzaubernder« Kiefer, weil er einen vollständigen Mangel an Lebensfreude signalisiert.*

Breiter, rechteckiger Kiefer

Menschen mit einem breiten, rechteckigen Kiefer sind meist wirklich so stark wie sie aussehen. Doch besteht die Gefahr, daß sich diese Stärke in Form von Hartnäkkigkeit äußert, und zuweilen werden die eigenen Leistungen so zur Schau gestellt, daß man geneigt ist, von Egozentrik zu sprechen. Diese Menschen können durch extreme Selbstdarstellung vereinsamen, da ihr überzogenes Selbstwertgefühl es ihnen schwermacht, gutgemeinte Ratschläge zu akzeptieren.

Breiter Kiefer

Diese Kieferform ist die Übersteigerung eines energischen Kiefers. Die Ecken sind hier so breit gesetzt, daß sie fast unterhalb der Ohrläppchen liegen. Hier haben wir Menschen, die unternehmungslustig, kraftvoll und unnachgiebig sind. Ihre Entscheidungen sind immer endgültig. Sie neigen dazu, die Schwächen anderer zu verachten, und höchstwahrscheinlich werden sie es zu hohen Ämtern bringen, doch neigen sie dazu, die damit verbundene Machtbefugnis zu mißbrauchen.

Bedenken Sie stets, daß die Zwingenden Gesichtszüge generelle Charaktermerkmale aufzeigen, während die Hauptgesichtszüge potentielle Eigenschaften andeuten. Der breite, rechteckige Kiefer (unten links) *läßt folglich auf eine selbstsichere Persönlichkeit schließen, während der breite Kiefer* (unten rechts) *für Entschlußkraft steht. Zu einer Deutung müssen aber auch die anderen Gesichtszüge einbezogen werden.*

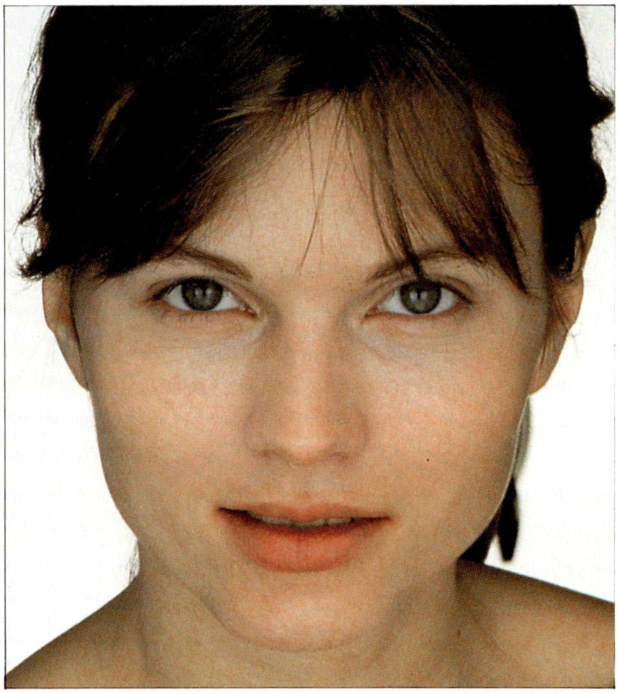

Kinn

Grundsätzlich repräsentiert das Kinn, das den untersten Teil, die untere Ebene des Gesichts bildet – und nicht mit dem Kiefer zu verwechseln ist –, unsere Spannkraft, unser Durchhaltevermögen und die Art und Weise, wie wir mit dem Leben zurechtkommen.

Insbesondere bezieht sich dies auf die Zeit nach dem sechzigsten Lebensjahr (*siehe Seiten* 20*f.*). Die Betrachtung des Kinns gibt uns Aufschluß über unsere physische wie über unsere psychische Belastbarkeit, unsere Entschlußkraft und den Willen, unser Leben zu genießen, unsere Kraft, andere zu dominieren oder uns dominieren zu lassen. Wir erfahren also einiges darüber, welche Befriedigung wir aus unserer Arbeit schöpfen, wie wir uns mit unseren Kindern und Enkeln verstehen, also auch letztlich darüber, wieviel Vitalität, Lebensfreude und Verständnis wir uns bis ins hohe Alter bewahren können.

Ein Mensch, dem es an Durchsetzungsvermögen, Entschlußkraft und Willen fehlt, wird auch physisch stagnieren und in dieser Hinsicht frühzeitig altern.

Jemand, der sich am Leben erfreut, wird lange jung und gesund bleiben und dabei stets offen und flexibel für die jüngeren Generationen, die sich dafür sicher mit Sympathie, Vertrauen und Anhänglichkeit bedanken werden. Ein solcher Mensch hat einfach keine Zeit, sich unwohl zu fühlen!

Eine genaue Betrachtung des Kinns kann auch hinsichtlich der am besten geeigneten Sportart hilfreich sein: Es zeigt deutlich, ob für den Betreffenden etwas Musisches und Beruhigendes wie Tanzen oder Yoga angebracht wären, oder ob man sich anstrengenderen (Leichtathletik, Tennis etc.) oder sogar Kampfsportarten widmen sollte.

Das Kinn sollte in einem ausgeglichenen Verhältnis zu den übrigen Gesichtszügen stehen und diese nicht dominieren (ein dominantes Merkmal zieht immer den ersten Blick auf sich, was nicht unbedingt mit der Größe zu tun haben muß!).

Kurzcharakteristik

Das Kinn, wiederum ein Berg in der Gesichtslandschaft, repräsentiert unsere Spannkraft und unser Durchhaltevermögen. Da es in der dritten Ebene liegt, zeigt es ob wir unsere Vitalität bis ins hohe Alter hinein bewahren.

Gespaltenes Kinn
innerlich jung, bodenständig, abenteuerlustig

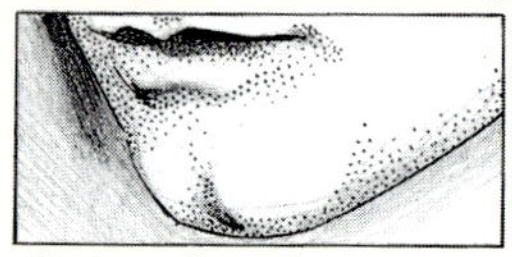

Vorstehendes Kinn
kampflustig, unruhig, widerstreitend

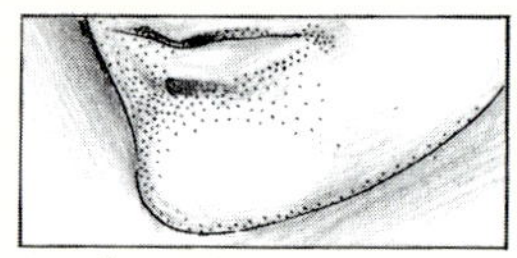

Fliehendes Kinn
weltfremd, lethargisch, schlaff

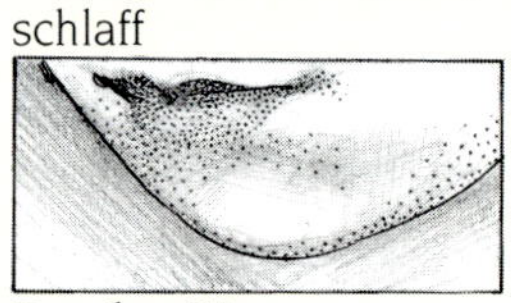

Ovales Kinn
ruhelos, leicht erregbar, unbeständig

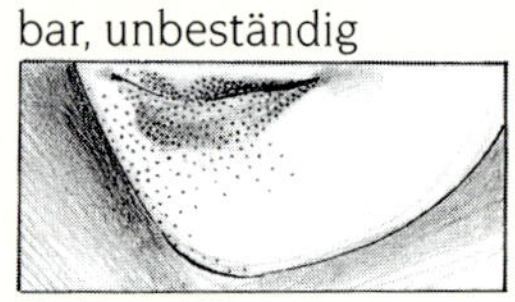

Rundes Kinn
diplomatisch, ehrgeizlos, fatalistisch

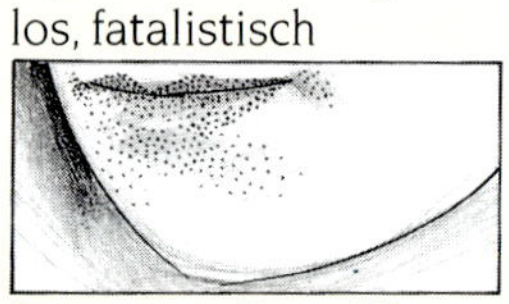

Spitzes Kinn
unentschlossen, matt, leichtgläubig

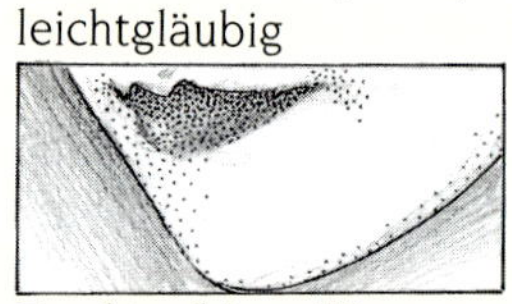

Langes, spitzes Kinn
herrisch, mutwillig, hinterhältig

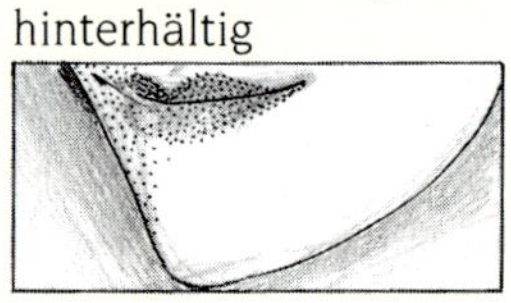

Rechteckiges Kinn
aggressiv, stur, verbissen

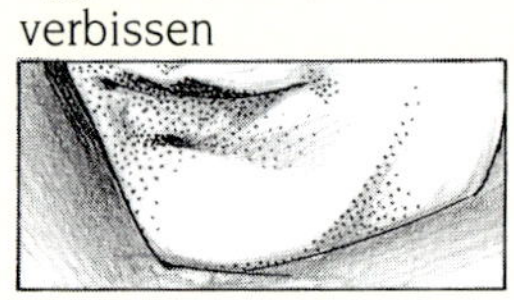

Grundsätzlich gilt:

Je unebener das Kinn, desto größer das Stehvermögen und desto länger das Leben.

Je schwächer das Kinn, desto schwächer die Konstitution im Alter.

Je ausgeprägter die Spalte, desto größer die Lust auf Herausforderungen und Abenteuer.

Ein gutgeformtes Kinn weist auf ein gutes Verhältnis zu den Enkelkindern hin.

Menschen mit einem rechteckigen Kinn kämpfen bis zum letzten und tragen oft den Sieg davon.

Wenn dieser oder ein anderer Gesichtszug unproportioniert erscheint, werden auch die zugehörigen Eigenschaften dementsprechende Auswirkungen auf den Charakter der jeweils betroffenen Person haben. Dann besteht die Gefahr, daß die Persönlichkeit insgesamt unausgeglichen ist.

Diese Generalisierung gilt in besonderer Weise für das Kinn, vielleicht weil die dadurch repräsentierten Kräfte zum *Yang*, zum Männlichen, Aggressiven, hin ausgerichtet sind und sie den betreffenden Menschen sehr rasch aggressiv bzw. ausgesprochen schwach und unselbständig erscheinen lassen.

Wenn die Möglichkeit eines solchen Ungleichgewichts zu bestehen scheint, sollten Sie die übrigen Gesichtsmerkmale besonders sorgfältig nach Eigenschaften absuchen, die die Persönlichkeit der betreffenden Person wieder mehr ins Gleichgewicht rücken könnten.

Ideales Kinn

Das »ideale« Kinn, dem man selten begegnen dürfte, ist wohlgeformt und an der Spitze eher flach; außerdem paßt es proportional perfekt zum übrigen Gesicht. Ein Mensch mit einem solchen Kinn wäre kräftig und würde viel Energie besitzen. Er oder sie würde jeden Tag voll und ganz auskosten und die Zeit ausgewogen zwischen Arbeit und Vergnügen aufteilen sowie mit großer Begeisterung Sport treiben. Menschen mit idealem Kinn würden in dieser Beziehung keine Anleitung brauchen, da sie ihren Körper bestmöglich trainieren. Darüber hinaus würde ihnen eine positive Einstellung bis ins hohe Alter hinein erhalten bleiben.

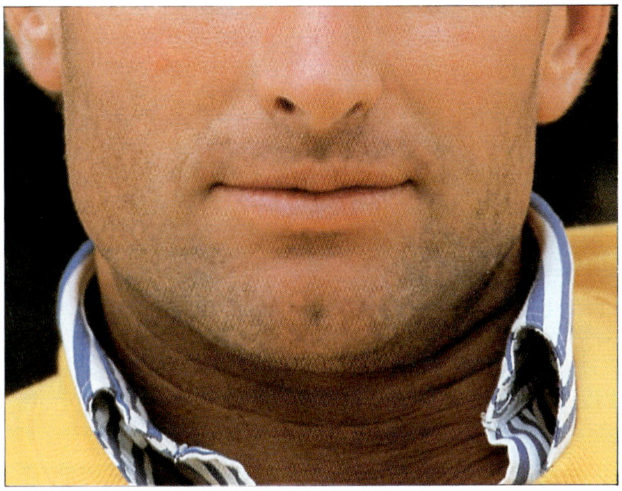

Rechts: *Das ideale Kinn ist weder zu eckig noch zu rund. Es sollte vielmehr in einer sanften Kurve zu etwas eckigen Enden hin verlaufen.*

Gespaltenes Kinn

Hier haben wir abenteuerlustige Menschen, die die Herausforderung suchen und nicht nur geistig immer jung bleiben, sondern sich auch bis ins Alter hinein körperlich fit halten. Dazu kommt, daß diese Menschen manchmal eine etwas kindliche – oder zumindest naive – Gesinnung und, da ihnen alles Intellektualisierende fremd ist, eine bodenständige Einstellung zum Leben haben. Ein großer Vorteil liegt in der Fähigkeit, sich mit jüngeren Generationen zu identifizieren. Diese Menschen sind wunderbare Eltern und Großeltern. Sportliche Aktivitäten wie zum Beispiel Tennis treiben sie bis ins hohe Alter.

Rechts: *Bei den Chinesen heißt das gespaltene Kinn das »Rastlose«. Menschen mit dieser Kinnform sind häufig ihr ganzes Leben lang auf der Suche nach ihrem Platz in der Gesellschaft, und wenn sie ihn gefunden haben, weigern sie sich zuweilen, ihn einzunehmen.*

Vorstehendes Kinn

Leider sind viele Eigenschaften, die zu dieser Kinnform gehören, wenig schmeichelhaft. So könnte beispielsweise eine Neigung zur Streitsucht und Aggressivität

Oben: *Ob ein Kinn vorstehend ist oder nicht, spielt eigentlich keine besondere Rolle bei der Beurteilung der Kinnform, und deshalb sind die genannten Charakteristika glücklicherweise auch nur selten sehr ausgeprägt.*

bestehen. Die betroffenen Menschen sollten sich unbedingt bemühen, ihre unerschöpflichen Energiereserven in positive Bahnen zu lenken, indem sie diese zum Beispiel ihrem Berufsleben und einer lohnenden Karriere zuwenden. Darüber hinaus besteht eine Tendenz zur Veränderung, die sowohl im Berufs- als auch im Privatleben zu chaotischen Verhältnissen führen kann. Sehr empfehlenswert sind aggressionsabbauende Aktivitäten wie Boxen oder vielleicht eine fernöstliche Kampfsportart.

Ovales Kinn

Für diese Menschen ist es sehr wichtig, ihrem Leben eine wohldurchdachte Richtung zu geben, da sich ihrer sonst leicht eine fatale Rastlosigkeit bemächtigen könnte. Sie neigen zum Wechselhaften, Unsteten und sind folglich mit dem, was sie haben, nur selten zufrieden. Zuweilen belasten sie sich mit unnötigen Sorgen. Es könnte sein, daß sie sich Kinder wünschen, aber viele Frauen dieses Typs haben derart große Schwierigkeiten, sich zu entspannen, daß es zu Empfängnisschwierigkeiten kommen kann. Auf die Förderung innerer Ausgeglichkeit und Ruhe sowie ganzheitliche Harmonie sollte hier verstärkt hingearbeitet werden.

Fliehendes Kinn

Diese Kinnform weist einen Menschenschlag aus, der sehr geruhsam ist und wenig Neigung verspürt, im Leben voranzukommen. Sie könnten weltfremd werden und einen Hang zum Laisser-faire entwickeln. Dabei sind sie liebevolle Eltern und Großeltern, müssen jedoch darauf achten, daß die ihnen eigene Tendenz zum Realitätsverlust nicht überhandnimmt. Um ihren Stoffwechsel anzuregen und ihr Energieniveau etwas anzuheben, sollten sie kreative, musische Sportarten ausüben.

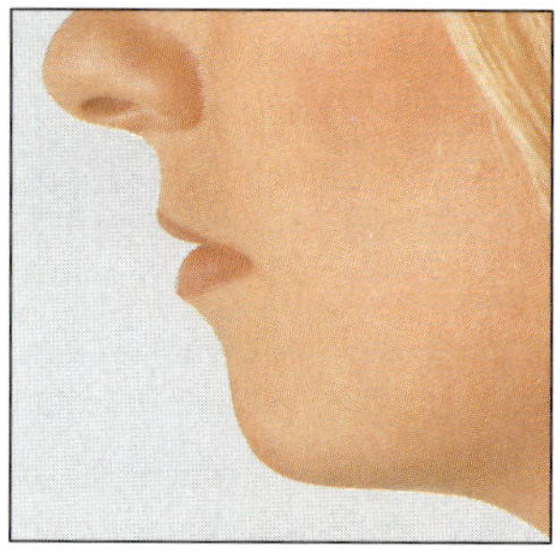

Links: *Die Kinnlinie gilt als Maßstab für das Energieniveau. Deshalb könnte ein fliehendes Kinn auf Schwäche im Alter hinweisen.*

Unten: *Ein rundes Kinn soll Mangel an Antriebskraft und Ehrgeiz sowie Anfälligkeit für Krankheiten signalisieren.*

Rundes Kinn

Obwohl Menschen mit einem hübsch gerundeten Kinn die geborenen Diplomaten sind und auf andere einen ausgesprochen günstigen, beruhigenden Einfluß ausüben werden, sind sie selbst oftmals sehr ehrgeizlos und neigen zum Fatalismus. Was sie entwickeln müssen, ist eine Art »get up and go«-Mentalität und größere Abenteuerlust. Grundsätzlich neigen sie dazu, jede Art körperlicher Ertüchtigungen zu verabscheuen und infolgedessen übergewichtig zu werden. Ein Sauna- oder Solariumsbesuch im Anschluß an sportliche Aktivitäten könnte als Ansporn dienen.

Links: *Wie die Besitzer eines fliehenden Kinns, sollten auch Menschen mit ovalem Kinn rechtzeitig Gesundheitsvorsorge für das Alter treffen. Ihre natürlichen Abwehrkräfte könnten durch unzureichende natürliche Energiereserven geschwächt sein.*

Spitzes Kinn

Entscheidungen zu treffen, schnell und gezielt aktiv zu werden und Verantwortung zu tragen – das alles bereitet Menschen mit spitzem Kinn besondere Schwierigkeiten. Sie haben eine Neigung zur Leichtgläubigkeit und sind vor allem in jungen Jahren gefährdet, nikotin- oder gar drogenabhängig zu werden, vor allem dann, wenn falsche Freunde sie dazu verleiten. In Anbetracht dieser ungünstigen Anzeichen ist es besonders wichtig, die übrigen Gesichtszüge daraufhin zu untersuchen, ob sie einen Ausgleich dazu bieten können. Joggen, Aerobic und Golf wären günstige Sportarten.

Rechts: *Wenn Menschen mit spitzem Kinn sich nicht auf das Wesentliche konzentrieren, laufen sie Gefahr, ihre angeborenen Fähigkeiten zu vergeuden.*

Langes, spitzes Kinn

Hier haben wir Menschen, die sehr herrisch sein können, aber auch große organisatorische Fähigkeiten besitzen. Mit viel Geduld können sie lernen, die negative Energie in eine positive umzupolen, taktvoller zu werden und ihre Möglichkeiten bestmöglich auszuschöpfen. Menschen mit langem, spitzen Kinn haben eine Tendenz zur Hinterhältigkeit und genießen oft auch bösartigen Klatsch und Tratsch. Auch in diesem Fall ist es wichtig, die anderen Gesichtsmerkmale genau zu studieren, um positive Züge zu finden, die diese ungünstigen aufheben.

Links: *Ein langes, spitzes Kinn wirkt dominanter, als man annehmen möchte. Lassen Sie sich davon nicht täuschen. Diese Kinnform steht für viel Vitalität, die richtig gesteuert sein will.*

Rechteckiges Kinn

Dieses energische Kinn kann einen Menschen sehr dickköpfig und widerspenstig machen, doch besteht die Möglichkeit, diese negativen Eigenschaften abzuschwächen, indem man sich gezielt um Flexibilität und Kontrolle der eigenen Aggressivität bemüht. Wenn in anderen Gesichtspartien gegenteilige Eigenschaften abzulesen sind, haben wir jemanden, der reichliche Energiereserven besitzt. Allerdings haben Menschen mit dieser Kinnform etwas Grobes an sich, das abgeschliffen werden sollte. Da die Neigung zu übertriebener Disziplinierheit besteht, wäre es ratsam, gerade Kindern gegenüber Nachsicht zu üben.

Rechts: *Das rechteckige Kinn gilt als energisch und wird mit dem klassischen Heldenideal in Verbindung gebracht: zuverlässig, unnachgiebig, verbissen und immer auf der Seite des Rechts!*

Philtrum

Das Philtrum ist die Rinne, die unterhalb der Nasenlöcher zur Mitte der Oberlippe hin verläuft. Es ähnelt einem Kanal zwischen Nase (einem männlichen *Yang*-Gesichtszug) und Mund (einem weiblichen *Yin*-Merkmal). Daraus läßt sich schließen, daß ein Mensch mit sehr deutlich ausgeprägtem Philtrum überaus gefühlsbetont ist. Die Chinesen verbinden das Philtrum besonders mit dem einundfünfzigsten Jahr, das unserer westlichen Rechnung nach das fünfzigste Lebensjahr ist.

Das Wort »Philtrum« war ursprünglich wohl ein Synonym für das griechische Wort für einen Liebes- oder Zaubertrank, der »zur Erregung von Liebe und sexuellem Verlangen« diente. Im frühen siebzehnten Jahrhundert wurde es dann erstmals für den Gesichtszug verwendet, um den es hier geht: »Die Höhle, die die obere Lippe teilt«, und der zuweilen auch unter dem ebenfalls aus dem Griechischen stammenden Begriff »Raphe« erwähnt wird, was soviel heißt wie »nahtartige Verwachsungslinie« zwischen zwei Körperteilen.

Kurzcharakteristik

Das Philtrum – die Einbuchtung in der Mitte der Oberlippe – ist ein Fluß in der Gesichtslandschaft und deshalb dem *Yin* zugehörig, was auf emotionale, weibliche Energie hindeutet. Es wird mit Sexualität und Fortpflanzung in Verbindung gebracht.

Gerades Philtrum treu, nachdenklich, rücksichtsvoll

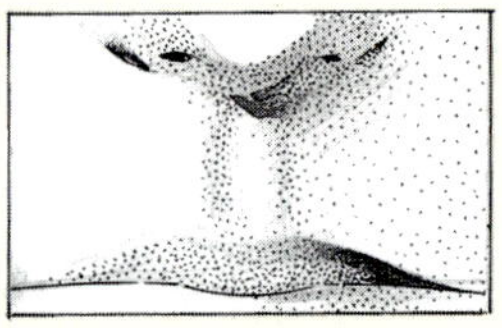

Breiter werdendes Philtrum dynamisch, fruchtbar, ausgewogen

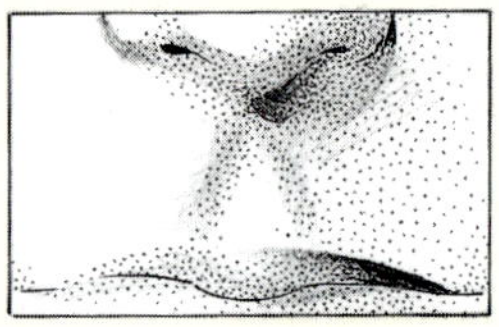

Schmäler werdendes Philtrum beherrscht, diszipliniert, selbstgenügsam

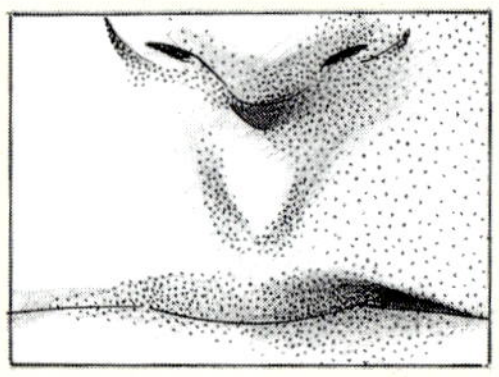

Schwach ausgeprägtes Philtrum bescheiden, keusch, lethargisch

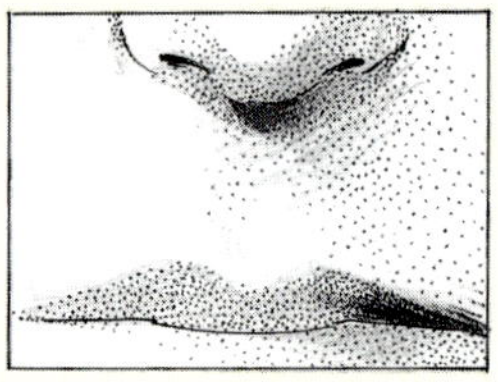

Grundsätzlich gilt:

Ein tiefes, langes Philtrum bedeutet Kinderreichtum.

Ein ebenes, volles Philtrum läßt auf Töchter schließen.

Ein gerades, senkrechtes Philtrum deutet auf Adoptivkinder hin.

Ein schwarzes Mal am Philtrum deutet auf schwierige Kinder hin.

Ein gut ausgeprägtes, tiefes Philtrum berichtet von Liebesabenteuern.

In Anbetracht dieser Wortherkunft und der Tatsache, daß das Philtrum zwischen den Teilen des Gesichts verläuft, die traditionell mit Penis (Nase) und Vagina (Mund) assoziiert werden, ist es nicht erstaunlich, daß es in enger Beziehung zur Sexualität und zur Fortpflanzung steht. Betrachten Sie das Philtrum nicht primär, um etwas über die Sinnlichkeit eines Menschen in Erfahrung zu bringen (Mund und Augen sprechen hier eine deutlichere Sprache), sondern um herauszufinden, wie stark der Betreffende dazu neigen wird, seine Sinnlichkeit in offener Sexualität auszuleben.

Einige der westlichen Schule entstammende Gesichtsdeuter vertreten die Ansicht, daß das Philtrum auch etwas über die Energie und Dynamik aussagt, die jemand auf seine Karriere verwenden wird, daß also der Grad der Sexualität den Grad der beruflichen Ambitionen spiegelt. Die Chinesen dagegen betrachten das Philtrum mehr oder minder ausschließlich unter dem Aspekt der Sinnlichkeit und Fortpflanzung.

Aber wie soll man, von den allgemeinen Richtlinien abgesehen, die mit der Theorie des Wandernden Jahres (*siehe Seiten* 117f.) zusammenhängen, die Tatsache auslegen, daß das Philtrum besonderen Einfluß auf das fünfzigste Lebensjahr hat? Wissenschaftlichen Erkenntnissen zufolge erfahren Männer, bis zu einem gewissen Grade aber auch Frauen, gerade dann eine wesentliche Wandlung in ihrer Einstellung zur Sexualität. Die Männer bekommen Angst, ihre Potenz zu verlieren und können sich in außereheliche Verhältnisse stürzen – nur um sich selbst ihre Männlichkeit zu beweisen. Einige späte Homosexuelle erkennen nun die volle Kraft ihrer bislang unbewußten Neigungen und experimentieren mit Bisexualität oder bekennen sich jetzt sogar ganz zur Homosexualität. Die Frauen dagegen, jetzt in den Wechseljahren, sind entweder der Verzweiflung nahe (weil sie, völlig zu Unrecht, der Ansicht sind, daß ihre sinnvollen Lebensjahre damit vorbei seien), oder aber sie leben auf und genießen erleichtert eine neue sexuelle Freiheit, die sie bemerkenswert verjüngen kann.

GERADES PHILTRUM

Wie so oft in der chinesischen Metoposkopie wird hier »gerade« mit »normal« gleichgesetzt. Inwieweit dieses sogenannte »Normale« tatsächlich normal ist, sei dahingestellt. Ein gerades Philtrum soll jedenfalls bedeuten, daß die betreffende Person kein in welcher Hinsicht auch immer extremes Liebesleben führen wird. Er oder sie wird vermutlich treu, aufmerksam und rücksichtsvoll sein. Dennoch ist nichts so einfach wie es aussieht, und ein Mensch, dessen Philtrum ganz gerade zu sein scheint, kann nämlich nicht nur ausgesprochen zuverlässig, sondern vielleicht auch ein bißchen langweilig sein und sich gegen jede Veränderung oder Neuerung sträuben. In einem solchen Fall besteht die Möglichkeit, daß selbst ein/e enthusiastische/r Liebhaber/in um das fünfzigste Jahr herum jegliches Interesse am Sex verliert. Da damit die Gefahr verbunden ist, daß der Partner unbefriedigt zurückbleibt, sollte man bei Bedarf einen Eheberater aufsuchen. Zumindest ist es höchst unwahrscheinlich, daß der andere berechtigten Grund zur Eifersucht haben wird.

Es heißt, daß Menschen mit einem solchen Philtrum selten mehr als zwei Kinder bekommen.

Rechts: *Entscheidend ist die Ausprägung des Philtrums: Ein Mensch mit einem geraden, aber kaum sichtbaren Philtrum wird seine potentielle sexuelle Energie in andere Bahnen lenken, sie zum Beispiel für die Karriere nutzen.*

VERBREITERNDES PHILTRUM

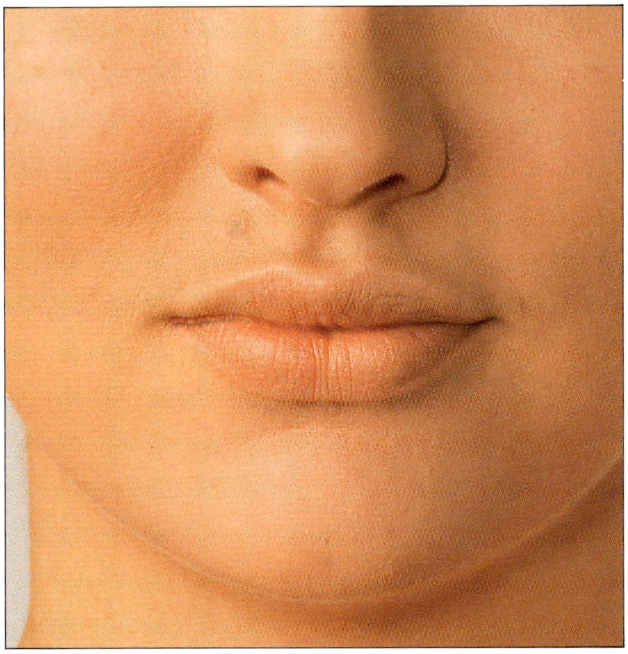

Ein Philtrum, das oben schmal ist, sich in Richtung zur Oberlippe hin verbreitert und deutlich ausgeprägt ist (die beiden Seitenkämme also sichtbar erhöht und fleischig), soll auf einen Menschentyp hinweisen, der ebenso sinnlich wie fruchtbar sein und eine große Familie haben soll.

Diese Form des Philtrums gilt als die »klassische«, da es die richtige Ausgewogenheit zwischen sexueller Leidenschaft und hemmungsloser Lüsternheit signalisiert: Seine Partnerin wird sich nicht über Vernachlässigung, ihr Partner sich nicht über Mangel an Leidenschaft beklagen können. Das fünfzigste Jahr kann in diesem Fall lediglich als Beispiel dafür herhalten, wie wenig ein glückliches und ausgefülltes Liebesleben mit dem Alter zu tun hat. Denn dieser Typ wird weder sein Interesse am Sex verlieren, noch irgendeine neue Bestätigung brauchen.

Links: *Wenn das verbreiternde Philtrum sehr ausgeprägt ist – vor allem zur Lippe hin –, könnte das auf ein ausgeprägtes Talent zur Selbstdarstellung hindeuten.*

Verjüngendes Philtrum

Ein Philtrum, das oben breit ist und zur Oberlippe hin schmäler wird, findet man bei Menschen, die sich ganz und gar im Griff haben und in der Liebe genauso diszipliniert sind wie in der Arbeit. Zuweilen genügen sie sich selbst, so daß sie keine Dauerbeziehung brauchen. Dabei werden sie einer aufregenden Affäre keineswegs abgeneigt sein. Natürlich können wie bei allen Gesichtszügen auch diese Eigenschaften durch andere Merkmale verändert werden. Doch werden diese Menschen der Sexualität in der Regel keinen sehr hohen Stellenwert einräumen – weder um ihrer selbst noch um einer liebevollen Sinnlichkeit wegen. Sie werden Sexualität vielmehr als eine Art natürliches Bedürfnis ansehen, das man möglichst zweckmäßig stillt und dann vergißt, bis es sich erneut bemerkbar macht. Diese Einstellung kann bei bestimmten Partnern zur Katastrophe führen. Deshalb sollten Menschen mit schmaler werdendem Philtrum einen Rat beherzigen: Suchen Sie sich einen Lebensgefährten, dessen Philtrum nach Möglichkeit noch schmäler ist als Ihr eigenes!

Oben: *Menschen mit einem zur Lippe hin schmäler werdenden Philtrum sollten besonders in den mittleren Lebensjahren achtgeben, wenn sowohl Männer als auch Frauen Gefahr laufen, in ihrem Gefühls- oder Liebesleben ziellos umherzuirren.*

Schwach ausgeprägtes Philtrum

Wenn ein schmaler werdendes Philtrum auf eine gewisse Gleichgültigkeit der Sexualität gegenüber schließen läßt, so gehört das schwach ausgeprägte Philtrum zu einem bescheidenen Menschen. Dieses Philtrum ist so gering ausgebildet, daß man es auf den ersten Blick gar nicht erkennt. Ein solcher Mensch ist bestenfalls lethargisch bis gleichgültig, und es könnte sein, daß er oder sie sogar schon in jungen Jahren davon überzeugt ist, daß die Bedeutung der Sexualität für das Lebensglück unglaublich überschätzt wird. Diese Menschen werden kaum in der Lage sein, ein lebenslanges Interesse am Sex wachzuhalten. Es liegt auf der Hand, daß ein Mensch mit normalem oder gar ausgeprägtem Sexualtrieb über eine dauerhafte Bindung an einen Menschen dieses Typs gar nicht lange genug nachdenken kann. Für eine Vater- oder Mutterrolle hat dieser Typus in der Regel genausowenig Interesse. Wenn einer der Ehepartner ein schwaches Philtrum hat, könnte es sich durchaus herausstellen, daß er bzw. sie auch körperlich nicht in der Lage ist, ein Kind zu zeugen oder zu empfangen.

Oben: *Menschen mit schwach ausgeprägtem Philtrum sollte man nicht unterschätzen. Die Grundbedeutung des Philtrums betrifft ausschließlich die Sexualität. In anderen Lebensbereichen kann ein solcher Mensch große Talente besitzen.*

Die Region unterhalb des Auges

In der Region unterhalb des Auges spiegelt sich oft unser allgemeiner Gesundheitszustand. Die chinesische Lehre verbindet sie mit Fruchtbarkeit und der Fähigkeit zur Fortpflanzung.

Während das Philtrum den Grad unserer Leidenschaftlichkeit bezeichnet und folglich auch mit der Zeugung von Kindern zu tun hat, signalisiert der Bereich unter unseren Augen unsere potentielle Fruchtbarkeit. Je gesünder diese Stelle aussieht, desto größer die Chance auf Nachwuchs. Hautverfärbungen, Schwellungen oder sonstige Anomalitäten könnten auf eine Schwäche der Geschlechtsorgane hinweisen (bei Männern im schlimmsten Fall auf Impotenz).

Im Idealfall ist die Haut hier rein und faltenlos. Im östlichen wie im westlichen Kulturkreis gelten Tränensäcke oder dunkle Augenringe seit Menschengedenken als Zeichen für einen ausschweifenden Lebenswandel. Während also das normale, gesunde Aussehen der Region unterhalb der Augen auf eine gesunde Lebensführung schließen läßt, könnten Augenringe sehr wohl als Hinweis auf das Gegenteil – aber auch auf Überarbeitung – gedeutet werden.

Idealfall

Im Idealfall weist die Region unterhalb der Augen reine, makellose Haut auf, die sich glatt über leicht erhobene *Plattformen* spannt. Sie sollte weder zu flach noch aufgequollen oder zu fleischig sein. Darüber hinaus ist lediglich festzustellen, daß diese Menschen, sofern ihre anderen Gesichtszüge gleichermaßen (aus metoposkopischer Sicht gesehen) positiv sind, außerordentlich schicksalsbegünstigt sind.

Hautverfärbung

Dunkle Ringe unter den Augen, die oft durch Krankheit bedingt sind, gelten allgemein auch als Zeichen eines schlechten Charakters oder wenigstens eines ausschweifenden Lebenswandels und oft auch als Zeichen für Kinderlosigkeit.

Völlerei oder gar Trunksucht tragen nicht gerade dazu bei, ein Kind zu zeugen (Alkohol, so Shakespeare, »weckt die Begierde, aber beeinträchtigt den Vollzug«). Der Grund für Kinderlosigkeit können auch sexuelle Ausschweifungen sein, die die Funktion der Geschlechtsorgane beeinträchtigen.

Links: *Der chinesischen Lehre zufolge bezeichnen Farbe und Hautbeschaffenheit der Region unterhalb des Auges die erotische Anziehungskraft eines Menschen – das könnte jedoch daran liegen, daß chinesische Männer sich zu offensichtlich fruchtbaren Frauen besonders hingezogen fühlten.*

Runde Augenpartie

Hat die Haut unterhalb der Augen eine gesunde Farbe, ist sie ohne Tränensäcke und eher rund, deutet dies auf eine schwache Libido hin. Allerdings könnte es sein, daß es aus reiner Nachlässigkeit dennoch zu reichem Kindersegen kommt: weil *sie* die Pille vergessen hat,

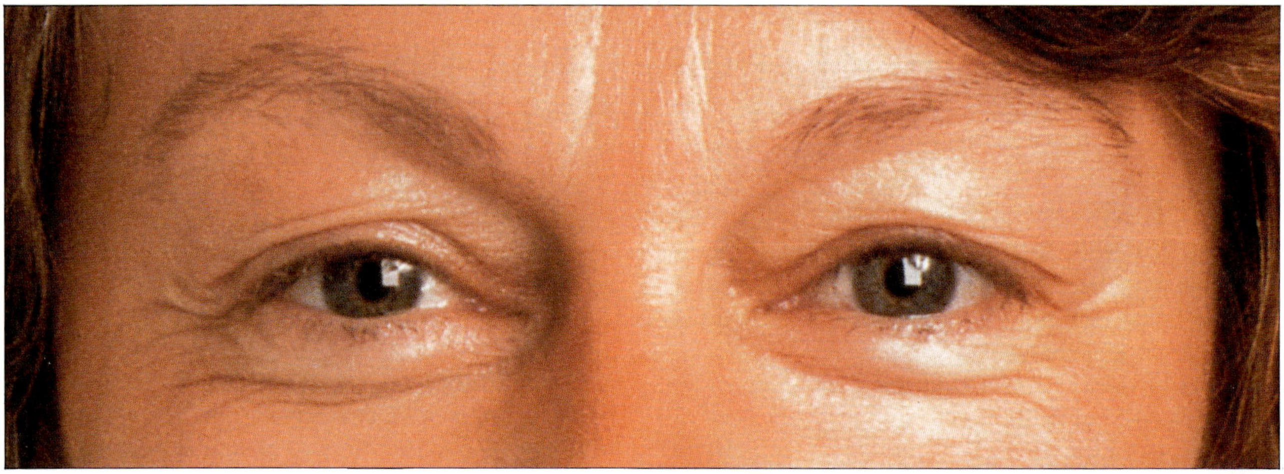

Oben: *Achten Sie darauf, ob die Gegend unterhalb des Auges besonders fleischig ist. Dies könnte auf Nachlässigkeit schließen lassen. Dunkle Augenringe können ererbt, aber auch durch Schlaflosigkeit bedingt sein. In jedem Fall sollte man dieser Gesichtsregion stets genügend Aufmerksamkeit schenken.*

oder *er* sich weigert, ein Kondom zu benutzen (was heute, in den neunziger Jahren, nicht mehr nachlässig, sondern geradezu kriminell ist). Ein Mensch mit runder Augenpartie soll jedoch über eine lebhafte Phantasie und großen Einfallsreichtum verfügen, so daß der Nachwuchs in einem geistig regen Elternhaus aufwachsen wird.

Glatte Haut

Makellose Haut unter den Augen sieht zwar wunderschön aus, soll jedoch nicht von besonderer Fruchtbarkeit zeugen (obwohl das chinesische Sprichwort sagt, daß ein Mensch mit diesem Merkmal »nicht mehr als zwei Kinder bekommen wird«, was hierzulande meist ausreichend sein dürfte). Es wird auch behauptet, daß solche Menschen egozentrisch und manchmal frigide seien und daß sie ihre Kinder als Besitz ansehen.

Rechts: *Im Abendland gelten Frauen mit weicher, glatter Haut als glücklich. Ein sicheres Urteil ist nur ohne Make-up möglich.*

Nasenfalten

Die *Fa ling*, die Falten, die rechts und links der Nase bis zu den Mundwinkeln hinunterziehen, geben Hinweise auf unsere Einstellung dem Leben gegenüber, aber auch auf unsere Lebenserwartung.

Wie bereits mehrfach erwähnt, ist die Einschätzung der traditionellen östlichen Metoposkopie zuweilen recht drastisch: In diesem Zusammenhang sind vor allem die sogenannten Nasen- oder Lachfalten zu nennen, an denen sich angeblich mit untrüglicher Sicherheit ablesen läßt, ob wir lange leben oder in jungen Jahren sterben werden.

Diese Falten bilden sich hauptsächlich durch die Bewegung der Muskeln seitlich des Mundes, und ihre Form hängt wesentlich mit der Art zusammen, wie wir lachen. Somit ist klar, daß sie etwas darüber aussagen, wie der betreffende Mensch zum Leben steht. Menschen, die viel lachen oder lächeln, haben sicherlich eine andere charakterliche Disposition als jene, die ernst durchs Leben gehen – obwohl man natürlich bedenken muß, daß diese Falten nicht nur vom Lachen, sondern auch vom Naserümpfen oder von höhnischem Grinsen stammen können.

Vertreter der modernen chinesischen Metoposkopie stimmen heute der Ansicht zu, daß man aus diesen Falten – ganz unabhängig von der Lebensdauer – ebenso ablesen kann, wie wir mit unseren Mitmenschen auskommen und welche Rolle wir in der Gesellschaft spielen.

Die Ausbildung der Nasenfalten beginnt in jungen Jahren, bis sie um das vierzigste Lebensjahr wirklich deutlich sichtbar eingekerbt sind. Die Chinesen behaupten allerdings, daß sie bei besonders erfolgreichen Menschen schon wesentlich früher vorhanden sind.

Diese Falten werden mit der Gesundheit, vor allem einem gesunden Liebesleben in Verbindung gebracht. Inzwischen beginnen auch die chinesischen Gesichtsdeuter, diese letztgenannte Verbindung in ihre Interpretationen aufzunehmen.

Ideale Nasenfalten

Der chinesischen Lehre zufolge sind die idealen Nasenfalten lang und geschwungen, verlaufen seitlich der Nasenlöcher bis fast zum Kinn hinunter. Kulturelle Unterschiede bedingen, daß derart lange Falten für Abendländer untypisch sind. Bei uns enden auch die perfekten Nasenfalten nicht zu weit unterhalb der Mundwinkel. Sie entstehen als Folge des Lächelns und signalisieren eine ausgeglichene und positive Einstellung zum Leben. In erster Linie weisen sie auf körperliche und seelische Gesundheit hin. Dazu gehört auch eine natürliche Sinnlichkeit, bei der kaum Gefahr besteht, daß der Sexualität zuviel Bedeutung zugemessen wird. Menschen mit idealen Nasenfalten haben oft eine überdurchschnittliche Lebenserwartung.

Nach aussen verlaufende Nasenfalten

Diese Art Nasenfalten entsteht durch ein ernstes, ruhiges Lächeln. Solche Menschen sind aufmerksame und gute Beobachter, denen nichts entgeht, die aber klug genug sind, nicht neugierig zu erscheinen. Sie können andere bereits in kurzer Zeit einschätzen. Wenn andere Gesichtszüge auf eine ausgeprägte Sinnlichkeit hindeuten, dann haben wir hier die geborene Verführernatur. Mit ein wenig Bedachtsamkeit können diese Menschen ein hohes Alter erreichen.

Links: *Wenn ein Mensch derart nach außen verlaufende Nasenfalten besitzt, sollte man seine Aussagen immer noch einmal überprüfen: Verstellung und Heuchelei sind ihm nicht fremd.*

Einwärts verlaufende Nasenfalten

Nasenfalten, die an den Mundwinkeln nach innen verlaufen, lassen auf jemanden schließen, der es schwer hat, sich im Leben zurechtzufinden. Mit wachsender Erfahrung sollten diese Menschen mehr Selbstvertrauen entwickeln, das ihnen hilft, auch die schweren Stunden des Lebens zu meistern. Mit der Selbsterkenntnis wird eine gesunde Liebe zu sich selbst kommen, die nichts mit Eitelkeit zu tun hat, sondern auf Gesundheit und Wohlbefinden ausgerichtet ist. Wenn diese Tendenz anhält, können durch Unachtsamkeit entstandene gesundheitliche Probleme unter Kontrolle gebracht und die Gesundheit stabilisiert werden.

Rechts: *Einwärts verlaufende Nasenfalten lassen darauf schließen, daß dieser Mensch dem Leben mit einer gewissen Ironie begegnet, die auf reicher Erfahrung beruht.*

Lange, einwärts verlaufende Nasenfalten

Menschen mit langen, unterhalb der Mundwinkel einwärts verlaufenden Nasenfalten wirken zunächst distanziert. Sie sind ehrgeizig und mit ihren Gedanken vermutlich mehr bei ihrem nächsten Projekt als bei der Familie und bei Freunden. Die eher zurückhaltende Einstellung persönlichen Beziehungen gegenüber kann diese Menschen einsam machen, obwohl der berufliche Erfolg das in der Regel kompensiert. Solche Menschen haben meist Sinn für (schwarzen) Humor. Gesundheitsgefährdend ist ihre Arbeitswut.

Links: *Diese langen, einwärts verlaufenden Nasenfalten scheinen bis zum Kinn hinabzuführen. Je länger sie sind, desto ausgeprägter dürfte der berufliche und finanzielle Ehrgeiz sein.*

BEISPIELE ZUR GESICHTSDEUTUNG

Hier eine eingehendere Analyse einiger berühmter Gesichter, bei der alle erkennbaren Gesichtszüge berücksichtigt wurden. Doch auch hier gilt, daß bei einem Foto keineswegs alle Merkmale erkennbar sein müssen und daß das, was die Gesichtsinterpretation ergibt, keineswegs mit dem öffentlichen Image des Stars übereinstimmen muß.

MARTIN SHEEN

Hartnäckigkeit, Ehrgeiz, praktische Veranlagung und Selbstdisziplin sind durch das rechteckige Saturn-Gesicht bereits angedeutet. Die letztgenannte Eigenschaft wird von den geraden Augenbrauen noch verstärkt, die darüber hinaus Scharfsicht vermuten lassen. Beachten Sie, wie klar und rein der Zwischenraum zwischen den Brauen (»Lebenspalast«) ist, was für ausgezeichnete Gesundheit spricht. Sicher im Umgang mit Geld und durchaus großzügig (wie die großen, tiefliegenden Augen zeigen), ist Martin Sheen dennoch vermutlich nicht der einfachste Kollege. Dies hängt nicht mit irgendwelchen Unzulänglichkeiten zusammen, sondern ist in einem möglichen Mangel an Flexibilität (schmale Lippen) und Dickköpfigkeit begründet

(Kiefer und Kinn sind breit und rechteckig). Die rechteckige Stirn spricht für Aufrichtigkeit. Dazu kommt, daß sich Intelligenz (Charakteristikum von Menschen mit großen Augen) und gesunder Menschenverstand (bedingt durch Kiefer- und Kinnform) auf jene natürliche Autorität stützen können, die die hohen Wangenknochen andeuten – typisch für Menschen, die ein Publikum in ihren Bann zu schlagen verstehen. Und Martin Sheens breiter, rechteckiger Kiefer läßt auf immense Selbstsicherheit schließen.

Der Fotografie nach zu urteilen, sind in diesem Gesicht die Berge ausgeprägter als die Flüsse, was auf betont männliches Verhalten schließen läßt. Auch hat Sheen ein sehr ausgeprägtes Philtrum, das sich zur Lippe hin verbreitert, Anzeichen dafür, daß er kraftvoll, sinnlich und ein guter Liebhaber ist.

Julia Roberts

Das längliche Venus-Gesicht (*gegenüber*) gilt als klassisch schön, aber oftmals fehlt den betreffenden Menschen die nötige Veranlagung, um diese Schönheit wirklich aufblühen zu lassen, denn sie tendieren vielfach zur Nachlässigkeit (obwohl sie in Geschäfts- und Geldangelegenheiten geschickt sind). Julia Roberts' gerade, lange Augenbrauen betonen jedoch ihren Ehrgeiz und sind darüber hinaus Zeichen für gesunden Menschenverstand.

An sich deutet diese Augenbrauenform auf mangelnde Vorstellungskraft hin, was bei einer Schauspielerin nicht besonders erstrebenswert erscheint. Doch wird dieses Merkmal durch die Stupsnase ausgeglichen, die lebhaften Enthusiasmus und die Entschlossenheit verrät, Herausforderungen anzunehmen. (Der chinesischen Lehre zufolge ist eine hoch angesetzte Nase ausgesprochen glückbringend, genauso wie gerade Augenbrauen.)

Die keilförmige Stirn weist auf ein sicheres Urteilsvermögen hin, das Julia Roberts langsam und methodisch einsetzt, wenn es darum geht, eine Rolle zu lernen. Ihr rechteckiges Kinn andererseits deutet auf Energiereserven hin, die sie auch lange Phasen harter Arbeit gut durchstehen lassen.

Der feine, ebenmäßige Mund läßt auf eine unabhängige Persönlichkeit schließen, die nichtsdestoweniger Gefühlen gegenüber aufgeschlossen ist: eine ausgesprochen extravertierte Natur, die im Privatleben eher nachgiebig ist.

Die ausgeprägten Nasenlöcher signalisieren Großzügigkeit, die sich in ihrem Privatleben ebenso zeigt wie in ihrer generellen Lebenseinstellung.

Walter Matthau

Das herzförmige Jupiter/Merkur-Gesicht deutet auf einen Menschen hin, der dem Leben und seinen Mitmenschen mit einem gewissen Zynismus begegnet. Der chinesischen Gesichtslesekunst nach neigt Matthau (*rechts*) dazu, in fraglichen Situationen eher instinktiv zu handeln als lange darüber nachzudenken. Wenn er sich aber für etwas entschieden hat, wird er diesen Weg verfolgen – hartnäckig und entschlossen.

Seine Augenbrauen, die etwas widerspenstig wirken, sind gerundet, was auf eine von Natur aus anziehende Persönlichkeit hinweist, die bereit ist, das Leben so zu nehmen, wie es kommt und sich durch Probleme und Schwierigkeiten nur dann behelligen läßt, wenn es unumgänglich ist. Matthaus ganzes Gesicht deutet darauf hin, daß er Sorgen nach Möglichkeit meidet: Die kurze Nase sagt aus, daß ihm verbissener Ehrgeiz fremd ist – seine steile Karriere ist nicht zuletzt darauf zurückzuführen, daß man gern mit ihm arbeitet. Und die niedrige, rechteckige Stirn verrät ein beträchtliches Maß an gesundem Menschenverstand.

Die charakteristischen langen Nasenfalten könnten auch eine Folge der (für Schauspieler typischen) per-

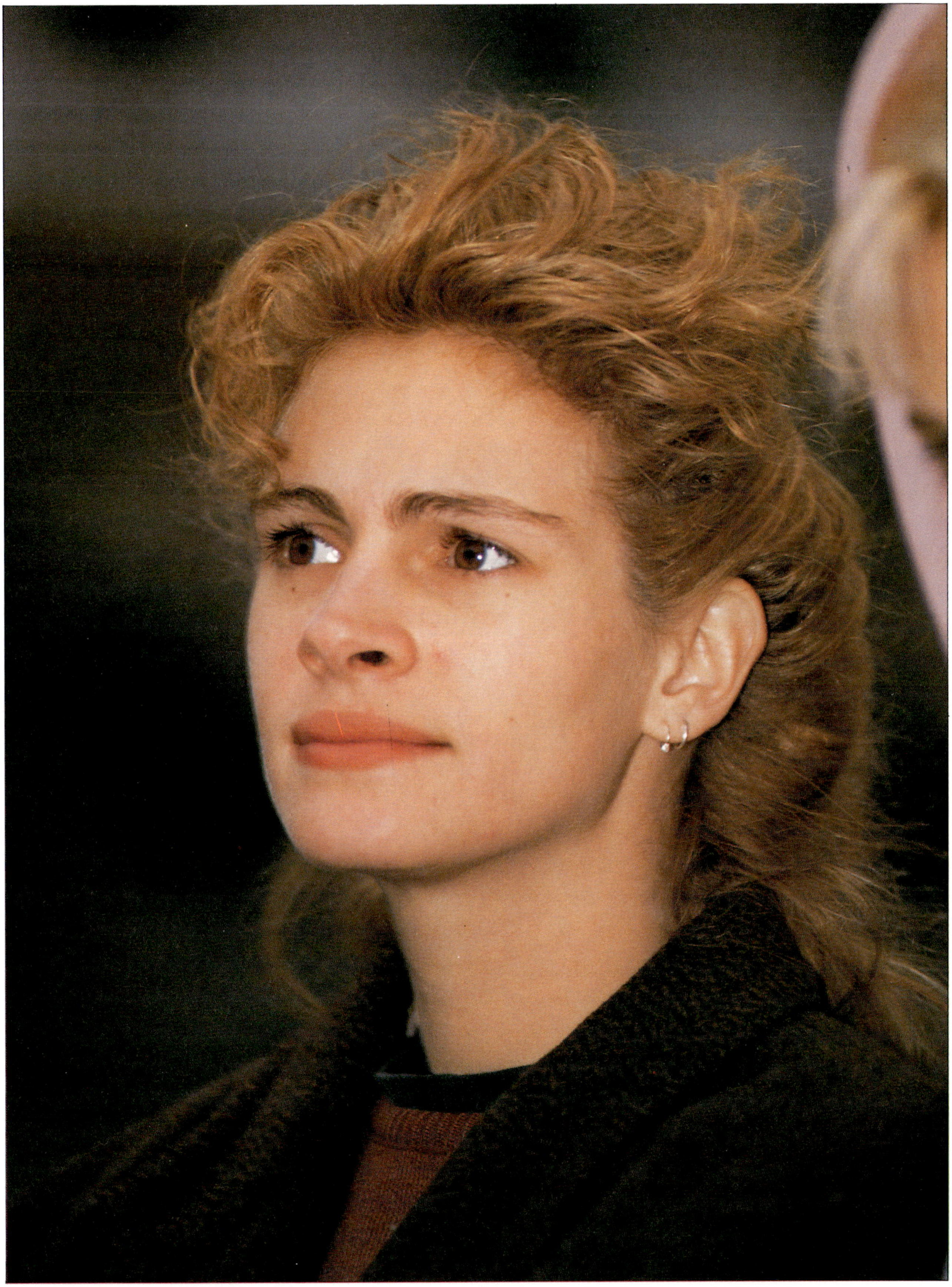

manent starken Mimik sein. Sie zeigen aber auch, daß Matthau Sinn für (trockenen) Humor hat. Während er auf den den ersten Blick oft unnahbar scheint, ist er in Wahrheit ein verläßlicher und rücksichtsvoller Freund (was die runden Augenbrauen bezeugen).

Wenn hier eine Stelle unklar ist, dann sind es die Augen: Sind sie, wie diese Fotografie glauben machen will, eher klein, und stehen sie wirklich in Mißverhältnis zu dem ansonsten offenen Gesicht? Wenn ja, dann würde dies auf einen recht begrenzten Horizont hindeuten, auch auf eine gewisse Selbstzufriedenheit, die sogar zur Gleichgültigkeit hinsichtlich der Karriere ausarten kann. Der relativ enge Mund ist ein klassischer Hinweis auf die Neigung, Gewicht anzusetzen.

Elizabeth Taylor

Liz Taylors Gesicht (*gegenüber*) zählt zu den bekanntesten der Welt und ist, obwohl klassisch schön, ausgesprochen individualistisch. Wie viele Schauspieler hat sie ein ovales Gesicht, das künstlerische Züge trägt. Wirkliche Schönheit heißt dabei keinesfalls, daß jeder Gesichtszug dem Ideal entsprechen muß. Hier zeigen beispielsweise die Ohren große, vorstehende Innenmuscheln. Dies ist durchaus nicht besonders schön zu nennen, aber es weist auf ein volles, aufregendes Leben hin. Menschen mit dieser Ohrenform scheinen das Leben voll und ganz auskosten zu wollen und schwanken oft zwischen Extremen.

Typisch ist, daß der oder die Betreffende sich bis zur Fettleibigkeit vollißt und dann durch radikale Abmagerungskuren zum Idealgewicht (und perfektem Aussehen) zurückfindet. Menschen mit ausgeprägter Innenmuschel neigen auch in ihrem Liebesleben zu Schwankungen, was sich in mehrfachem Partnerwechsel äußern kann.

Ihre gerade Nase bedeutet Ehrlichkeit, Toleranz und Zuverlässigkeit, selbst in Streßsituationen bewahrt sie die Ruhe. Außerdem spricht sie für absolute Aufrichtigkeit: Sie meint, was sie sagt, und sie sagt, was sie denkt. Der ebenmäßige, etwas breite Mund deutet auf Extravertiertheit und Großzügigkeit hin, und die Lippen sind voll genug, um eine natürliche Sinnlichkeit anzuzeigen. Die hohen, runden Wangenknochen beweisen, daß sie ihren eigenen Weg geht, dies jedoch taktvoll und niemals rücksichtslos. Überraschend ist die runde Stirn, die auf ein gewisses Maß an Trägheit schließen läßt – oder wenigstens auf eine unkomplizierte Einstellung dem Leben und der Arbeit gegenüber. Diese Stirnform verdeutlicht aber auch, daß sie eines echten Mitgefühls fähig ist.

Glenn Close

Glenn Closes kleine, hübsche Ohren (*rechts*) sind ein wesentliches Merkmal ihrer Persönlichkeit. Vom Standpunkt der Metoposkopie betrachtet, signalisieren sie frühen Erfolg, der in den mittleren Lebensjahren noch vertieft wird. Gutgeformte kleine Ohren stehen für ausgeprägte Kreativität, Organisationstalent und Selbstdisziplin. Diese Menschen sind in der Lage, ihren Erfolg durchzusetzen, aber auch perfektionistisch und häufig selbstkritisch. Darüber hinaus kann diese Ohrenform einen Menschentyp bezeichnen, der emotionale und finanzielle Sicherheit braucht und im großen und ganzen konventionell und konservativ eingestellt ist.

Das rechteckige Saturn-Gesicht zeigt Beharrlichkeit und praktische Veranlagung, wobei die »hängenden« Augenbrauen hohe Selbstdisziplin versprechen. Dieser Gesichtszug soll Liebe zum Detail andeuten – ein Charakterzug, den Glenn Close in vielen ihrer Rollen ausgezeichnet repräsentiert hat. Es heißt, daß diese Augenbrauen gewisse sexuelle Hemmungen andeuten, die mit einer Neigung zu Depressionen (verstärkt durch die schmalen Lippen) einhergehen können.

Die Nase ist recht schmal und knochig, was bedeuten könnte, daß Glenn Close ihren Mitmenschen gegenüber eher kritisch ist. Der chinesischen Lehre zufolge weist dies auch auf sorgfältigen Umgang mit Geld hin sowie auf eine gewisse Unnahbarkeit, die darin bestehen könnte, daß man nur mit seinesgleichen verkehren möchte. Mund und Augenbrauen scheinen eine leichte Schüchternheit und den Hang zur Passivität zu bestätigen, während Wangenknochen, Kiefer und Kinn als »ideal« gelten können. Dies weist auf einen männlich-bestimmten Charakter, seelisches Gleichgewicht, robuste Gesundheit und Vitalität hin.

JASON DONOVAN

Hier haben wir ein ovales Jupiter/Venus-Gesicht (*unten*), das emotionale Energie vermuten läßt. Der chinesischen Lehre nach bedeutet dies ein »Verführerschicksal«, wobei der Wohlstand davon abhängt, wie gut der Betreffende seine persönliche Ausstrahlung einsetzt. Solche Menschen sind häufig an den Schönen Künsten (vor allem Musik und Theater) interessiert.

Darüber hinaus besitzen Menschen mit Jupiter/Venus-Gesicht häufig eine außergewöhnliche erotische Ausstrahlung, die durchaus auch auf die Gesellschaft im allgemeinen ausgerichtet sein kann. Seine kleinen, wohlgeformten Ohren, die nur die Andeutung eines Ohrläppchens aufweisen, unterstreichen kreative Fähigkeiten und musikalische Begabung ebenso wie der Kirschmund, lassen aber gleichzeitig eine gewisse Oberflächlichkeit vermuten.

Relativ kleine Augen könnten andeuten, daß es nicht leicht ist, Donovan privat näher kennenzulernen. Tiefliegende Augen zeugen auch von einem ausgeprägten Geschäftssinn (was die rechteckige Stirn bestätigt). Die geringfügig eckigen Augenbrauen tragen ihren Teil zu der persönlichen Anziehungskraft bei, die sich in physischer wie emotionaler Energie (und häufig sehr »theatralisch«) äußert. Dies bedeutet jedoch keineswegs automatisch ein Leben im Rampenlicht, sondern lediglich die Fähigkeit, andere zu beeindrucken.

Der runde, glatte Kiefer gehört einem eher umgänglichen Mann, dessen Ehrgeiz durchaus realistisch verankert ist. Das gerade, schmale Philtrum findet man üblicherweise bei aufmerksamen und treuen Liebhabern, und sein Mund ist der eines häuslichen Mannes.

Menschen mit Jupiter/Venus-Gesicht müssen um die Lebensmitte zuweilen mit beruflichen Schwierigkeiten rechnen, können später dann aber erneut großen Erfolg genießen (dies wird unterstützt durch die relativ schwache Mittlere Ebene – hier liegen keine besonders auffälligen Gesichtsmerkmale). Die kurzen Nasenfalten, die um den Mund herum einwärts gebogen sind, weisen auf wachsende Selbsterkenntnis und zunehmendes Wohlbefinden hin.

LIZA MINELLI

Gesichter nach Fotografien zu deuten, ist generell schwierig; besonders problematisch gestaltet es sich aber, wenn die abgebildete Person sorgfältig zurechtgemacht ist, viel Make-up und Schmuck trägt, und die Ohren völlig von der Frisur verdeckt werden. Aus diesem Grund sollten Neulinge auf dem Gebiet der Gesichtslesekunst bevorzugt mit »lebenden Modellen« arbeiten, am besten mit Freunden, die nichts dagegen haben, wenn man sie einige Zeit anstarrt – was Fremde leicht in die falsche Kehle bekommen! Trotzdem ist es möglich, aus diesem Foto etwas über Liza Minelli zu erfahren: Sie hat ein weitgehend rundes Merkur-Gesicht, was auf Geselligkeit und Vielseitigkeit schließen läßt, wobei die letztgenannte Eigenschaft bei Miss Minelli ohnehin niemand in Frage stellen würde.

Die anderen Gesichtszüge widersprechen einander zum Teil – was eigentlich immer der Fall ist –, insgesamt jedoch ergibt sich der Eindruck, daß es sich um

eine Persönlichkeit handelt, die genau weiß, was sie will. Diese Eigenart wird durch den breiten Mund bestimmt, ein ziemlich sicheres Anzeichen für genügend Durchsetzungsvermögen, was die gewölbten und runden Augenbrauen noch zusätzlich betonen. Beachten Sie, daß die Kombination aus zwei Formen eines bestimmten Gesichtsmerkmals durchaus möglich ist. In diesem Fall können dann die Eigenschaften beider Merkmale gültig sein. Bei Liza Minelli verraten die Augenbrauen eine gewisse Hartnäckigkeit, die vermutlich immer dann zum Ausdruck kommt, wenn jemand versucht, sie zu etwas zu überreden, das sie für falsch hält.

Soweit die Fotografie erkennen läßt, sind die Augen tiefliegend, was zusätzliche Bestimmtheit, aber auch eine starke romantische Ader anzeigen würde. Tatsächlich scheinen diese Augen all jene Sentimentalität auszudrücken, die auch in ihrem Gesang so unüberhörbar mitschwingt. Auch Liza Minellis Mutter, Judy Garland, hatte diesen Klang in der Stimme, und auch ihre Augen waren ausgesprochen groß und tiefliegend.

Die Nase scheint recht kurz, was der Charakterisierung zusätzliche Würze verleiht. Wie es aussieht, widerspricht dieser Gesichtszug den anderen eindeutig definierbaren Eigenschaften, da er einen möglichen Mangel an Ehrgeiz anzeigen könnte. Aber Karriere und Beruf sind schließlich nicht alles, und es ist bekannt, daß Lisa Minelli im Privatleben Ruhe und Einsamkeit vorzieht. Die Nasenspitze wirkt rund, und wenn dies der Fall ist, bedeutet es Wohlstand, eine Abneigung gegen finanzielle Risiken und – das ganz besonders – hohe Ziele.

Das Tierkreis-Gesicht

Bestimmte Gesichtszüge lassen sich auch mit den Tierkreiszeichen in Verbindung bringen, und auch diese Merkmale können uns wichtige Hinweise auf Charakter und Persönlichkeit eines Menschen geben.

Bedenken Sie, daß ein Gesicht nicht zwangsläufig dem charakteristischen »Tierkreis-Gesicht«, das dem jeweiligen Sternzeichen zugeordnet ist, ähnlich sehen muß. Sie müssen darüber hinaus berücksichtigen, daß der Einfluß der Sonne zwar ein außerordentlich wichtiger Faktor im persönlichen Horoskop ist, daß diese aber zuweilen von anderen bedeutungsvollen Aspekten überlagert wird, zum Beispiel vom Aszendenten, jenem Sternbild, das zur Geburtsminute am Geburtsort am östlichen Horizont aufsteigt. Wenn einer der Planeten genau in dem Augenblick unserer Geburt aufgeht, wird dies unsere Erscheinung wie unseren Charakter beeinflussen.

Wo aber bleiben in dieser Theorie Familienähnlichkeiten und Vererbungslehre? Ebenso wie es ein genetisches Muster gibt, das sich über Generationen hinweg vererbt, existiert auch ein astrologisches Muster, das aber nur dann deutlich wird, wenn man die Horoskope mehrerer Generationen vergleicht. Das Sternzeichen des Vaters kann beispielsweise der Aszendent des Sohnes sein.

Ihr Tierkreis-Gesichtstyp könnte auf wesentlich subtilere Einflüsse als die durch Ihr Sternzeichen bedingten zurückzuführen sein. Dazu gibt es aber zwei Ausnahmen: Wenn Sie in den frühen Morgenstunden zur Zeit des Sonnenaufganges geboren sind, besteht die Möglichkeit, daß Sternzeichen und Aszendent identisch sind, was die mit Ihrem Sternzeichen verbundenen Eigenschaften verstärkt. Ähnliches gilt, wenn Sie bei Neumond geboren sind, denn zu dieser Zeit stehen Sonne und Mond im selben Sternbild. In beiden Fällen werden Sie feststellen, daß Sie viele der Eigenschaften besitzen, die Ihrem Sternbild zugeschrieben werden, und auch Ihr Äußeres dem Erscheinungstyp Ihres Tierkreiszeichens ähnelt.

Das Widder-Gesicht

Aussehen

Ein typisches Merkmal des Widder-Gesichts ist die deutliche Ausprägung der Augenbrauen. Diese sind schön geschwungen und verlaufen harmonisch zur Senkrechten der Nase. Der Teint ist rein und wirkt gesund. Der Gesichtsausdruck ist offen und wachsam.

Mögliche Charakterzüge

Menschen mit Widder-Gesicht sind in der Regel unkompliziert, entschlußfreudig und aktiv, sie denken positiv und sind optimistisch eingestellt. Häufig sind sie sehr sinnlich veranlagt, tendieren aber auch zum Egoismus. Sie gehören zu den »Schnelldenkern«, sind oft ungeduldig und neigen dazu, sich auf Grund hektischer Bewegungen zu verletzten. Auch für Kopfschmerzen sind sie überdurchschnittlich anfällig.

Unten: *Was ein Mensch mit Widder-Gesicht empfindet, ist meist unschwer zu erraten: Der Gesichtsausdruck offenbart dem Beobachter, ob alles in Ordnung ist oder ob der Betreffende gerade an den typischen Widder-Kopfschmerzen oder vielleicht sogar unter einem bösen Kater leidet.*

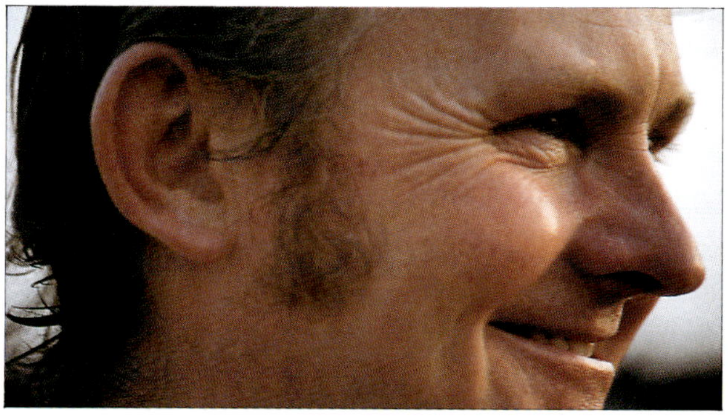

Das Stier-Gesicht

Aussehen

Typisch für das Stier-Gesicht ist die niedrige Stirn, die meist von vollem, lockigem Haar umrahmt wird. Dieser gutaussehende Erscheinungstyp neigt jedoch zu Übergewicht, und wenn er nicht auf seine Linie achtet, kann es passieren, daß aus »Babyspeck« später Fettleibigkeit wird. Der Blick ist entschlossen, aber freundlich, und die Augen strahlen eine sinnliche Anziehungskraft aus.

Mögliche Charakterzüge

Vorliebe für Luxus und Komfort kennzeichnet diese Menschen, die zugleich eine besondere Schwäche für Süßigkeiten haben. Sie zeigen ein beträchtliches Bedürfnis nach emotionaler wie finanzieller Sicherheit. Sie sind etwas schwerfällig, aber zuverlässig, sie lernen langsam, aber sorgfältig. Gegen Veränderungen sträuben sie sich gewaltig. Besonders anfällig sind sie für Erkältungskrankheiten.

Rechts: *Menschen mit Stier-Gesicht bevorzugen oft eine Frisur, die ihre meist niedrige Stirn höher erscheinen läßt. Die ebenfalls für den Stier typischen widerspenstigen Locken könnten diesen Versuch vereiteln.*

Das Zwillings-Gesicht

Aussehen

Aufgeweckter Blick, rascher Ausdruckswechsel und ein feiner, eher schmaler Mund, der selten ruhig ist, da Zwillinge ausgesprochen gern und viel reden. Menschen dieses Typs wirken stets jugendlich. Ihr Kinn ist spitz, ihre Kiefer-Kinn-Linie verläuft fließend. Viele Frauen bevorzugen Kurzhaarschnitte.

Mögliche Charakterzüge

Vielseitigkeit, Flexibilität und rasche Auffassungsgabe sind hier kombiniert mit der Fähigkeit, ja dem Bedürfnis, immer mehrere Dinge gleichzeitig zu tun. Diese Menschen sind kommunikativ, freundlich, neugierig und haben ein beträchtliches Maß an nervöser Energie (Verletzungsgefahr). Ihre Lungen sind empfindlich, sie sollten daher keinesfalls rauchen.

Links: *Zwillinge reden gern und viel, und vielleicht ist es diese »Gesichtsgymnastik«, die ihnen ihr sprichwörtlich jugendliches Aussehen erhält.*

Das Krebs-Gesicht

Aussehen

Ihr Teint ist blaß, und wenn sie gefordert sind, zeigt sich auf der Stirn dieser Menschen ein sehr charakteristisches Stirnrunzeln, wobei sich zwischen den Augenbrauen eine klar erkennbare Falte bildet. Sie neigen zu Übergewicht und haben in der Regel ein rundes Gesicht. Viele Krebs-Frauen bevorzugen Langhaarfrisuren.

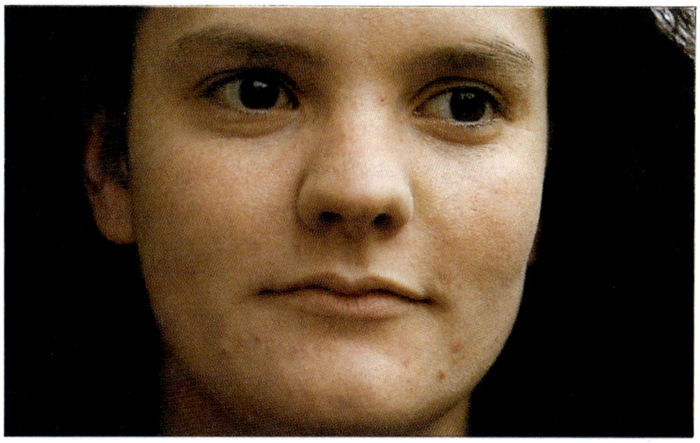

Rechts: *Das Krebs-Gesicht wird die rasch wechselnden Stimmungen seines Besitzers meist ungeschminkt widerspiegeln: Schnell kann ein warmes Lächeln einem besorgten Stirnrunzeln weichen. Die Gesichtsfarbe wird dann vermutlich grau oder zumindest bläßlich.*

MÖGLICHE CHARAKTERZÜGE

Freundlichkeit und Aufmerksamkeit, Heim und Familie sind diesem Menschentyp sehr wichtig. Sie haben die Tendenz, sich an ihre Familie zu klammern und neigen dazu, allerlei Unnötiges zu horten. Sorgen können ihre Gesundheit beeinträchtigen. Sie sind launisch und können durch bissige Bemerkungen andere kränken. Aber auch sie selbst sind leicht verletzlich.

DAS LÖWE-GESICHT

AUSSEHEN

Bei diesen Menschen fällt die kräftige Nase auf, das löwenmähnige Haar, ein offener, wenn auch hochmütiger Gesichtsausdruck, eine vornehme Haltung. Normalerweise haben sie ein gesundes Aussehen und ein gewinnendes Lächeln.

MÖGLICHE CHARAKTERZÜGE

Sie haben Organisationstalent, können aber herrisch sein. Sie sind kreativ und enthusiastisch, großherzig und großzügig, aber sie fordern Qualität: Das Beste und Teuerste ist für sie gerade gut genug. Sie haben eine unnachahmliche Neigung zum Angeben und können sehr dogmatisch und zuweilen auch störrisch sein. Anfällig sind ihr Herz und Rückgrat, deshalb sollten sie regelmäßig Sport treiben.

Rechts: *Die Sonne spiegelt sich im Gesicht des Löwen: Es strahlt eine innere Wärme aus. Wenn der Löwe jedoch unglücklich ist, erlischt diese innere Sonne – unübersehbar für die Mitmenschen.*

DAS JUNGFRAU-GESICHT

AUSSEHEN

Ein spitzer Haaransatz ist charakteristisch, und auch die Gesichtszüge werden eher spitz sein. Jungfrauen haben meist eine hohe Stirn. Im großen und ganzen ist das Jungfrau-Gesicht sehr lebhaft, mit schmalen Lippen und oft recht großen Ohren.

MÖGLICHE CHARAKTERZÜGE

Jungfrau-Menschen arbeiten hart und sind immer beschäftigt. Sie sind kritisch und praktisch veranlagt, aber auch recht pedantisch. Obwohl sie intelligent sind, mangelt es ihnen häufig an Selbstbewußtsein, und sie sind übertrieben bescheiden. Sie lassen sich von anderen dirigieren (und nehmen es hin, daß andere das Lob einstecken, das eigentlich ihnen gebührt). Eine dynamische nervöse Energie kann Streß und Migräne verursachen. Jungfrau-Menschen müssen lernen, sich zu entspannen.

Oben: *Das Jungfrau-Gesicht zeigt Intelligenz und Neugier: Viele Menschen dieses Gesichtstyps neigen zum häufigen Blinzeln – wenn sie in Gedanken sind, aber auch aus Nervosität.*

Das Waage-Gesicht

Aussehen

Ein Waage-Gesicht wirkt weich und lieblich. Kein Gesichtszug scheint vorherrschend, aber oft formen die Lippen einen typischen Kußmund, und auch Grübchen kommen bei diesem Typ häufig vor. Bezeichnend ist, daß diese Menschen bei einer Diskussion dazu tendieren, den Kopf hin und her zu neigen, so als ob sie die vorgebrachten Argumente tatsächlich abwägen würden.

Mögliche Charakterzüge

Waage-Menschen haben ein starkes Harmoniebedürfnis, trotzdem sorgen sie zuweilen für Unruhe. Charmant, sympathisch und verwöhnt, wie sie sind, brauchen sie eine feste Beziehung. Nicht zuletzt aufgrund ihrer Unentschlossenheit, die sie daran hindert, einen einmal eingeschlagenen und als richtig erkannten Weg auch konsequent zu Ende zu gehen, sind sie leicht verärgert und hemmungslos.

Rechts: *Ein Waage-Gesicht ist normalerweise schön, doch deutet das meist allzu feine Haar darauf hin, daß Waage-Menschen leicht in Schwierigkeiten geraten und dann Probleme haben, ihren Lebensstandard zu halten.*

Das Skorpion-Gesicht

Aussehen

Skorpion-Menschen haben oft stechende, engstehende Augen. Gesicht und Kopf haben häufig eine Adler-ähnliche Intensität, die den Eindruck vermittelt, daß ihnen nichts entgeht.

Mund und Ohren sind zuweilen recht groß, der Kiefer gutgeformt und kräftig. Sie neigen zu Selbstgefälligkeit und Spott.

Mögliche Charakterzüge

Skorpione haben ein sehr hohes Energieniveau, sowohl psychisch als auch physisch, und dieses sollte durch Arbeit, aber auch anspruchsvolle Freizeitgestaltung möglichst positiv genützt werden. Ihre Sexualität ist oft außergewöhnlich stark ausgebildet. Es fällt ihnen möglicherweise schwer, mit anderen über ihre Probleme zu sprechen.

Skorpione werden häufig durch ein tiefempfundenes Mißtrauen gegen ihre Umwelt gequält, sie neigen daher zur Eifersucht, manchmal zur Grausamkeit. Gesundheitliche Schwachstellen sind die Genitalien.

Links: *Stellen Sie sich den konzentrierten Blick eines Adlers vor, der seine Beute fixiert: Genauso ist der typische Blick des Skorpions, wie man ihn häufig bei Orientalen und Afrikanern sieht.*

Das Schütze-Gesicht

Aussehen

Ein gesunder Teint, eine klare, breite Stirn und normalerweise relativ gerade Augenbrauen geben diesen Menschen ein intelligentes Aussehen. Das Haar ist häufig wellig und kräftig. Der Mund ist schön geformt, die Augen leuchten vor Eifer, so daß insgesamt ein ansprechender, positiver und sehr lebendiger Eindruck entsteht.

Mögliche Charakterzüge

Die Tendenz zu Klaustrophobie äußert sich bei Schütze-Menschen psychisch und physisch. Ihre große Risikofreude birgt Gefahren. Sie sind sehr intellektuell, oft liegen ihre Interessen auch mehr im Bereich Sport: Wünschenwert wäre eine ausgewogene Mischung zwischen beidem. Schützen haben einen gesunden Appetit, aber ihre Leber ist gefährdet.

Links: *Die Offenheit des Schütze-Gesichts zeigt sich hier besonders deutlich: Ein breites Lächeln, eine breite Stirn und ehrliche Augen sprechen das Gegenüber freundlich und warm an.*

Das Steinbock-Gesicht

Aussehen

Das Steinbock-Gesicht ist lang und wirkt häufig etwas traurig.

Charakteristisch sind tiefe Falten zwischen den Nasenflügeln und den Mundwinkeln. Dieser Menschentyp neigt zu einem eher spröden Lächeln mit heruntergezogenen Mundwinkeln. Häufig hat der Steinbock vorstehende Wangen- und Kieferknochen. Der Teint ist in der Regel blaß.

Mögliche Charakterzüge

Steinböcke sind konventionell und praktisch veranlagt. Entweder erreichen sie durch harte Arbeit und unnachgiebigen Ehrgeiz eine Spitzenposition, oder aber sie versagen aus völliger Antriebsschwäche – stets bemüht, aber nie erfolgreich. Sie gehen sehr bewußt mit dem Geld um und heiraten zuweilen auch des Geldes wegen.

Im Gefühlsbereich sind sie eher kühl, manchmal snobistisch. Besonders empfindlich sind ihre Zähne, Gelenke und Knochen.

Rechts: *Ein Steinbock-Gesicht ist meist ernst und wirkt gesetzt und zurückhaltend. Ein Steinbock behält seine Gefühle gerne für sich, und oftmals muß man lange warten, bis man erfährt, was der Steinbock denkt und fühlt.*

Das Wassermann-Gesicht

Aussehen

Ein attraktives Erscheinungsbild verbunden mit dem Image eines zerstreuten Professors – das ist der typische Wassermann. Das Haar ist wirr oder zumindest unkonventionell geschnitten. Blaue Augen sind hier besonders blau, häufig sieht man eine typische Hakenoder Adlernase. Charakteristisch ist auch eine stolze bis unnahbare Haltung des Kopfes.

Mögliche Charakterzüge

Wassermänner sind in jungen Jahren unkonventionell und originell, mit zunehmendem Alter tendieren sie zu Engstirnigkeit. Sie sind bezaubernd, unberechenbar, dickköpfig und sogar romantisch, aber dennoch nicht gefühlsbetont. Ihre Liebe zur Unabhängigkeit ist oft die Ursache von Beziehungsproblemen. Besonders empfindlich sind Knöchel und Kreislauf.

Oben: *Wassermänner blicken normalerweise freundlich in die Welt, aber oft fehlt dabei die innere Wärme. Sie sind zwar hilfsbereit, handeln aber eher aus Berechnung als aus purer Nächstenliebe.*

Das Fische-Gesicht

Aussehen

Die ausdrucksvollen Augen der Fische-Menschen sehen oft so aus, als wollten sie jeden Moment in Tränen ausbrechen, egal ob aus Freude oder aus Kummer. Das Profil zeigt tatsächlich etwas Fischähnliches, und der Mund ist groß und feucht. Männer tragen oft einen Bart, und ihr Haarwuchs ist meist üppig.

Mögliche Charakterzüge

Fische sind freundlich, sanft und liebenswürdig, dabei kreativ, romantisch und einfallsreich. Sie leiden häufig an mangelndem Selbstbewußtsein, sind keine großen Praktiker, haben aber bisweilen eine Art sechsten Sinn. Sie neigen zu Selbsttäuschung und Wirklichkeitsflucht, doch können sie beides steuern. Mit Medikamenten sollten sie vorsichtig umgehen. Ideal sind für sie musische, kreative Beschäftigungen und entspannender Ausgleichssport.

Links: *Das Fische-Gesicht zeigt normalerweise natürlichen Charme und Schönheit. Diese Menschen sollten sich beim Essen beherrschen, denn Fettleibigkeit kann selbst schöne Menschen entstellen – und das schon in jungen Jahren.*

VIERTER TEIL

WEITERE GESICHTS-MERKMALE

Neben den bisher genannten gibt es noch weitere Gesichtsmerkmale, die in der Metoposkopie eine wichtige Rolle spielen und die von jedem, der sich mit Gesichtsdeutung beschäftigt, beachtet werden müssen. Manche der im folgenden genannten Merkmale mögen auf den ersten Blick nebensächlich erscheinen. Doch nicht nur chinesische Gesichtsdeuter, sondern auch deren Kollegen im westlichen Kulturkreis haben längst ihren Aussagewert erkannt. Vielfach handelt es sich dabei um uralte, überlieferte Weisheit. William Lilly, der im englischen Bürgerkrieg für Oliver Cromwell tätig war, pflegte seine Besucher damit zu beeindrucken, daß er ihnen nach Studium von Geburtsdiagramm oder Horoskop Körperstellen mit einem Leberfleck benannte. Wie es scheint, hat er sich selten geirrt!

Nach Ansicht der Astrologen jedenfalls sind sämtliche Gesichtsmerkmale durch die jeweilige Konstellation der Gestirne bedingt.

Zu den weniger bedeutsamen Indikatoren zählen Zähne, Haar und Bart, doch dürfen sie nicht unberücksichtigt bleiben.

Anschließend werden wir einige Besonderheiten vorstellen, die der Astrologe »Sequenzen« nennen würde:

Unser Gesicht altert mit uns, und die chinesischen Gesichtsdeuter ziehen auch aus diesem Prozeß bestimmte Schlußfolgerungen. Dabei zählen nicht nur die Spuren, die das Alter unweigerlich in unserem Gesicht hinterläßt, sondern vor allem die Beschaffenheit bestimmter Gesichtsregionen wie zum Beispiel der sogenannten Paläste und Sternpunkte (*siehe Seiten* 119*f.*).

Außerdem gibt es die faszinierende Theorie des »Wandernden Jahres« (*siehe Seiten* 117*f.*), nach der bestimmte Punkte des Gesichts mit bestimmten Lebensjahren in Verbindung stehen.

Wir Abendländer werden diese Zusammenhänge vielleicht nicht so ernst nehmen. Genaue Beobachter sind jedoch zu dem Schluß gekommen, daß ein Mal, das auf einem oder in der Nähe eines dieser Punkte liegt, die in der Abbildung (*siehe Seite* 116) angezeichnet sind, tatsächlich mit einem unerwarteten oder unvorhersehbaren Ereignis im bezeichneten Jahr zusammenfallen kann.

Schließlich befassen wir uns kurz mit den sogenannten Palästen und Sternpunkten. Diese sind Teil der alten chinesischen Lehre und auch für Bewohner der westlichen Hemisphäre von großer Bedeutung. Für ihre genaue Interpretation wäre freilich ein wesentlich gründlicheres Studium notwendig. Und daher werden diese aussagekräftigen Regionen des Gesichts nur kurz benannt und ihre Bedeutung stichwortartig umrissen.

Leberflecke und Sommersprossen

Der traditionellen Lehre zufolge sind Leberflecke auf Körperpartien, die normalerweise verhüllt sind, »glückbringend«, während Leberflecke an sichtbaren Stellen – besonders an Händen, Füßen oder im Gesicht – »Glücklosigkeit« bedeuten. Aber auch zu dieser Regel gibt es Ausnahmen, bedingt durch kulturelle Unterschiede zwischen Ost und West. So sind die Füße bei Abendländern in der Regel nicht sichtbar, dafür oft aber andere Körperteile, die man in China kaum unbedeckt sehen wird.

Leberflecke mit einem leichten Rotstich gelten als glückbringend, ganz unabhängig von ihrer Lage. Schwarze, sichtbare Leberflecke hingegen verheißen Unglück, sind aber noch glückbringender als rötliche, wenn sich diese an Körperstellen befinden, die normalerweise verhüllt sind.

Was das Gesicht betrifft, so signalisieren Leberflecke in der Nähe des Haaransatzes angeblich Reichtum; dasselbe gilt für Leberflecke auf den Ohrläppchen. Ein Leberfleck auf der Schläfe soll finanziell sogar noch verheißungsvoller sein, und einer auf der Stirn könnte auf eine Machtposition hinweisen. Wenn er an der richtigen Stelle zwischen den Augenbrauen liegt, weist er darüber hinaus auch auf einen starken Charakter hin. Leberflecke an den Ohren lassen auf ein langes Leben schließen.

Sommersprossen deuten bei Kindern auf eine gewisse Rastlosigkeit hin, während sie zwischen Pubertät und mittlerem Lebensalter angeblich auf übersteigertes Interesse am Sex schließen lassen. Sommersprossen, die erst später, etwa ab dem vierzigsten Lebensjahr auftreten, lassen dagegen ein hohes Alter erwarten.

Liegt aber ein Leberfleck oder eine Sommersprosse auf einem bestimmten Jahrespunkt (*siehe Seiten* 116 *ff.*), so ist in dem betreffenden Jahr ein bedeutendes Ereignis oder ein Schicksalswechsel zu erwarten.

Unten: *Zuweilen liest man, daß viele Sommersprossen auf einen übertrieben großen sexuellen Appetit schließen lassen, besonders in den Jahren zwischen Pubertät und mittlerem Alter. Bei Kindern bedeuten sie Rastlosigkeit.*

ZÄHNE

Die Chinesen vertreten die Ansicht, daß der Zustand der Zähne den gesundheitlichen Allgemeinzustand widerspiegelt: Kräftige Zähne lassen auf eine kräftige Konstitution schließen. Generell sollten die Zähne glänzen und vor allem regelmäßig und weiß sein. Spitze, kurze oder unregelmäßige Zähne sind angeblich Zeichen eines eher mittelmäßigen Charakters.

Der alten chinesischen Metoposkopie nach spielt die Anzahl der Zähne eine wichtige Rolle. Ein Mensch mit zweiunddreißig Zähnen wird das Leben genießen. Wenn Sie achtunddreißig Zähne haben, sind Sie vermutlich vom Schicksal sogar besonders begünstigt. Ein Mensch mit sechsunddreißig Zähne beweist sein Können oft in Berufen des öffentlichen Lebens. Mit vierunddreißig Zähnen kann man immerhin noch ein hohes Amt erreichen, doch wer nur achtundzwanzig Zähne hat, möge sich vor materieller Not hüten.

Wenn die oberen beiden Schneidezähne besonders groß sind, läßt dies auf ein schlechtes Verhältnis zu den Eltern schließen. Sollten diese Zähne beschädigt sein oder gezogen werden müssen, läßt dies auf große Probleme im zwischenmenschlichen Bereich schließen (als die Metoposkopie entstand, gab es noch keinen Zahnersatz oder unsichtbare Füllungen).

Sehr kleine, regelmäßige Zähne signalisieren einen eitlen und egoistischen Charakter, einwärts gestellte Zähne einen introvertierten Menschen. Ausgesprochen lange Zähne deuten auf ein schweres Leben.

Achten Sie darauf, wie weit Ihr Gegenüber beim Sprechen oder Lachen seine Zähne zeigt. Bleiben die Zähne völlig unsichtbar, soll dies auf einen ausgezeichneten Charakter hinweisen. Andererseits heißt es, daß Menschen, die beim Lachen ihre Zähne völlig entblößen, ein aktives Liebesleben haben, und daß sehr spitze Zähne einen ausgeprägten Sexualtrieb erkennen lassen. Runde Zähne dagegen sind Anzeichen für ein leutseliges und freundliches Wesen.

Unten: *»Ehrbare Frauen haben keine schlechten Zähne« und »Spitze Zähne sind Zeichen von Triebhaftigkeit«. Die abgebildeten sehr regelmäßigen Zähne zeugen dagegen von gutem Charakter und bester Gesundheit.*

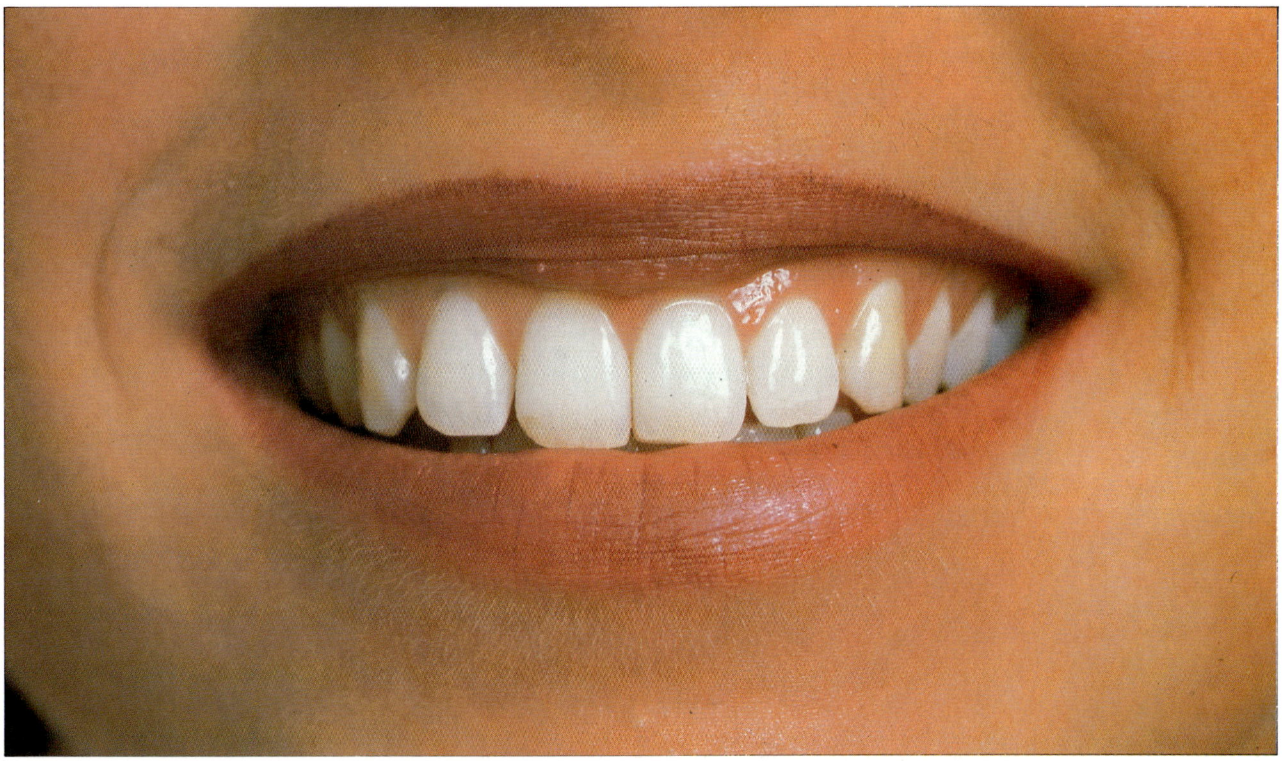

HAAR

Der chinesischen Lehre nach stehen die Zähne in Verbindung mit den Knochen, die Haare aber in Verbindung mit dem Blut und seiner Zusammensetzung: Das Haar darf nicht zu dick sein und sollte eine gesunde Farbe sowie einen natürlichen Glanz haben. Stumpfes, ungleichmäßiges Haar ist ein schlechtes Zeichen, da es nicht nur auf mögliche charakterliche Mängel hindeutet, sondern auch auf zwischenmenschliche Probleme.

Dünnes Haar galt bei den alten Chinesen als Hinweis auf einen vornehmen Charakter. Völlige Kahlheit soll ein untrügliches Zeichen für Dummheit sein, und Männer, denen das Haar bereits früh ausfällt, könnten Schwierigkeiten haben, eine Familie zu gründen. Haar, das lange seine natürliche Farbe behält, gilt als Zeichen für ein langes Leben, und ein Mann, dem selbst mit zunehmendem Alter die Haare nicht ausgehen, wird vermutlich bis an sein Lebensende arbeiten. Dickleibige Menschen sollten nicht zuwenig, schlanke nicht zuviel Haar haben; beides gilt als ungünstig. Sehr glattes Haar ist ein Zeichen für Eitelkeit, Locken weisen auf Extravertiertheit und Lebensfreude hin. Krauses Haar kann Extravaganz bedeuten, dickes, kräftiges Haar Streitsucht. Allgemein gilt jedoch: je feiner das Haar, desto empfindsamer und feinfühliger soll der Charakter sein.

Auch in bezug auf die Körperbehaarung muß auf die Unterschiede zwischen Asiaten und Europäern hingewiesen werden, aber es wird generell angenommen, daß ein völlig unbehaarter Körper ein Zeichen für Verdorbenheit ist. Die Beine eines Mannes sollten vom Knöchel bis zum Oberschenkel behaart sein (das bedeutet Glück); leichter Haarwuchs auf Brust und Bauch soll signalisieren, daß die eigenen Kinder besonders glücklich werden. Ein behaarter Rücken hingegen gilt generell als unheilvoll, und Menschen mit Haarwuchs auf dem Gesäß sollen unsensibel und rücksichtslos sein.

Unten: *Lichtes Haar ist für Gesichtsdeuter ein besonders gutes Zeichen: Der chinesischen Lehre zufolge zeugt schütteres Haar von Größe und nobler Gesinnung.*

Unten: *Die Farbe des Haares spielt keine Rolle. Die Chinesen verehren graues Haar aus Ehrfurcht vor dem Alter. Allerdings sollte es immer seidig und lieber fein als widerborstig sein.*

Bart

Oben: *Gesichtsdeuter aller Zeiten haben Bärte eher negativ beurteilt – vielleicht auch deshalb, weil ein bärtiges Gesicht viel schwerer zu interpretieren ist und weil man hinter einem Bart schwache Merkmale verstecken kann.*

Rechts: *Der Bart sollte unbedingt das Philtrum bedecken. Wenn er das nicht tut, so die Chinesen, ist es um die sexuelle Vitalität sehr schlecht bestellt. Ein Bart sollte immer gepflegt sein.*

Hier ist die Interpretation der traditionellen chinesischen Deutung besonders schwierig, da die kulturellen Unterschiede gerade in dieser Hinsicht sehr groß sind. Dazu kommen noch Unterschiede im Bartwuchs zwischen Asiaten und Abendländern. Der charakteristische lange, etwas dünne Bart des Chinesen ist für Europäer mit ihrem meist kräftigen Bartwuchs untypisch. Dennoch können einige Lehrsätze übernommen werden.

So unterscheiden die Chinesen drei unterschiedliche Bartregionen: *Xu* ist der Schnurrbart, *Ran* der Kinnbartwuchs und *Hu* ist der Backenbart, der zwischen Kiefer und Ohren wächst und an das Kopfhaar (*Bin*) angrenzt.

Für einen Laien ist es nicht einfach, die verschiedenen Bartformen einzuschätzen, denn die meisten Bärte sind sorgfältig gepflegt und geschnitten. Ein Bart, der nur wenig Pflege braucht, nicht in die Wangen hinein oder zu tief den Hals hinunter wächst, zeugt von Disziplin und klarem Verstand.

Die Haare der drei verschiedenen Regionen des Gesichts sollten zusammenpassen, also in ihrer Struktur nicht voneinander abweichen. Ein seidiger *Xu*, ein Schnurrbart also, der mit einem etwas struppigen *Ran*, dem Kinnbartwuchs, zusammentrifft, deutet auf Spannungen, meist auf erotischem Gebiet. *Xu*-Haar, das direkt auf dem Philtrum wächst, spricht für sexuelle Vitalität und Leidenschaft, dünnes und spärliches *Xu* dagegen signalisiert das Gegenteil.

Hu und *Bin*, also das Backenbart- und das Kopfhaar sollte etwa dieselbe Struktur haben. Falls sie zu stark voneinander abweichen, könnte das ebenfalls auf Spannungen hindeuten, diesmal ganz allgemein im Berufs- und Privatleben.

Wenn das Barthaar spröde ist, zur Schuppenbildung oder zu Ekzemen neigt, liegt es nahe, daß gesundheitliche Probleme vorliegen, die man unbedingt beseitigen sollte. Ein voller, glänzender Bartwuchs zeugt von Wohlbefinden und guter Gesundheit.

Obwohl Barthaare von Natur aus kräftiger als das Haupthaar sind, sollten sie nicht zu widerborstig sein. Ein allzu struppiger Bart nämlich weist auf gestörte zwischenmenschliche Beziehungen im privaten wie beruflichen Bereich hin.

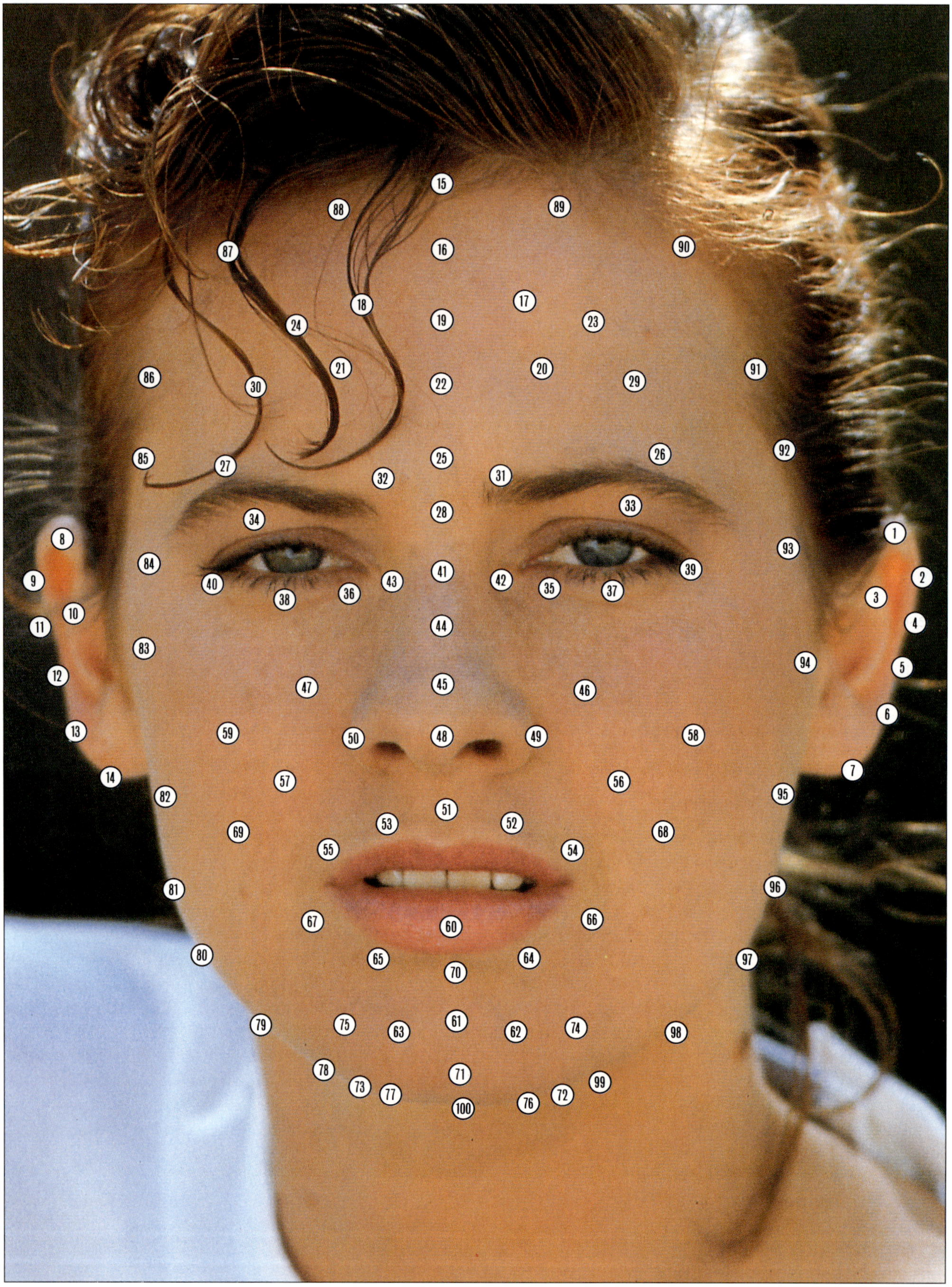
1
2
3
4
5
6
7
8
9
10
11
12
13
14
15
16
17
18
19
20
21
22
23
24
25
26
27
28
29
30
31
32
33
34
35
36
37
38
39
40
41
42
43
44
45
46
47
48
49
50
51
52
53
54
55
56
57
58
59
60
61
62
63
64
65
66
67
68
69
70
71
72
73
74
75
76
77
78
79
80
81
82
83
84
85
86
87
88
89
90
91
92
93
94
95
96
97
98
99
100

Das Wandernde Jahr

Die Lehre der Gesichtsdeutung geht hier von einer potentiellen Lebenserwartung von hundert Jahren aus. Durch einhundert »Positionspunkte«, die an bestimmten Stellen des Gesichts verteilt liegen, ist jedes einzelne Lebensjahr gekennzeichnet.

Die Metopomantie ist eine Kunst, die sich um die Einschätzung der Zukunft bemüht. Wie in der abendländischen Astrologie und eigentlich in allen okkulten Disziplinen, die in die Moderne übernommen wurden, sind diese Vorhersagen keineswegs negativ oder fatalistisch. Sie sollen uns vielmehr als Leitlinien dienen und uns darauf aufmerksam machen, welcher Lebensbereich zu einer bestimmten Zeit begünstigt oder problematisch ist. Sie sagen »nicht« aus, was geschehen »wird«, denn wir haben einen freien Willen und bestimmen selbst, wie wir uns verhalten. Aber wir können diese Interpretationen als Anregung und Hilfestellung nutzen – da (wie bei der Astrologie und ihren Nachbardisziplinen) die Wahrscheinlichkeit, daß eine Vorhersage auch wirklich eintrifft, allemal größer ist als etwa bei den Meteorologen!

Beurteilung und Interpretation der Einflüsse

Betrachten Sie bitte zunächst die Abbildung. Jede Zahl auf dem Gesicht steht für ein Jahr: 1 steht für das erste Lebensjahr, 100 für das hundertste. Da die Metopomantie eine chinesische Kunst ist, müssen wir streng nach deren exakten Regeln vorgehen: Um die Position zu finden, die unser aktuelles Jahr markiert, müssen wir ein Jahr zu unserem Alter hinzurechnen; das heißt, wenn Sie siebenundzwanzig sind, müssen Sie den Punkt betrachten, der das achtundzwanzigste Jahr markiert.

Als erstes stellen Sie fest, ob Ihr aktueller Positionspunkt auf der rechten oder auf der linken Gesichtshälfte liegt. Wenn er auf der rechten Seite liegt, bedeutet dies, daß Sie primär von Ihren *Yin*-Energien beeinflußt sind. Dies sind empfängliche Kräfte mit Betonung auf psychologischem und/oder geistigem Fortschritt. Sollte Ihr Positionspunkt auf der linken Gesichtshälfte liegen, werden Ihre Energien eher dem Prinzip *Yang* untergeordnet, das heißt nach außen gerichtet und ausdrucksstark sein. In solchen Jahren haben Sie gute Aussichten, beruflich aktiv zu werden und materielle Fortschritte zu erzielen. Dann ist es Zeit, sich auf die Karriere zu konzentrieren.

Weiterhin ist festzustellen, innerhalb welcher Ebene Ihr Positionspunkt liegt (*siehe Seiten* 20*f.*).

1. Die erste Ebene: Stirn.
2. Die zweite Ebene: mittlerer Gesichtsteil.
3. Die dritte Ebene: unterer Gesichtsteil.

Diese drei Ebenen beziehen sich auf die planetaren Energien. Die Energie der ersten Ebene steht unter dem Einfluß des Planeten Mars. Diese Energie wird von Abenteuerlust, Durchsetzungskraft und ausgeprägter Tendenz zur Sexualität bestimmt. Negativ genutzt, führt sie zu Egoismus. Sie kann sich auch übertrieben aggressiv äußern, was Streß und Spannungen nach sich zieht. Wird dieser Energiefluß jedoch in kontrollierte Bahnen gelenkt, kann er auch langfristig lohnende Leistungen bewirken. Die zweite Ebene betont die Energie des Saturn, bei dem der Schwerpunkt auf Stabilität und Sicherung des Erreichten liegt. Damit ist in der Regel die Fähigkeit verbunden, realistische Zukunftspläne zu schmieden und diese mit Hilfe des gesunden Menschenverstands durchzuführen. Jetzt sollte der berufliche Aufstieg beginnen, auch wenn er vielleicht nicht so schnell vor sich geht wie erwartet. Im ungünstigen Fall können sich die Saturn-Energien durch Sorgen und Zukunftsängste belastend auswirken. Unter Kontrolle gehalten werden muß die potentielle Neigung zu Geiz und Habgier. Die dritte Ebene repräsentiert die flexible Energie des Planeten Merkur. Hier liegt die Betonung auf dem geistigen Fortschritt und der Fähigkeit, flexibel zu (re)agieren. Diese Energien können sehr nützlich sein. Wer sich ihrer Kraft bewußt ist, kann sie dazu verwenden, die späteren Lebensjahre wesentlich zu bereichern, indem er sich ein lebhaftes Interesse an aktuellen Themen bewahrt und geistig aktiv bleibt. Heute sehen viele Menschen diesen Jahren freudig entgegen, da sie nun genügend Zeit und meist auch die Mittel haben, sich einige unerfüllte Träume zu verwirklichen. Die Energien der dritten Ebene unterstützen neue Interessen und geistige Herausforderungen. Negativ eingesetzt, können die Merkur-Energien die dem Alter innewohnende Tendenz zur Nörgelei oder zu übertriebener Kritik – vor allem an der jüngeren Generation – fördern.

DIE ZENTRALPUNKTE

Es gibt dreizehn Zentralpunkte, die alle genau auf der Gesichtsmitte liegen. Die Jahre, die diesen Punkten zugeschrieben werden, gelten als besonders wichtig. Sie verweisen sehr häufig auf wichtige Wendepunkte in unserem Leben und folgen einem bestimmten Muster. Selbst mit Blick auf die Zukunft können wir ein sinnvolles Schema erkennen. Mit sechzehn stehen wir häufig vor großen Entscheidungen, was unsere weitere Ausbildung oder die Berufswahl betrifft. Mit neunzehn sind die Jahre als Teenager vorbei. Mit zweiundzwanzig befinden wir uns möglicherweise auf den ersten Stufen der Karriereleiter oder gehen eine feste Beziehung ein usw. Beachten Sie, daß die Punkte, an denen eine neue Dekade beginnt, meist auch auf dieser Linie liegen: einundvierzig, einundfünfzig und die überaus wichtige Zeitspanne des Lebensjahres sechzig/einundsechzig.

Hier finden wir auch Hinweise auf unsere Gesundheit. Sollten diese Punkte »leuchtend« oder »hell« erscheinen (um der chinesischen Terminologie zu folgen), wird man sich guter Gesundheit erfreuen; wenn sie eher blaß oder gar verfärbt sind, besteht die Gefahr mangelnder Vitalität.

Sollte auf einem Zentralpunkt ein Leberfleck oder ein anderes Mal liegen, wird man in dem betreffenden Alter eine besonders wichtige Entwicklung durchmachen. Halten Sie doch in Ihrem Bekanntenkreis nach Menschen Ausschau, die einen Leberfleck oder eine Sommersprosse an einem Punkt haben, der sich auf ein früheres Lebensjahr bezieht, und fragen Sie nach, was sich in diesem Alter jeweils ereignet hat.

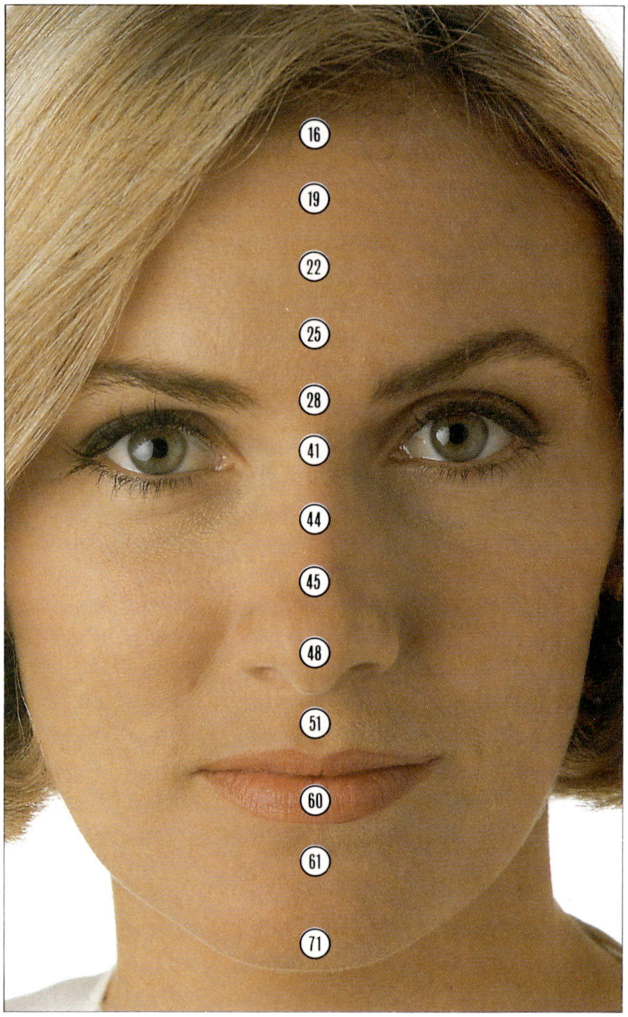

Paläste und Sternpunkte

Paläste sind Gesichtsregionen, die die unterschiedlichen Aktivitäten und Bedürfnisse der jeweiligen Person repräsentieren. Es gibt zwölf Paläste, aber zwanzig Kontrollpunkte – da sich einige Paläste auf beiden Gesichtshälften spiegeln –, die die *Yin*- und *Yang*-Energien betonen.

Paläste und Sternpunkte ziehen wir heran, wenn wir in einer bestimmten Angelegenheit Rat brauchen. Um eine nützliche Antwort zu erhalten, müssen wir die relevanten Sternpunkte sehr sorgfältig betrachten. Wenn die Färbung der Haut rund um den betreffenden Palast rosig ist, stehen die Chancen gut, daß das Problem in unserem Sinne gelöst werden wird. Wenn die Haut in der Umgebung des Palastes dagegen matt und grau wirkt oder an dieser Stelle Hautunreinheiten oder gar Verletzungen liegen, sollten Sie abwarten, bis sich der Hautzustand gebessert hat.

Bei der Beurteilung der Sternpunkte, die alle in der Region um die Augen liegen, kann man ähnlich vorgehen. Auf diese beziehen wir uns, wenn es um beruflichen Erfolg geht, zum Beispiel um einen Arbeitsplatzwechsel oder um eine Beförderung.

Die Paläste

Sie sollten im folgende immer zugleich mit dem Text die Abbildung betrachten, um zu erkennen, wo die Paläste und die dazugehörigen Kontrollpunkte liegen. Wie bereits erwähnt, gibt es zwölf Paläste, aber zwanzig Kontrollpunkte, da manche Paläste zwei Kontrollpunkte haben.

1 Der Palast der Leistung und der Verdienste

Ein Kontrollpunkt

Dieser Palast liegt in der Mitte der Stirn und steht für unsere Wünsche und Zielsetzungen. Er befindet sich in der Mars-Ebene, was bedeutet, daß wir viel positive Energie aufwenden müssen, um unsere Ziele zu erreichen. Wenn Sie ein Problem oder ein wichtiges Ziel haben, sollten Sie diese Gesichtsregion betrachten. Das bereits erwähnte rosige Leuchten ist der Idealzustand für diese Stelle, und wenn Sie den Eindruck haben, daß Ihre Haut an dieser Stelle eher ungesund aussieht, unrein, fleckig oder gar dunkel gefärbt ist, sollten Sie Ihr Vorhaben besser verschieben. Warten Sie ab, bis sich der Hautzustand gebessert hat, bevor Sie zur Tat schreiten.

2 Die Paläste der Eltern

Zwei Kontrollpunkte

Der linke Kontrollpunkt (*Yang*) repräsentiert den Einfluß des Vaters, der rechte (*Yin*) den Ihrer Mutter. Wenn die Knochen an dieser Stelle besonders vorstehen, signalisiert dies eine glückliche Kindheit. In Angelegenheiten, die eindeutig Ihren Vater betreffen, betrachten Sie den linken Kontrollpunkt, wenn es Ihre Mutter betrifft, den rechten. Dieser Palast bezieht sich nicht nur auf Ihre Eltern, er verweist auch auf andere Einflüsse, zum Beispiel frühe Interessengebiete. Wenn Sie vor einer Prüfung stehen oder ein Abendstudium erwägen, sollten Sie ihn prüfen. Wenn diese Gesichtsregion rosig schimmert, ist das das beste Vorzeichen für Ihre Pläne. Seien Sie jedoch vorsichtig, wenn sie zu stark gerötet ist, denn dies könnte bedeuten, daß Sie übereilt reagieren, die Mars-Energie dieser Ebene also eventuell negativ einsetzen.

3 Die Paläste der Freunde und Geschwister

Zwei Kontrollpunkte

Der rechte Kontrollpunkt repräsentiert die Geschwister, der linke die Freunde. Die Freunde liegen deshalb auf der Seite der *Yang*-Energie, weil wir freiwillig und gern mit ihnen zusammen sind. Unsere Geschwister sind dagegen *Yin* zugeordnet, denn sie sind uns sozusagen *angeboren*.

Dieser Palast gibt auch Hinweise auf unser gesellschaftliches Leben. Vielleicht wollen wir einem Verein beitreten oder ein Fest veranstalten. Dann sollten wir diesen Palast befragen. Die Antwort erhalten wir auf dieselbe Weise wie bei den oben genannten Palästen: Suchen Sie unabhängig von Ihrer Gesichtsfarbe nach dem rosigen Schimmer.

4 Die Paläste der Reisen

Zwei Kontrollpunkte

Der linke Kontrollpunkt respräsentiert unsere Bewegungen und die unserer Besitztümer, während der rechte Dinge repräsentiert, die auf uns zukommen, zum Beispiel Geburtstags- oder Weihnachtsgeschenke. Der linke Kontrollpunkt bezieht sich auch auf unsere Autos, Fahrräder und alle anderen privaten Fortbewegungsmittel. Es kann nützlich sein, diese Punkte vor einer Reise oder vor dem Kauf eines neuen Autos zu befragen.

Die Paläste der Reisen sagen aber auch manches über die Beweglichkeit unseres Geistes aus. Befragen Sie diese Paläste bei aktuellen psychischen Problemen. Für die Deutung gelten wiederum die oben genannten Regeln. Manchmal kann man an den betreffenden Hautstellen sogar einen leichten Stich ins Dunkelgrüne erkennen; in diesem Fall sollten Sie Ihr Vorhaben unbedingt aufschieben, bis Sie wieder eine gesunde Gesichtsfarbe haben.

5 Die Paläste des Glücks

Zwei Kontrollpunkte

Hier geht es um das selbstverdiente Glück – repräsentiert durch den linken Kontrollpunkt, *Yang* –, und das Glück, das uns ohne eigenes Zutun zufällt – repräsentiert durch den rechten Kontrollpunkt, *Yin*. Diese Paläste sollten Sie zu Rate ziehen, bevor Sie sich auf Glücksspiel einlassen, aber auch dann, wenn Sie einen Wunsch hegen und wissen wollen, ob Ihre Hoffnungen berechtigt sind. Ratsam ist ein Blick auf beide Kontrollpunkte, bevor Sie etwa ein Kasino besuchen und schließlich, wenn Sie jemandem näherkommen wollen.

Da diese Paläste ebenfalls auf der Mars-Ebene liegen, sollten Sie wieder nach rosigen Schimmer suchen, der auch hier Glück verheißt. Wenn Sie ein geborenes Glückskind sind, wird diese Gesichtsregion rundlich und glatt sein. Wenn Sie aber zu den Menschen gehören, denen nichts in den Schoß fällt, sondern die alles hart erarbeiten müssen, wird diese Region etwas vertieft und deutlich grau verfärbt sein.

6 Die Paläste des Eigentums

Zwei Kontrollpunkte

Diese Paläste sollten wir befragen, wenn wir umziehen oder mit Immobilien zu tun haben. Auch hier gilt die Theorie des *Yang* und *Yin*: Der linke Kontrollpunkt steht für das Außengebäude oder den Hausbau, während der rechte Kontrollpunkt die Inneneinrichtung repräsentiert. Auf diesen sollten Sie sich also beziehen, wenn Sie eine Renovierung oder den Kauf neuer Möbel im Sinn haben. Bei der Planung einer neuen Küche oder eines richtigen Anbaues sollten Sie jedoch beide Kontrollpunkte betrachten, da hierzu meist auch Veränderungen der Bausubstanz gehören. Was Familienbesitz angeht, so gilt auch hier: Was von Ihrer Mutter kommt, ist dem rechten Kontrollpunkt unterstellt, was vom Vater kommt, dem linken.

Wie die Abbildung zeigt, liegen diese Paläste im Augenbereich, für den eine eigene Interpretation gilt. Diese Gesichtsregion sollte fest sein und keinesfalls geschwollen aussehen. Wenn sie etwas verquollen wirkt, könnte das damit zusammenhängen, daß Sie größerer Probleme wegen schlecht schlafen. Vielleicht brüten Sie über einer Entscheidung, die mit einer größeren finanziellen Belastung verbunden ist. Warten Sie damit noch ein wenig!

7 Die Paläste der Ehe

Zwei Kontrollpunkte

Die ursprüngliche, alte chinesische Lehre wies den linken Palast den Ehefrauen, den rechten den »Konkubinen« zu. Die Ehemänner wurden gar nicht erwähnt. Heute gilt allgemein, daß der linke Kontrollpunkt Ehemann, Ehefrau und Lebensgefährten/in repräsentiert, der rechte außereheliche Affären bezeichnet. An diese Paläste haben wir uns zu wenden, wenn wir etwas über die Entwicklung einer Beziehung erfahren wollen. Aber vielleicht haben Sie sich auch anderweitig verpflichtet – möglicherweise Spielschulden gemacht – und möchten nun etwas über die weiteren Folgen in Erfahrung bringen. Betrachten Sie hierzu diese Paläste. Sie liegen in einem Bereich, in dem sich mit den Jahren immer mehr vielsagende Fältchen bilden.

Wenn dieses Gebiet ohne tiefere Falten ist, stehen die Chancen für eine oder mehrere gute Beziehungen nicht schlecht. Wenn Sie sehr viele feine Fältchen haben, so heißt es der Überlieferung nach, daß Sie eine Neigung zur Promiskuität haben. Sie sollten diese Region auch bei einem Partner betrachten: Wenn er Ihnen gegenüber aufgeschlossen ist und eine engere Bindung in Erwägung zieht bzw. die Beziehung vertiefen möchte, dann wird er einen offeneren Ausdruck haben.

8 Die Paläste der Kinder

Zwei Kontrollpunkte

Der chinesischen Lehre zufolge repräsentiert der Kontrollpunkt unter dem linken Auge die legitimen Kinder, während diejenigen, die »einer Konkubine geboren« sind, zu dem rechten gehören. Heute wird man adop-

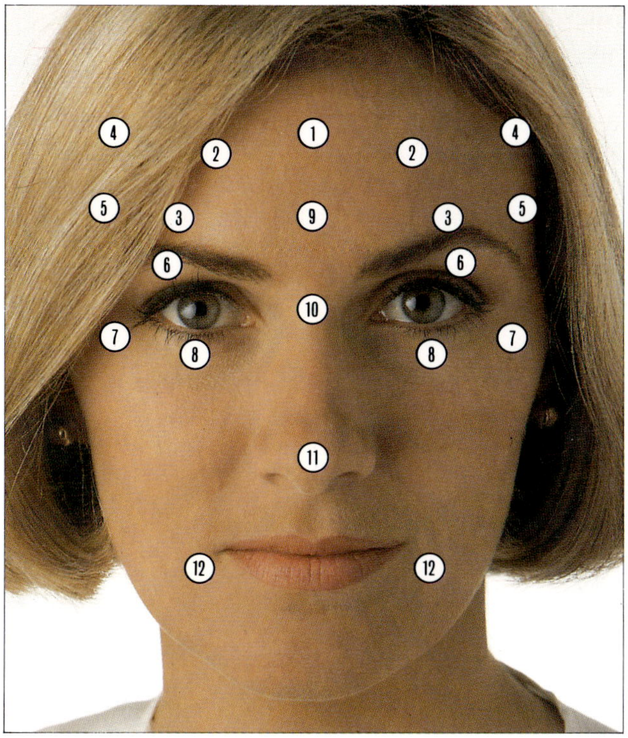

Oben: *Befragen Sie den zuständigen Palast (eins bis zwölf), wenn Sie sich bezüglich einer Entscheidung nicht sicher sind oder ein bestimmtes Problem zur Lösung ansteht.*

tierte und außereheliche Kinder dem rechten Kontrollpunkt zuordnen. In diesen Palästen suchen wir auch nach Hinweisen, ob wir gute Eltern, bzw. ob wir überhaupt Eltern sein werden. Mit Beginn einer Schwangerschaft beginnen die Paläste der Kinder zu schimmern, daher heißt es, daß eine werdende Mutter von innen heraus »strahlt«. Am günstigsten ist es, wenn die Paläste der Kinder voll und rundlich aussehen, ohne dabei geschwollen zu wirken. Dies signalisiert, daß Sie gute Eltern sein werden.

Eine Überbetonung dieser Paläste könnte aber auch ein unerfülltes Liebesleben bedeuten. Wenn sie leicht grau verfärbt sind, besteht die Möglichkeit der Unfruchtbarkeit.

9 Palast des Lebens

Ein Kontrollpunkt

Dieser Palast hat herausragende Bedeutung. Er steht in Verbindung mit unserer Motivation, mit unserer Einstellung wichtigen Aufgaben gegenüber. Manchmal bieten sich Gelegenheiten, bei denen wir unser berufliches Fortkommen fördern können. Dieser Palast kann uns in dieser Hinsicht wichtige Tips geben. Außerdem heißt es, daß dieser Palast etwas über unser Schicksal aussagen kann. Dies entbindet uns nicht von unserer Alleinverantwortlichkeit für alle unsere Handlungen, könnte uns aber einen Hinweis darauf geben, wann es Zeit ist, dem Schicksal ein wenig nachzuhelfen. Wenn Ihr Lebenspalast trüb und dunkel aussieht, sollten Sie entscheidende Veränderungen besser aufschieben. Anstatt des bei anderen Palästen der Mars-Ebene üblichen rosigen Schimmers gilt hier ein schwaches Purpur als günstig.

Dieser Palast markiert die Stelle des »dritten Auges«: die Zirbeldrüse, die unseren inneren Rhythmus beeinflußt. Der Lebenspalast ist eine Stelle, auf die wir uns beim Meditieren und Entspannen konzentrieren sollen.

10 Palast der Gesundheit

Ein Kontrollpunkt

Dieser Einzelpalast ist wichtig, weil er etwas über unser physisches und psychisches Wohlbefinden aussagt. Ihn sollten wir konsultieren, bevor wir zum Beispiel unsere Ernährung umstellen. In ähnlicher Weise kann er einen guten oder schlechten Zeitpunkt für den Beginn eines neuen Trainingsprogrammes anzeigen, obwohl man natürlich auch hier vor jeder größeren Umstellung den Rat eines Arztes einholen sollte, der zum Beispiel den Blutdruck mißt und die Blutwerte analysiert.

Sollte die Haut an dieser Stelle matt aussehen oder sollten Sie an dieser Stelle Falten haben, könnte das daran liegen, daß Ihre *Yin*- und *Yang*-Energien nicht im Gleichgewicht sind. Vielleicht haben Sie zuviel oder zuwenig Sport getrieben, oder bestimmte Anforderungen haben Sie zu viel körperliche und seelische Kraft gekostet. Überlegen Sie, ob Sie nicht in Urlaub fahren oder wenigstens ein paar ruhige Tage einlegen sollten. Wenn Sie ersteres vorhaben, kann es wiederum nützlich sein, vorher Ihre Paläste der Reisen zu betrachten.

11 Palast des Reichtums

Ein Kontrollpunkt

Wie die Abbildung zeigt, liegt dieser Palast über der Nasenspitze. Er befindet sich also in der zweiten Ebene, die dem Saturn zugeordnet ist und leicht gebräunt (bei sehr blassem Teint pfirsichfarben) sein sollte. Die Chinesen sagen, daß ein roter Palast des Reichtums darauf hinweist, daß der Betreffende zuviel ausgibt (was auch für den Abendländer zutrifft, der sein Geld in Alkohol anlegt). Eine wirklich blasse Nase läßt nach der chinesischen Lehre auf einen bösen Menschen schließen.

Bevor Sie größere Investitionen planen oder eine Lebensversicherung abschließen, sollten Sie diese Gesichtregion befragen. Alles, was mit Geld zu tun hat, steht mit diesem Palast in Verbindung. Zur Erkundung eventueller Risiken sollten auch die Paläste des Glücks befragt werden. Darüber hinaus könnten auch der Palast der Leistung und der Verdienste und der Lebenspalast für solche Pläne von Belang sein. Und bedenken Sie, daß auch die Interpretation der Nasenform weitere Aufschlüsse geben kann (*siehe Seite* 44).

12 DIE PALÄSTE DES HAUSHALTS

Zwei Kontrollpunkte

Sklaven und Diener spielten der fernöstlichen Tradition zufolge hier die Hauptrolle. Heute könnten wir uns Haushaltshilfen und Handwerker unter der Herrschaft der Paläste des Haushalts vorstellen, während die Paläste des Eigentums den gegebenen Platz für unsere modernen »Sklaven« bilden würden: unsere Waschmaschinen, Tiefkühltruhen, Geschirrspülmaschinen etc. Wenn Sie im Bereich dieser Paläste Zornesfalten bekommen, dann haben Sie auf diesem Gebiet Probleme. Die moderne chinesische Metoposkopie vertritt die Ansicht, daß sich hier alle Veränderungen hinsichtlich des Lebenstandards spiegeln. Die Vermutung liegt nahe, daß diese Paläste auch Menschen repräsentieren, die uns helfen – Ärzte, Zahnärzte, vielleicht auch Pfarrer.

Ist Ihnen Ihr Hausarzt nicht angenehm? Warum befragen Sie nicht Ihre Paläste des Haushalts, um herauszufinden, ob Sie einen anderen konsultieren sollen? Falten in diesem Bereich deuten auf Streßsituationen hin.

DIE STERNPUNKTE

Wir alle sollten uns der Tatsache bewußt sein, daß wir die Fähigkeit besitzen, positiv auf andere Menschen zu wirken, zum Beispiel wenn wir lächeln, jemanden loben und anderen helfen, besonders dann, wenn es am wenigsten erwartet wird. Es ist wichtig, daß wir positiv denken (und handeln) – auch oder gerade wenn wir uns in einem weniger glücklichen Lebensabschnitt befinden. Wenn uns das gelingt, entwickeln wir eine innere Kraft und Wärme, die uns aufgeschlossen macht und darüber hinaus eine außerordentlich wohltuende Wirkung auf unsere eigene Psyche hat, und wir entwickeln eine sogenannte »innere Schönheit«. Eine permanent sorgenvoll gerunzelte Stirn und ein nachlässiges Auftreten führen dagegen zu frühzeitiger Faltenbildung, Runzeln und in manchen Fällen auch zu einer ungesunden Grautönung unseres Teints. Eine tiefverwurzelte positive Lebenseinstellung jedoch läßt uns gleichsam von innen heraus leuchten und dadurch auch für andere zum »leuchtenden Vorbild« werden.

Es lohnt sich, die Sternpunkte zu befragen, wenn wir etwas Besonderes erreichen wollen – sei es das erfolgreiche Auftreten in der Gesellschaft, sei es eine Beförderung, irgendein besonderer Anlaß, an dem wir wirklich »glänzen« wollen.

Es gibt sechs Sternpunkte, die alle im Augenbereich liegen. Ihre Interpretation ist vielfach eine Erweiterung der Interpretation anderer Gesichtszüge.

PUNKT 1 UND 2: SONNE UND MOND

Das linke Auge symbolisiert die Sonne (*Yang*), das rechte den Mond (*Yin*). Die Augen repräsentieren unsere innere Vitalität, unsere Kreativität und unsere Intelligenz. Je mehr Sie sich dessen bewußt werden, daß Sie auf einem oder vielleicht sogar mehreren dieser Gebiete begabt sind, um so leichter wird es Ihnen fallen, diese Begabungen zu fördern. Sie werden ein erfüllteres Leben haben, und auf Grund dieser inneren Entwicklung werden sich auch ihre Augen weiter öffnen – sowohl im wörtlichen als auch im übertragenen Sinne. Sie werden objektiver urteilen und auch Sorgen und Probleme besser analysieren und bewältigen können. Es wird nicht lange dauern, bis anderen Menschen Ihre wachen, »offenen«, glänzenden Augen auffallen, und dann wird sich Ihre Freude am Leben und an dessen Herausforderungen auch auf andere übertragen. Sie werden andere inspirieren und ihnen dabei helfen können, ihre eigenen Qualitäten und damit eine positive Lebenseinstellung zu entwickeln.

Wenn Sie Ihre Sternpunkte, Sonne und Mond, zu einem Problem oder zu Ihrer gegenwärtigen Lage befragen wollen, dann muß jenes Leuchten in ihnen sein. Sollten Sie jedoch das Gefühl haben, daß Ihre Augen etwas zu sehr funkeln, besteht die Möglichkeit, daß Sie ein bißchen zu optimistisch sind oder auch zu übereiltem Handeln bzw. unüberlegten Reaktionen neigen. Wenn Ihre Augen weniger glänzen als sonst oder vielleicht sogar gerötet sind, ist das kein gutes Zeichen. Ein Problem bringt Sie womöglich um Ihren Schlaf, oder Sie haben sich eine Infektion eingefangen. Sie sollten dann in jedem Fall eine Weile warten, bevor Sie mit einem neuen, anspruchsvollen Projekt beginnen oder eine wichtige Entscheidung treffen.

PUNKT 3 UND 4: DER BARON UND DER BERATER

Den Baron, oder wie die Chinesen ihn nennen, »den Oberherrn«, nennt man die linke Augenbraue, während der Berater von der rechten Braue repräsentiert wird. Die Brauen sind die Gesichtszüge, die wir am einfachsten verändern können, und vermutlich dürfen wir das auch ungestraft tun. Sollten Ihre Augenbrauen in der Mitte zusammenwachsen (*siehe Seite* 26), ist es ratsam, die mittleren Haare auszuzupfen, denn wenn diese beiden Sternpunkte miteinander verbunden sind, könnte sich das negativ auswirken. Wünschenswert wäre eine klar ausgeprägte leichte Wölbung. Diese beiden Sternpunkte geben Aufschluß über unsere innere Antriebskraft, unseren Ehrgeiz und unser Durchsetzungsvermögen im Berufsleben sowie in allen Bereichen, die Unternehmungsgeist erfordern. Der Baron signalisiert den Grad an Durchsetzungskraft oder sogar Aggressivität im Beruf, während der Berater unsere Fähigkeit zum Kompromiß repräsentiert und zeigt, wie wir mit unserem Tatendrang und unseren Zielsetzungen umgehen. Sehr häufig sind die Augenbrauen nicht symmetrisch, und in diesem Fall dominiert die stärker ausgeprägte: Wir sind dann bei der Wahrung unserer beruflichen Interessen entweder zu forsch oder zu vorsichtig.

Um Erfolg zu haben – vor allem in Berufszweigen, die sicheres Auftreten oder starke persönliche Ausstrahlung erfordern –, sind kräftige Augenbrauen mit kräftigen Haaren und einer kräftigen Färbung von Vorteil (*siehe Seiten 26 ff.*).

Wenn Sie, wie geraten, die Haare entfernen, die zwischen den beiden Brauen wachsen, achten Sie darauf, daß Sie einen entsprechenden Abstand einhalten. Anderthalb Fingerbreit bei engstehenden Augen, zwei Fingerbreit bei normalem oder breitem Augenabstand gelten als ideal. Auch sollten die Brauen nicht zu buschig oder zu breit, aber auch nicht zu schmal sein. Wenn Sie diese simplen Regeln beachten, wird es Ihrem Fortkommen nützen – vor allem, wenn Sie dabei auf die Zustimmung oder Unterstützung anderer angewiesen sind. Solche Augenbrauen erwecken den Eindruck von Selbstbewußtsein, Belastbarkeit und Verantwortungsbewußtsein.

PUNKT 5: PURPURSCHEIN

Menschen, bei denen dieser besondere Sternpunkt, der auch »die Segnung« oder »das Siegel der Anerkennung« genannt wird, deutlich sichtbar ist, können sich glücklich schätzen. Er liegt genau zwischen den Augenbrauen. Besonders glückbringend ist er, wenn er eine

Unten: *Aus den sogenannten Sternpunkten soll man auf das Selbstwertgefühl schließen können. Dieses muß nicht unbedingt extravertiert sein, sondern kann sich auch in innerem Selbstvertrauen äußern und gilt dann als besonders beständig und dauerhaft.*

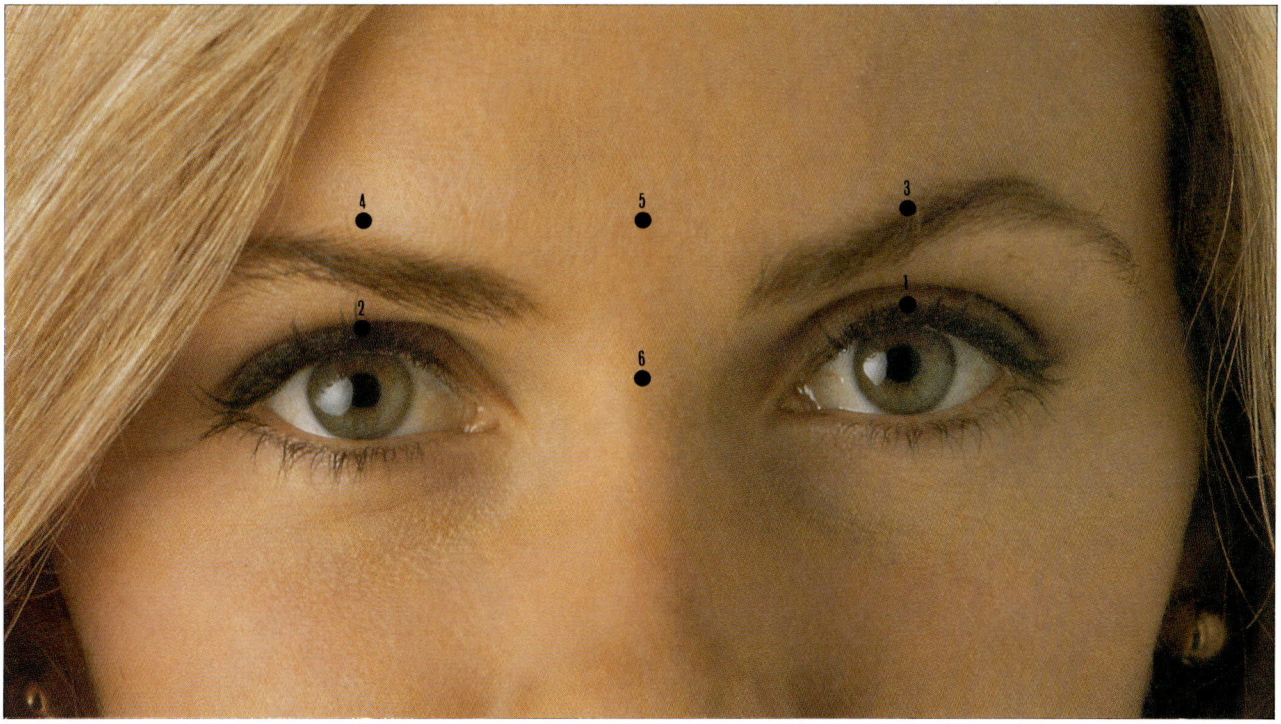

ganz leichte Purpurfärbung aufweist. Zuweilen zeigt sich der Purpurschein als eine Art runder, purpurfarbiger Fleck bei Kleinkindern. Die Eltern können in diesem Fall sicher sein, daß ihr Kind seinen Weg durchs Leben erfolgreich meistern wird.

Aber gerade weil dieses Zeichen so vielversprechend und günstig ist, sollten die Eltern einige Ratschläge beherzigen. Vergessen Sie nicht, daß Ihr Kind, gerade wenn ihm der Erfolg so leicht zufällt, sehr viel Selbstdisziplin brauchen wird, um später nicht das ihm zugefallene Glück zu mißbrauchen und schlimmstenfalls berechnend, egoistisch und rücksichtslos zu werden. Eltern solcher Kinder sollten ihrem Sproß beizeiten Mitgefühl und Verständnis für andere beibringen. Auf diese Weise kann es lernen, seine Begabungen und sein Glück zu seinem eigenen Besten und zum Vorteil anderer einzusetzen.

Denken Sie an Ihre eigene Kindheit zurück: Waren Sie damals erfolgreich und hatten Sie Glück, oder waren Sie unmotiviert und fühlten sich zurückgesetzt? In jedem Fall gilt, daß Sie – ganz unabhängig von Ihrem jetzigen Alter – stets versuchen sollten, das aufzuholen, was Sie in jungen Jahren versäumt haben. Und sollten Sie zufällig gerade in einer entscheidenden Phase Ihres Lebens sein, dann stehen die Chancen besonders gut, sich den Purpurschein zu verdienen: Kümmern Sie sich um andere Menschen, ihre Sorgen und Nöte – in diesem Fall geschieht es nicht selten, daß diese positive Energie der guten Taten auf Sie zurückwirkt, was Ihnen nicht nur das Leben leichter macht, sondern Ihnen auch hilft, Ihren eigen Weg und Ihre Zielsetzungen zu bestimmen und in die Tat umzusetzen.

Punkt 6: Mondstaub

Während der fünfte Sternpunkt die Jugend und den frühen Erfolg repräsentiert, steht der sechste mit dem geheimnisvollen Namen »Mondstaub« für das, was wir brauchen, um – durch konzentrierte Arbeit, Einsatz, Fleiß und Selbstdiziplin – in späteren Jahren erfolgreich zu sein.
Dieser Sternpunkt gibt uns Kraft und Zuversicht während der mittleren Lebensjahre. In dieser Zeit kann es sehr anstrengend werden, mit Rivalen oder (wenn wir älter werden) jüngeren Kollegen fertig zu werden, die uns unseren Platz streitig machen. Mondstaub ist ein sehr persönlicher Sternpunkt, der uns zeigt, wie lange wir unseren Platz an der Spitze halten können. Im Idealfall ist dieses Gebiet, das unter dem Purpurschein direkt über der Nase liegt, glatt, makellos und ohne Einbuchtung.

Wenn Sie vor einer wichtigen Entscheidung stehen, sollte diese Gesichtsregion unabhängig von Ihrem normalen Teint hell sein und keine gelblichen oder dunklen Verfärbungen aufweisen; dann nämlich sind Sie in einer optimalen Verhandlungsposition. Sollten jedoch dunkle Töne Ihren Mondstaub umschatten, sind Sie vermutlich nicht in der besten Verfassung, und es wäre besser, sich zunächst einmal zu entspannen und den bevorstehenden Schritt noch einmal genau zu überdenken.

Hektik und Anspannungen könnten schuld an einer Verfärbung dieser Region sein, denn gerade in diesem Sternpunkt zeigen sich Streßsituationen ganz besonders deutlich.

Der Körper

Um die Schlußfolgerungen, zu denen Sie durch die Beurteilung der Gesichtszüge gelangt sind, bestätigen oder gegebenenfalls modifizieren zu können, sollten Sie Ihre gegenwärtige gesundheitliche Konstitution und Ihren Körperbau berücksichtigen. Die traditionelle fernöstliche Lehre hat auch für die Interpretation aller Merkmale des Körpers bestimmte Lehrsätze entwickelt.

Wie das Gesicht, so ist auch der Körper in drei Ebenen eingeteilt: die obere Ebene (vom Genick bis zum Nabel), die mittlere Ebene (vom Nabel bis zu den Knien) und die untere Ebene (von den Knien bis zu den Füßen). Diese drei Körperregionen sollten in einem wohlproportionierten Verhältnis zueinander stehen. Wenn die obere Ebene überproportional lang erscheint, wird dies als Zeichen dafür gesehen, daß der Betreffende ein bequemes und angenehmes Leben haben wird. Wenn die dritte Ebene besonders lang ist, soll dies auf Unstetigkeit hindeuten.

Ein langer Nacken gilt als glückbringend, ein dicker als Zeichen für schwankende Gesundheit und ein schiefer als Zeichen von »Verderbtheit«. Breite Schultern sind besonders günstig, während verhältnismäßig schmale, abfallende Schultern Charakterschwäche signalisieren. Menschen, die die linke Schulter höher tragen als die rechte, haben angeblich gute Chancen, reich zu werden. Breite, massige Schultern zeugen von einem starken Charakter und großer Entschlossenheit. Bei Frauen sollen große, aber feste Brüste für zahlreiche Liebhaber und viele Kinder sorgen. Große Hängebrüste dagegen deuten auf ein nicht immer glückliches Liebesleben hin. Frauen mit kleinen Brüsten haben angeblich einen Neigung zur Promiskuität. »Brüste« bei Männern gelten als Zeichen für Faulheit und Antriebsschwäche. Männer mit flacher, nicht muskulöser Brust, bei der man die Rippen sehen kann, sollen ausgezeichnete Liebhaber sein.

Für beide Geschlechter gilt: Je dunkler die Brustwarzen, desto aktiver und experimentierfreudiger das Liebesleben. Lange Arme sind besser als kurze, lange Unterarme signalisieren ein freundliches Wesen, kurze Unterarme hingegen Egoismus.

Ein altes chinesisches Sprichwort lautet: »Schau erst auf die Augen, dann auf das Gesäß« – denn letzteres verrät angeblich eine ganze Menge über die betreffende Person. Auch hier gilt es freilich zu berücksichtigen, daß das fernöstliche Ideal eines breiten und fleischigen Hinterteils die Wertvorstellungen und Schönheitsideale eines anderen Zeitalters repräsentiert – genauso wie etwa die Behauptung, daß dicke Oberschenkel auf Reichtum schließen lassen. Noch heute soll ein breites Gesäß bei Frauen auf Sinnlichkeit und Wohlstand schließen lassen. Bei Männern dagegen spricht ein relativ kleiner und fester Po für ein gesundes, langes Leben.

Ein tiefsitzender Nabel gilt als besonders glückbringend; ein Nabel mit vorstehendem Knoten soll auf einen eher schwachen Charakter hindeuten.

REGISTER

Kursiv gedruckte Seitenzahlen beziehen sich auf Abbildungen/Bildlegenden.

DANKSAGUNG

Autoren und Verlag danken den professionellen Metoposkopen in Hongkong und Kwangchow, die unsere eigenen Gesichter gedeutet und bereitwillig erklärt haben, wie sie zu diesen Ergebnissen gelangten. Sollte sich auf Grund von Verständigungsschwierigkeiten der eine oder andere Interpretationsfehler eingeschlichen haben, bitten wir dies zu entschuldigen.

BILDNACHWEIS

Die Abbildung auf S. 7 wurde entnommen: Lee Siow Mong, The Chinese Art of Studying the Head, Face and Hands. Pelanduk (Malaysia)

Donatella Brogioni, Camera Press, London: 103
Camera Press, London: 17 links, 23, 29 unten, 32 unten, 33, 35, 41, 42 oben, 43 rechts, 54, 58, 59, 68 rechts, 69 unten, 70 oben, 71 unten, 77 unten, 85 oben, unten rechts, 91 unten, 94 oben, unten, 98, 100, 101, 107 unten, 116
Liz Eddison: 76 oben
Christer Flodovist, Camera Press, London: 57
Tom Hanley, Camera Press, London: 28
Chris Hewitt, Camera Press, London: 92 oben
JS Library International: 13 rechts, 71 oben
Bill Ling, Camera Press, London: 48 unten
Jamie Long, Camera Press, London: 51 rechts
Stewart Mark, Camera Press, London: 70 unten
Patraig O'Donnel, Camera Press, London: 99
Richard Open, Camera Press, London: 68 links, 102
Helene Rogers, Trip: 13 links, 15 rechts, 16 rechts, 17 rechts, 29 oben, 31 40 unten, 42 oben, 43 rechts, 47, 48 unten, 50 oben, unten, 62, 63, 64 unten, 65, 67, 75 oben, 76 oben, 84 oben, 88 unten rechts, 92 unten, 95, 96, 102, 103, 104, 105 oben, unten, 109 oben
Spectrum: 106 unten
Asa Tällgard, Camera Press, London, 51 links
F. J. Tisne, Camera Press, London: 14 links, 88 oben links
Damian Walker, Camera Press, London: 64 oben
J. Watson, Camera Press, London: 14 links, 68 oben links
Zela: 3, 14 rechts, 15 links, 16 links, 20, 30 oben, unten, 34 oben, unten, 38, 49, 40 oben, 46, 48 oben, 49, 55 oben, unten, 56, 66, 75 unten, 77 oben, 80 oben, unten 81, 83, 85 unten links, 87 oben, unten, 88 oben rechts, unten links, 89 oben, Mitte, unten, 91 oben, 93, 96 oben, 105 Mitte, 106 oben, 107 unten, 108 oben, unten, 109 unten, 112, 113, 114 links, rechts, 118, 121, 123